Farceurs, polissons, et paillards au moyen âge

Ce livre a été imprimé et façonné par Pollina 85400 Luçon N°L55958
Imprimé en France

Jean-Pierre Leguay

Farceurs, polissons, et paillards au moyen âge

Editions Jean-Paul Gisserot
www.editions-gisserot.eu

A ma femme et à mes enfants

Introduction

« *Je suis paillart, la paillarde me suit* » déclare François Villon.

La notion de rire des histrions et des auteurs de farces, des polissons, des paillards, point commun de cette étude, est multiforme. Il existe une infinité de nuances entre le ricanement et le rictus de défi, le sourire narquois, le filet de rire, l'expression nerveuse aux réactions diffuses et incontrôlées, l'éclat de joie, le rire gros et gras d'un corps de garde ou des participants à une beuverie. La morale sociale, l'éducation conduisent soit à cacher les sentiments et les émotions, soit à les extérioriser brièvement, soit à donner libre cours à leur expression.

Le Moyen Âge finissant est l'époque de la guerre de Cent ans, des disettes et des famines, de la peste noire de 1349 et de ses résurgences, des révoltes populaires, des difficultés agraires, financières, politiques. Ce temps de souffrances et de larmes a été abondamment décrit dans les chroniques et dans les suppliques des fermiers et des contribuables. [1]

Malgré tout, cette longue période n'ignore pas de courts instants de plaisir, de brèves *joyeusetés* individuelles et surtout collectives. Les écrits évoquent alors la *modesta hilaritas,* les *risées pour esbatre* de *l'homo ludens, le ris ou la risée* mesuré d'un prédicateur ou d'un auteur d'*exempla* ou de modèles de vies de saints. Les moments favorables aux manifestations de sociabilité autorisent la rigolade*, émanation* du bas ventre*,* du vulgaire qui permettent de *s'esbanoier* (d'avoir du plaisir).

La verve s'échelonne du mince filet de *sosrire* malicieux, retenu ou compassé, d'intellectuel, du rire satirique souvent cruel et très critique à la franche gauloiserie d'une bande de joyeux drilles, mystifiant un benêt tout ébaudi, de jongleurs désabusés, d'un clerc errant ou *goliard*, aussi

---

1- J.P. Leguay, *Les catastrophes au Moyen Âge*, Paris, éd. Gisserot, 2005, (bibliographie).

persifleur qu'un geai disait Sébastien Brant dans son maître livre la *Nef des Fous* (p. 146).

Contrairement à une idée longtemps admise, développée notamment par M. Bakhtine, il n'y a pas forcément deux cultures opposées : une savante, celle du sourire, du comique de situation, de la satire et des mots d'esprit, réservée à l'élite cléricale et à quelques familles nobles et bourgeoises instruites dans les universités, et une autre populaire et populacière où la vulgarité du vocabulaire et des faits rapportés donne matière à un rire gras. Les rires sont plutôt le fruit d'une interaction entre ces deux cultures contradictoires en apparence, d'une fusion entre la joie et la tristesse, le résultat d'expressions qui peuvent s'avérer ambigües quand on analyse certains spectacles comme le carnaval, les usages associés au mariage avec le charivari, les formes de libération des mœurs et l'inversion des rites avec les parodies des fêtes des fous.

Les miroirs du temps jadis sont à l'image du sujet : nombreux, dispersés et complexes.

« *Béni soit le savoir courtois*
Qui toujours vient à mon secours »

(Raimon de Miraval vers 1190).

Une étude du *ris* se nourrit d'anecdotes plus ou moins authentiques, d'une enfilade de gags, de poésies en idiomes vernaculaires, de fabliaux qualifiés de contes pour rire, *d'exempla* ou modèles de vies de saints à l'usage des prêtres. Ces œuvres supposent une sévère analyse critique et beaucoup de réserves ont été formulées par les spécialistes de la littérature médiévale sur un comique de mots, de situation, de dérision. (P. Ménard). [2]

La plupart des romans courtois de la période féodale précédente des XIIe et XIIIe siècles, laissent, dans la phraséologie propre à leur temps, davantage une impression de profonde mélancolie que de divertissement ; le regret domine plus les propos des chantres de la *fine amor*, du parfait amour sublimé que la satisfaction d'une réussite fugace, prêtant à rire.

Faire un ris a sa place dans les belles chansons, en langue « vulgaire », des poètes de Langue d'oïl et de Langue d'oc du XIIe et XIIIe siècles, dans les œuvres lyriques d'une étonnante sensibilité qu'on nomme *cansos*

2- Ph. Ménard, "Le rire et le sourire au Moyen Âge", *dans les Actes du colloque international de Bordeaux de 1988* sur *le rire au Moyen Âge dans la littérature et dans les arts,* sous la direction de T. Bouché et d'H. Charpentier, P. U. Bordeaux p. 7-31 – B. Ribémont, *Le théâtre français au Moyen Âge au XVIe siècle*, collection Ellipses, Paris 2003-Le comique au Moyen Âge, *Cahiers de l'Association internationale des Études françaises*, XXXVII, 1985.

(cansons, canzoni), *sirventès* dans le Midi, et qui mettent à mal les seules femmes adultères de la haute société qualifiées de *putas* ou leurs sots de maris débauchés et *cornards*. S'il est absent et remplacé par le pathétique dans les vies de saints dont la souffrance ne suscite guère la joie, il n'est pas sans intérêt de rappeler qu'un expression moqueuse et ironique peut affleurer dans un mystère de passion, dans un sermon, dans la littérature d'inspiration religieuse.

Le public ou le lecteur de la fin du Moyen Âge préfère le comique de répétition, la satire, les sotties, les fabliaux, les farces qui mystifient et bernent les sot, les mystères aux romans de la Table Ronde. On retiendra en priorité des extraits de petites comédies drôlatiques, voire parodiques, où la tromperie est érigée en art, débouchant éventuellement sur une maxime finale moralisatrice et formant le répertoire d'une quarantaine de titres d'un *théâtre du rire* différent du *théâtre sérieux*. S'y associe, pour la plus grande satisfaction du public d'antan, un corpus d'aventures de 130 fabliaux de la fin XIIe au début XIVe siècle, concernant plus la France du Nord que le sud de la Loire. On tiendra compte aussi des historiettes anonymes comme les Cent *Nouvelles nouvelles* de Philippe de Vigneulles, qu'on pense d'origine bourguignonne ou des poèmes goliardesques, longtemps trop érotiques pour être publiés dans leur intégralité, des *sotties* ou propos attribués à des sots. Les aventures extraconjugales, les histoires de marchands, de moines, de fous … que le lecteur prend de prime abord pour de la misogynie ou de la gaudriole de bas étage sur le destin d'un couple et sur le sexe le sont beaucoup moins à la réflexion quand on se reporte aux réalités familiales et matérielles de l'époque. Malgré l'abondance des renseignements que ces écrits apportent sur la vie quotidienne des citadins, on fera néanmoins observer avec M. T. Lorcin puis P. Ménard qu'il est prudent de se souvenir qu'ils ne contiennent qu'une image partielle et déformée de la réalité et que le souci du divertissement peut quelquefois induire en erreur, s'écarter de la réalité, conduire à des généralités abusives sur le couple, le rôle des parents et la solidité du mariage chrétien.

Les textes de la littérature dite « classique » comme le roman de Renart (Renard), les histoires, les poèmes, les fictions théâtrales ou les fictions de grands écrivains, d'Adam de La Halle, de Rutebeuf à Villon et au champenois Guillame Coquillart sous Louis XII constituent aussi un important fond documentaire pour la période que nous étudions avec les réserves qui s'imposent et qui seront rappelées au moment opportun. On y ajoutera des passages de chroniques comme le récit de Joinville sur un Saint Louis facétieux, des sermons de prédicateurs courroucés par le laisser-aller général ou raillant les mœurs de leur auditoire, des accusations propagées par la rumeur ou *bruyct*, des enquêtes policières, des textes législatifs. Certains articles des chartes de privilèges urbains, de coutumiers, des propos rapportés ou consignés dans les archives municipales méritent d'être confrontés avec la documentation officielle et la réalité.

À défaut d'une pléthore de jeux langagiers littéraires ou de narrations à coup sûr comiques, le rire provient aussi de l'usage d'une langue expressive, de mots savoureux en vieux français ou en patois (Auvergne, Savoie), annonciateurs de la langue de Rabelais, utilisés partout et qui ont perduré, ou sont restés d'un usage régional, du *jargon* employé, le *jobelin* de Villon ou l'argot *d'une fillette amoureuse* et de son *houlier*. L'aspect pittoresque du vocabulaire parémiologique (des proverbes), l'usage de surnoms ironiques tel que Torchepot pour un valet de cuisine ou La Goulue, le recours aux jurons et aux injures permettaient à l'homme médiéval de *soi esbanoier*, de *s'esbaudir* à peu de frais, de profiter d'un moment de détente dans une vie de labeur difficile. L'art supporte aussi volontiers la caricature, le comique à commencer par les sculptures sur bois de maisons de notable (la maison Adam à Angers, les demeures de Morlaix), des miniatures particulièrement expressives en attendant les œuvres de Bruegel.

Le langage polysémique du rire est la desmontrance de la joie ou de la dérision.

Il n'est pas inutile de rappeler que le comportement des individus de ces époques lointaines, où la brutalité est à fleur de peau, est différent de celui d'un être civilisé et policé du XXIe siècle. Encore primitif à bien des égards, souvent extraverti dans son attitude, dans ses manifestations, dans ses réactions, l'homme du Moyen Âge extériorise volontiers ses sentiments, est d'un naturel impulsif et excessif. Ses réactions émotives, les soupirs, les larmes, les cris, les joies souvent imprévisibles, excluent, dans la plupart des cas, toute pudeur, toute vergogne. Son visage passe, sans coup férir, de la colère qui irradie sur son visage, de la rage momentanée ou de la haine durable aux manifestations inverses, les plus touchantes, d'amitié en bonne *compaignie*, de fraternité au combat, de courtoisie dans ses rapports avec les femmes, de tendresse en famille. Le pire des forbans, pilleur effronté d'églises, auteur de massacres épouvantables et de viols, incapable de réfréner ses colères, est le même individu qui s'effondre en pleurant sur le tombeau d'un ami ou de sa bien aimée, le même qui manifeste sa tendresse ou qui rit de bon cœur. Le rire que nous évoquerons dans cet ouvrage s'inscrit dans cet univers émotionnel surprenant qui accorde tant de place aux manifestations physiologiques extérieures.

Le *corpus* de sources dispersées, permet de rencontrer des farceurs de profession ou involontaires, de jeunes *connards,* de prétendus sots ou fous, des polissons, des *sirops des rues* et des *lescheurs* en taverne, des clients des étuves et d'autres encore, exprimant davantage leur joie que la haine ou la souffrance, même si ces expressions contradictoires peuvent fort bien se succéder, à faible distance, dans un même récit. Le rire de gens de tous les milieux, des élites nobiliaires et bourgeoises aux marginaux, dont nous allons étudier les mobiles et les effets, est polymorphe. Le sujet choisi ici prédispose à mettre l'accent sur celui que ses dénonciateurs, qualifient de *gras*, de *gros,* de *vulgaire* dans le sens de populaire, voire de *salace.* On a parlé dans ce dernier cas *d'émanation du bas du ventre*, *d'histoires de fesses* , au mieux de propos épicuriens de bas niveau et de citer des expressions triviales sur lesquelles il conviendra de faire des réserves.

Mais cette forme d'expression humoristique qui « *de joie prist à rire* » n'est pas exclusive. Le rare sourire (*sosrire*) à peine esquissé sur les lèvres et « *qui ne passe pas le bout des dents* » d'une peinture ou d'une statue, le rire « *sous cape* ou *sous chaperon* » d'un amateur de bons mots, d'un *musart* (libertin), le rire ironique et grinçant « *du coin des dents* » d'un *péteux* se pratiquent sans doute plus à la cour, dans les salles de réception, dans les chambres huppées, sous les courtines du lit à baldaquin des résidences nobles et bourgeoises, que dans le monde de la rue. Là, le rire à gorge déployée est inséparable des manifestations bruyantes et de la cacophonie débridée d'un jour de fête. Les cycles festifs de carnaval-carême, les moments de beuveries, de réjouissances profanes sont plutôt l'expression d'une joie irrésistible, sans retenues, sans vergogne, à gorge déployée, de tout cœur, celle qui semble négliger le proverbe « *tel rit au matin, qui au soir pleure* ».

Des moqueries et des railleries comportent des aspects satiriques et parodiques qui évoquent certaines sculptures grotesques dans le Jeu de la Feuillée d'Adam de La Halle (1274), le « *ris d'hostellier* » (forcé), le rire jaune d'une victime, l'ébauche pincée d'un rictus d'homme d'église ou de loi se discute mais certains de nos lecteurs y verront davantage de souffrance que de joie. Peut-on éliminer pour autant l'humour cruel, les situations dérisoires, les propos venimeux antiféminins ou anticléricaux et tous ces cas extrêmes de « *moz por la gent faire rire* » ? [3]

Le rire, sujet d'actualité dans la recherche historique, littéraire et sociologique dont la quête aux informations est délicate, nécessite une classification des sources et des thèmes, avant de déboucher sur un exercice de synthèse qui mérite des remises en question sur différentes interprétations du passé comme l'anticléricalisme ou l'antiféminisme des farces, leur côté scandaleux. Le comique croqué sur le vif à certains moments privilégiés comme le carnaval ou le charivari est encore si loin de répondre à toutes les interrogations que certains se sont demandé si nous étions capables, nous gens du XXIe siècle, d'en saisir pleinement le sens et toutes les subtilités. A. Stubl n'écrivait-il pas « qu'il nous était impossible d'entrer dans la psychologie du comique du Moyen Âge ». [4]

D'autres chercheurs ont le sentiment inverse sous des réserves précises, à condition de ne pas se borner à accumuler les poncifs sur l'amoralité que sont supposés offrir des farces, d'autres récits et des poésies qualifiées d'érotiques ou même de pornographiques (sic). Il ne s'agit pas dans ce petit ouvrage de refaire une étude sur les expressions triviales ; le sujet a déjà été traité dans toute sa complexité et sous diverses formes allant des dictionnaires de jurons à l'examen sémantique du vocabulaire usité. Il ne s'agit pas, non plus, de vouloir choquer des lecteurs par l'usage d'un langage vernaculaire, qui était, en réalité et bien avant Rabelais, d'un usage courant et naturel dans la rue, aux fenêtres des maisons, dans les ateliers ou sous les halles. La mesure du temps, de l'espace et l'énoncé du développement restent enfin à définir.

La période choisie débute au temps de la littérature courtoise et des premières pièces de théâtre connues, redécouvre à l'occasion le siècle de Saint Louis avec le trouvère parisien Rutebeuf ou avec l'auteur anonyme du roman de Renard. Elle correspond aussi à l'époque de la guerre de

---

3- La problématique du rire a été clairement exposée par G. Minois dans son *Histoire du rire et de la dérision*, Paris, Fayard 2000 p. 171-179. Observons que l'auteur souligne dans son titre deux centres d'intérêt opposés.

4- A. Strubl, « Le rire » dans *le précis de littérature française au Moyen Âge*, sous la direction de D. Poirion, Paris 1983- J. Le Goff, « Rire au Moyen Âge », *Cahiers du Centre de Recherches historiques,* volume 3, 1989 p. 1 à 14, et 183-186- F Gaiffe, *Le rire et la scène française*, Paris, Boivin, 1931.

Cent ans, à l'aube des Temps Modernes, jusqu'à l'époque de Villon (1431-1463) puis de Rabelais (1494-1553) avec Pantagruel (1532) et Gargantua.

Le sujet intéresse les villes et les campagnes du Royaume de France et de ses grands fiefs avec les comtés et duchés d'Armagnac, de Bretagne, de Bourbonnais, de Bourgogne, de Flandre, de Guyenne, etc. Des exemples proviendront aussi de secteurs périphériques, des principautés francophones, de la Comté de Bourgogne ou Franche-Comté, d'une partie du comté puis duché transalpin de Savoie qui s'étendait alors de Genève à Nice, du Rhône au Piémont, de la Navarre.

L'étude historique et sociologique s'articule autour de plusieurs thèmes correspondant à autant de chapitres. Les individus, auteurs ou victimes, issus de tous les milieux sont concernés par les diverses manifestations de joie pouvant aller jusqu'au dévergondage (*Chapitres 1 et 2*). Les exploits, le tapage se manifestent dans plusieurs lieux : des chambrettes sous les toits, des ruelles et des divers *culs-de-sacs* aux tripots où Villon recherchait *pience* (boisson) et « *compagnons de la matte* » (*Chapitre 3*). Les écrits de l'époque, fabliaux, farces et nouvelles surtout, permettent de reconstituer les différents rires, du fin sourire aux élans d'une joie lourde et grasse. Ils livrent aux lecteurs, souvent étonnés par une telle licence, des facéties à caractère sexuel, des manifestations festives populaires, des plaisanteries tolérables ou de mauvais goût, des blagues en tout genre, des propos salaces ou injurieux (*chapitres 3 à 7*). Les réactions des « honnêtes gens » et des autorités ne se font guère attendre et vont du laxisme aux plus sévères condamnations (*Chapitre 8*).

La nudité, marque de la folie.

(Extrait de F. Garnier, « L'âne et la lyre ». *Sottisier d'iconographie médiévale*, Paris, Le Léopard d'Or, 1988, p.81.

Première Partie

Notion et Cadre de Sociabilité

L'examen du rire, sous ses différentes formes, nous entraînera à la découverte de ses auteurs occasionnels ou professionnels comme les histrions ou les acteurs de théâtre (*Chapitre 1*), des victimes des bons mots et des moqueries (*Chapitre 2*) et des lieux qui prêtent à la dissipation (*Chapitre 3*). On *s'esbaudit* aisément, aux dépens des femmes, des clercs, des marginaux et autres dans les rues étroites et passagères, à la fenêtre des maisons, dans les tavernes et dans une infinité d'autres lieux.

Chapitre 1

Le *ris* de l'homme et ses acteurs

Le rire, manifestation *d'envoiseure*, de joie ou de raillerie sarcastique, expression à la fois physique, observée plutôt sur le visage, et mentale, est de nature polysémique dans un large éventail de tonalités qui va d'une version populaire et superficielle à une parodie réfléchie, à un comique subtil de situation, à une recherche des bons mots qui impliquent un solide niveau culturel.

Plusieurs catégories d'individus drôles déchaînent le rire par leur attitude, leurs gesticulations, leurs plaisanteries de bon ou de mauvais goût dans plusieurs fictions littéraires. [5]

*

Le rire humain

L'homme est-il un animal qui a la propriété unique de rire ? C'est un beau sujet de *disputatio* depuis l'Antiquité et le Moyen Âge. Ce don du rire est-il volontaire par un bon mot ou provoqué par déformation du corps ou une grimace ? Est-il destiné à exprimer une satisfaction, à soulager l'esprit ou à contester l'ordre établi ? Est-il personnel ou collectif et festif ?

« L'envoisié, un animal risible » [6]

On attribue à Aristote la pérennité de cette formule, présentée d'autre manière, « *aucun animal ne rit sauf l'homme* ». Le rire serait-il réservé à cette

5- *Envoisié : celui qui rit.*
J. Bedier, *Les fabliaux*. Paris, Champion 1895-Th. Bouché et H. Charpentier (dir.), « Le rire au Moyen Âge dans la littérature et dans les arts », *Actes du colloque international de Bordeaux de 1988*, P. U. Bordeaux 1990 — Ph. Ménard, *Les fabliaux, contes à rire au Moyen Âge*, Paris, PUF 1983 & *Le rire et le sourire dans le roman courtois en France au Moyen Âge (1150-1250)*, Paris, éd. Droz 1969- G. Minois, *Histoire du rire et de la dérision*, Paris, Fayard 2000 - J. Verdon, *Rire au Moyen Âge*, Paris, éd. Perrin, 2000.

6- B. Faivre, *Répertoire des farces françaises des origines à Tabarin*, Paris 1993 : cet ouvrage nous a fourni beaucoup d'exmples - M. T. Lorcin, *Façons de sentir et de penser : les fabliaux français*, Paris, éd. Honoré Champion, 1979- H. Martin, *Mentalités médiévales XIe-XVe siècle*, Nouvelle Clio, PUF 1996.

variété d'espèce vivante qu'est l'homme ? Cette propriété, particulière à l'espèce humaine, fut reprise et développée tout au long de l'Antiquité (Quintilien, Lucien), objet de « disputes » dans les universités médiévales ou dans les écrits (saint Thomas d'Aquin, Dante).

Si l'homme est effectivement « *un animal risible* » (disait Mercure), capable de rire (ou de pleurer), l'explication tient au fait qu'il est doué de raison, à l'inverse de l'animal. Les facultés cognitives de l'être humain, de l'homme adulte précisent les plus nuancés, réservés sur la femme et l'enfant, l'autorisent à user de cette forme d'expression qui se différencie totalement des grimaces de singe, du braiment d'âne, du hennissement du cheval.

« Dieu qui soubz l'homme a le monde soumis
A l'homme seul le seul rire a permis
Pour s'esgayer ; et non pas à la beste
Qui n'a raison ny esprit en la teste » Ronsard (L'ombre du cheval v. 95-98).

Si le rire différencie l'homme de l'ensemble des animaux, les créatures humaines sont-elles toutes capables d'en user ? Son emploi est-il subordonné à son intelligence, à son bon sens, à la perception du ridicule, à sa perception de Dieu ? Certains penseurs sont persuadés que les enfants, que les pauvres d'esprit ou les peuples restés incultes, païens, débauchés (les Scythes) ne disposent pas de cette faculté.

D'autres font remarquer que le fou rit jusqu'à donner matière à une expression, que le *bon sauvage* des fêtes du XVe siècle amuse autant qu'il effraie les spectateurs, que l'enfant est aussi capable de produire *« un ris joyeux »*, un vague sourire à ses proches, que de crier et de pleurer presque en même temps. Une vieille croyance, connue du temps d'Hippocrate, veut qu'un enfant qui rit avant le quarantième jour annonce une destinée exceptionnelle.

Dieu a-t-il donné l'exemple à l'homme et exprimé ainsi sa gaieté et sa satisfaction ?

On sait que les divinités païennes de la Grèce et de Rome accordaient une place prépondérante au rire exubérant, voire orgiastique avec Eleusis ou Bacchus. Si les dieux des Germains, batailleurs et coléreux, n'étaient pas particulièrement perméables à l'expression de l'humour, les libations du Walhalla tolèrent la licence entre les élus et la cohorte de belles filles blondes qui fréquentaient le paradis des guerriers.

Les chrétiens ne prêtent pas au Père Éternel, désincarné, un tempérament joyeux mais évoquent davantage ses colères, l'ire contre une humanité pécheresse. Pire encore, il aurait selon Job dans l'Ancien Testament, une tendance, à se gausser de la détresse des impies, des pécheurs accablés de malheurs. Le rire grinçant, moqueur, l'ironie mordante qui ne plaident pas en faveur de la bonté divine pourraient se retrouver dans l'avertissement à l'humanité peu respectueuse de ses commandements. « *Puisque j'ai appelé et que vous vous êtes rebiffés, puisque j'ai tendu la main et que personne n'a prêté attention, puisque vous avez rejeté tous mes conseils et que vous n'avez pas voulu de mes arguments, à mon tour je rirai de votre malheur, je me moquerai quand l'épouvante viendra sur vous* » (Livre des Proverbes, 1, 24-26).

Le *Mistère du Vieil Testament* représente au contraire Isaac sous les traits d'un éternel rieur, dont le nom évoque celui qui rit de joie, sous l'inspiration du Saint-Esprit. Il fait exulter de joie Abraham, sourire de naïveté Sarah, se moquer Ismaël.

Le Fils de Dieu, le Verbe, fut-il plus sensible que son Père à la manifestation d 'une joie sans contrainte et sans arrière-pensée au point de se satisfaire de la destinée des réprouvés ? Tout un courant de Pères de l'Église, relayé ensuite par de savants docteurs in *utroque*, a prétendu que Jésus n'a jamais ri de sa vie et a contribué à propager de lui une image majestueuse, empreinte de gravité, que chacun peut observer sur les peintures murales, sur les icônes. Non seulement il n'a pas voulu déformer son beau visage par un rictus des lèvres mais il a dénoncé toute manifestation de joie comme incongrue : «*malheureux, vous qui riez maintenant, vous serez dans le deuil et vous pleurerez* ». Le rire n'est qu'une consolation promise aux élus dans l'autre monde. Cette vision d'un Jésus se refusant à perdre sa dignité a du mal à être acceptée par ceux qui comptabilisent les instants de bonheur que livrent, dans le Nouveau Testament, l'épisode des noces de Cana, la joie des fidèles à qui est annoncé le règne de la grâce, l'Évangile, l'illumination du visage des saints livrés au martyre ou des nouveaux baptisés. On s'interroge donc dans les milieux lettrés s'il y a eu un véritable rire mystique, un rire chrétien, un *risus* modèle, synonyme d'action de grâces, d'*ovatio*, dans le Cantique des cantiques et dans les écrits qui y puisent leur inspiration.

Évoquer la joie spirituelle comporte pourtant des risques. Le rire n'est-il pas pernicieux au point d'être un instrument luciférien pour corrompre et perdre l'humanité ? Ses adversaires résolus citent l'expression démoniaque, le sourire, sorte de rictus, associé au diable et à ses suppôts, les anges déchus, les animaux fantastiques, les satyres, les sorcières. Ils dénoncent dans les prêches ou sur les peintures les têtes grimaçantes de la cohorte ou de la ronde des damnés qui semblent rire de leur désolation ou sous la torture. Le ricanement du diable devient alors l'expression de la pure méchanceté, inspirant à la fois fascination et répulsion.

Le sens de la risée

le *ris* ou la *risée* d'un Finet est loin de faire l'unanimité, surtout dans les milieux lettrés qui exaltent les valeurs chrétiennes supérieures et détestent par dessus tout la bouffonnerie, la dérision, le vulgaire.

Les plus favorables y voient, dans sa meilleure adaptation, le résultat d'une intervention du cœur et de l'âme, une nécessité vitale, une manifestation toute simple de la satisfaction, une forme successive de surprise, de prise de conscience, un mélange de sentiments complexes et contradictoires. Le rire aboutit aussi, dans certains cas, à la perfection béatifique, à l'élévation de l'âme, voire à la sanctification à travers le visage du Bienheureux, éclairé par la joie, en contemplation du monde céleste. Ils rient de bon cœur, de mots spirituels, de saillies, de situations cocasses. Leur « *guayté d'esperit… s'esclate* » sans contrainte.

D'autres, déjà plus nuancés, distinguent l'expression réservée de l'être sain, l'instrument pédagogique privilégié pour faire mieux passer un message délicat, la manifestation de la raison du rire excessif du grossier personnage, inculte et blasphémateur, du bambin encore dans l'âge de l'inconscience, du fou qui souffre d'un dysfonctionnement de la rate.

> Philippe de Novare († 1270), un juriste notoire, au service du roi de Chypre Henri II, s'est intéressé à l'éducation des jeunes dans un ouvrage intitulé « *des quatre tens d'aage d'ome* ». Il paraît hésiter sur des attitudes qui peuvent pousser souvent les jeunes filles à devenir « *baudes et abendonees de paroles et d'envies vileine* » … Il ajoute plus loin : *« il faut défendre aux jeunes filles de se montrer trop gaies, causantes ou gourmandes lorsqu'elles vont à des fêtes … »*[7]

Car il existe, pour lui, une contrepartie fâcheuse à la joie déraisonnable : le rire incoercible, le rire inextinguible qui dérange le corps et l'esprit. Il rend l'humain vulnérable, affole plutôt que de guérir, détourne de la morale les amoureux, et finit par tuer. « *On meurt de rire ou à force de rire* », rappelle la masse des victimes, épuisées par les excès d'une vie dissipée. Il convient donc de séparer les sujets qui prêtent à rire, les formes accidentelles ou futiles de l'expression de la joie mystique, de distinguer les individus selon l'âge et le sexe, en partant du principe fallacieux que les vieillards perdent les facultés de discernement qui manquent, par nature, aux femmes ! Les sages préconisent donc l'emploi du sourire, du rire modeste, celui que provoque un bon mot ou un petit tableau comique, aux antipodes du *fou rire*.

Les réfractaires, moralistes ou hommes d'Église, ne rient pas, voient dans son usage au minimum de la futilité, du dérisoise, propre à perturber le bon sens ou la méditation, au pire un acte pervers inspiré par le Diable. Ils dénoncent les méfaits du rire facile et exalté, la laideur du comique, les manifestations de *ridicula*. Le pas est vite franchi, surtout si on évoque les objets de réprobation que constituent les poésies impudiques, les *sotties* remplies d'obscénités, les masques de comédiens ou de danseurs. Beaucoup d'écrits et de thèmes picturaux sont enclins à représenter la luxure, le rictus diabolique, le ricanement du médisant, l'esclaffement de la fille de joie. Le rire du quotidien, l'allégresse, sans garde-fou, de l'individu victime de la déréliction, les excès de joie pareils à de l'ivresse deviennent la manifestation de la laideur physique et morale, l'expression du vice. C'est l'antisérénité du sage qui, guidé par la raison, sait faire la distinction entre les plaisirs des sens exubérants, sensuels, incontrôlables, et la vraie la joie (*gaudium*) exultante mais toujours raisonnée.

La plupart des prédicateurs, auteurs de sermons remplis d'*exempla* ou de scènes de martyres chrétiens, de grands théologiens de l'Église, des chantres d'un amour courtois achevé en tragédie se départissent rarement d'un ton sérieux.[8] Les œuvres de Geofroi Jaufré Rudel, d'Eustache Deschamps, de Charles d'Orléans entretiennent davantage la mélancolie que le sourire. On ne plaisante pas dans les chroniques qui deviennent, sous la plume de certains auteurs, des successions de combats, de massacres, entrecoupées d'actions édifiantes de rois ou d'évêques pieux et vertueux. Plus tard la situation ambiante d'un royaume dévasté et appauvri par la guerre de Cent ans et par les jacqueries, d'une population décimée par la peste noire ne prête guère à l'optimisme.

Les nouvelles alarmantes, les rumeurs, les propos des Mendiants sur l'approche de l'Apocalypse et la fin du monde, les visions de cadavres en décomposition, de danses macabres, d'horreurs de l'enfer dans les œuvres d'art suscitent davantage l'angoisse, la folie que la sérénité et la franche gaieté. Le rire, s'il ose se manifester, est plutôt grinçant, névrotique… à l'image du sourire des squelettes de la Chaise-Dieu.

7- A. Hentsch, *De la littérature didactique du Moyen Âge, s'adressant spécialement aux femmes*, Genève, éd. Slatkine 1975 p. 83-84.

8- J. Berlioz et M. A. Polo de Beaulieu (dir.), *Les exempla médiévaux : nouvelles perspectives*, Paris, Honoré Champion 1998. - H. Martin, *Le métier de prédicateur à la fin du Moyen Âge*, 1350-1520, Paris, éd. du Cerf, 1988.

Le rire n'a donc, pour beaucoup d'écrivains du Moyen Âge, aucune raison d'exister, sinon d'être, une manifestation de la faiblesse de la chair ou une sorte de purgatif, nécessaire au corps humain. Son expression n'est-elle pas, pour reprendre Aristote : « *un défaut et une laideur sans douleur ni dommage* » (Poétique 1449 a.) Son usage irréfléchi culpabilise son auteur, accusé de perdre son temps et celui des autres. Le poète Robert de Blois rappelle dans le *chastoiement des dames* qu'il est malséant de trop causer à table et… de rire en public.

Le « ris » un instrument de santé physique et mentale ?

Les médecins, les *physiciens* (pharmaciens), les barbiers-chirurgiens les *mires* ou guérisseurs d'antan sont-ils aussi divisés que les docteurs de la foi sur la notion de rire ? De savants docteurs en médecine de Paris ou de Montpellier font, à l'inverse de certains hommes d'Église, de la faculté de rire une fonction essentielle, une quiddité indispensable à l'équilibre mental et de la bile, un instrument de santé, voire un but essentiel de l'existence. Quitte à se disputer ensuite sur ses origines, sur son siège dans l'ordonnance corporelle, à le sortir de la rate, du cœur en communion avec le cerveau !

La rate à qui on attribue la vertu de conserver la pureté du sang en chassant la mélancolie intervient dans son mécanisme. Le cœur paraît à certains plus noble et pourrait guider, de ses « *mouvements* », de sa puissance sensitive, le cerveau siège de la raison et agir ainsi sur l'âme. Depuis des siècles et davantage encore à l'époque de la Renaissance s'opposent, dans l'examen du plaisir, les tenants de ces trois organes majeurs, en fonction des sensibilités et des connaissances médicales réelles ou supposées ! Le parler populaire a repris et transmis ces vieilles croyances en évoquant le rire de bon cœur, qui permet de dilater, de se fouler la rate.

Les esprits éclairés se sont efforcés de décrire les effets du rire sur les muscles du visage, sur le thorax, sur les battements du cœur, sur les pulsations, sur la respiration et la dilatation du diaphragme. Ils évoquent les bouillonnements du sang, de la poitrine, des poumons. Le chatouillement serait, à l'inverse, une forme abâtardie du rire !

Face à des interprétations aussi contradictoires, il est nécessaire de distinguer le rire de l'humoriste cultivé du rire vulgaire. Une rapide évocation des gens comiques susceptibles de se manifester à la fenêtre ou dans la rue montrera au lecteur que le bon peuple des villes savait s'amuser, pas toujours intelligemment, c'est vrai !

*

Les faiseurs de « *ris* »

Le rire, conçu pour divertir (*esbattre*), révélateur des mentalités, est pratiqué jusque sur le lieu d'une exécution quand la foule, guère accessible à la pitié, se moque du condamné, de son physique, de sa peur, de ses gestes incontrôlés sur le billot ou au bout de la corde. Le rire s'épanouit aussi sur les figures sculptées des cathédrales et des maisons particulières, sur les stalles qui constituent une mine d'informations, sur les miniatures.

Mais il revêt, dans la réalité, plusieurs formes selon l'usage qu'on en fait pour acquiescer, parodier ou se moquer, au pire dénoncer sous une forme extrême et subversive, selon qu'il émane d'un être fin ou de *communes gens,* selon qu'il résulte d'une culture cléricale ou d'une culture vulgaire dans le sens exact d'un adjectif qui vient du latin *vulgus (foule)*. Ce distinguo élémentaire, remis en question avec les travaux de M. Bakhtine, n'a pas échappé, jadis, à saint Bernard, à saint Thomas d'Aquin, à Gerson qui se sont exprimés sur ce mode de communication. [9]

La « risée » fine ou le témoignage d'une attitude condescendante

La culture savante, celle des clercs, des philosophes, remplie d'interdits, ne dénonce pas toujours le rire en soi, même si on peine à imaginer un Bernard de Clairvaux, un inquisiteur mendiant ou un prédicateur « *voix du Christ en ce monde* » se gaussant d'un bon mot ou d'un comique de situation. Pourtant des biographies, comme celle de saint François, révèlent des saints épanouis, des bienheureux qui n'ont nullement l'humeur triste et renfrognée.

Un fossé sépare toutefois le monde savant, le monde clérical au rire fugace, mesuré, condescendant, respectueux des valeurs morales, de la hiérarchie et dépourvu d'arrière-pensée grivoise, du commun dont le plaisir, la joie ou la colère s'expriment par des manifestations physiologiques et corporelles bruyantes, désordonnées, par ces *péchés de la langue* que nous aurons l'occasion de dénoncer. Le sourire serein digne d'un gisant, le rire du bout des lèvres ou narquois d'un marchand italien peint ou le rire retenu d'une manifestation d'illumination spirituelle, de la sainteté, ne concernent guère les polissons et seront tout juste évoqués dans un chapitre particulier sur les variétés d'expression d'un sentiment.

9- Michael Bakhtine, *L'œuvre de François Rabelais et la culture populaire au moyen âge* et sous la renaissance, Paris, éd. Gallimard 1970- P. Nykrog, *Les fabliaux*, Copenhague 1957.

Une saine gaieté, davantage perceptible, est même reconnue pour ses vertus thérapeutiques et pédagogiques. Elle récompense un bon mot ; elle souligne une situation cocasse entrevue dans la rue ou à la maison ; elle aide à faire passer le message du plus austère prédicateur, usant d'*exempla* drolatiques, empruntés à la vie de tous les jours. Un frère Sachet ou de la Pénitence de Jésus-Christ, provençal du XIIIe siècle, exhortant le public à se préserver du vice et à pratiquer l'exercice de la vertu, tourne en dérision, à travers des exemples pris dans la vie quotidienne, des comportements répréhensibles de ses contemporains poussés par l'avarice, la gloutonnerie, l'hypocrisie, le goût du jeu, la coquetterie.

L'expression culturelle du commun

Une culture, « libérée » des entraves sociales et morales, moins contraignantes se dégage des farces, des nouvelles, des contes et autres genres littéraires similaires où le commun, le populaire livre sa *vulgarité.*

Il est courant à une époque où l'individu extériorise ses sentiments, que la joie, le plaisir, les pulsions irradient sur le visage, dans les yeux, dans les gestes, sur tout le corps. Le rire nerveux, manifestation d'une vive émotion s'y éclate faute d'être retenu par la pudeur ou par l'éducation, s'associe volontiers à la moquerie, à la ruse dans la peinture sociale que représente le Roman de *Renart* (d). Le goupil, en conflit avec le loup Ysengrin et Tybert le chat, incarne la malice, la drôlerie qui tournent en dérision la force des puissants, comme la revanche du peuple malmené par les féodaux. Les romans courtois peuvent, eux aussi, livrer des personnages truculents, des forts à bras qui introduisent un moment de détente dans l'intensité du récit. Chrétien de Troyes, considéré comme le père du roman de chevalerie, peut être, à l'occasion, un étonnant humoriste. « *Il y a infiniment plus de rire et d'ironie que notre oreille n'est capable d'en entendre* » disait M. Bakhtine dans ses recherches sur Rabelais.

Cette littérature populaire montre que les âmes simples du Moyen Âge aiment *faire un ris* pour un rien, *soi esbaudir*, se moquer de tout, y compris du malheur d'autrui, de la souffrance et de la mort. Elles vivent dans un monde rude, sans pitié, qui connaît des famines, des épidémies, des guerres, des infirmités : « *tel rie au main* (matin), *ki au soir pleure* ». Même le cadavre dont on se moque dans le *Pet au vilain* ou dans d'autres farces est l'objet de plaisanteries douteuses ou traité de la façon la plus irrévérencieuse qui soit (Villon). Railler dans les écrits, au coin d'une rue, n'est pas un jeu anodin. La réalité dissimulée sous l'anecdote est parfois si complexe que le lecteur ou l'auditeur n'est jamais sûr d'en avoir bien percé la signification profonde. Combien d'angoisses refoulées, de pulsions insatisfaites, de transgressions des interdits d'une morale ou d'une éducation rigides, se cachent derrière la rusticité du vocabulaire ? Combien ont voulu braver des tabous qui touchent à l'activité sexuelle ou scatologique, surmonter la peur lancinante de la mort ?

Mais le rire peut dépasser les bornes, devenir moqueur, ironique, obscène. Il est à coup sûr inspiré par une impulsion démoniaque et devient la manifestation de tendances pernicieuses, l'arme favorite *d'enfants sans soucy* et bruyants, de *connards,* de railleurs impénitents, pareils au geai, un oiseau persifleur. La manifestation de la joie de vivre devient, dans ces conditions, nuisible à l'âme et nocive au corps de chacun, à l'intestin, à la vessie qu'il relâche, au vieillard qui, selon Roger Bacon, y use ses dernières forces, se tord et finit par en mourir ! Toutefois, à bien examiner le corpus littéraire, il est probable que les plaisanteries salaces, les gros mots que nous évoquerons ailleurs, n'occupent qu'une partie d'une culture orale ou écrite d'une infinie richesse. Le rire a en effet un rapport consubstantiel avec le langage à tous les niveaux, du plus fin au plus scabreux.

Les rieurs ont besoin d'une nourriture qui leur vient de deux façons, de professionnels ou d'amateurs.

Les folies de «l'âge bête »

« Qui devant femmes et enfants
Tient propos lestes et osés.
Celui-là s'attende à les voir
Se conduire comme il l'a fait.
Honnêtes mœurs ont disparu :
Femmes et enfants sont dévoyés
Par faits et dits et par l'exemple » . Sébastien Brant regrette ainsi la mauvaise éducation des enfants, dans *la Nef des fous.* [10]

« L'âge bête », l'âge à problèmes, celui du bruit, de la *noise*, des mystifications, du tapage nocturne, des disputes met cette fois en exergue la catégorie des adolescents qu'on traite alors de *connards*, de *merdaille*, de fils ou de filles de pute ou de prêtre, et d'autres noms d'oiseau plus colorés encore. Un vieux dicton sur les enfants et les adolescents prétend

10- Sébastien Brant, *La Nef des Fous*, traduction et présentation de N. Tauben, Paris édit. José Corti, 1997 p. 163.

que, comme pour les pets, on ne supporte que les siens ! Le Moyen Âge n'ignore pas les jeunes voyous, la terreur des quartiers, que les prédicateurs comparent parfois à de jeunes taurillons, les étudiants, *studentes, scolares,* en goguette, émules de ces enfants dissipés d'Amiens qui ont commis les pires excès à une représentation du *jeu de Joseph* en 1496.

La société médiévale n'a pas toujours été tendre avec la jeunesse. Elle méconnaît les bébés, jugés par les intellectuels, inconscients, sales, pisseurs et bruyants, s'intéresse peu aux enfants, se méfie des adolescents déjà au travail dans les mines ou dans les ateliers, se méfie et craint les jeunes gens dissipés. Il faut avouer qu'une tranche d'âge entre la puberté et le mariage pose des problèmes. Les jeunes coqs, « *portant haut la crête* » (J. Rossiaud) ont des pulsions, aggravées par la consommation de vin dans les tavernes, la présence du groupe, l'obsession du sexe, de la virilité entretenue dans les bordels. Ils souffrent du manque de distractions, de la promiscuité dans les maisons, quelquefois des carences du milieu familial, perceptibles dans les farces. En temps normal, les passions sont réfrénées par les tabous d'une morale judéo-chrétienne, par l'encadrement religieux et municipal, par les rouages familiaux, par les tutelles légales du père ou factuelles d'un maître d'un atelier, d'un frère aîné. [11]

> Un jeune homme de milieu populaire est pris dans un écheveau complexe et astreignant de liens familiaux ou de fraternités, de sorte que le mariage, élément de bouleversement, ne peut être laissé à la totale discrétion des intéressés. Par ailleurs, beaucoup, en âge de se marier, ne peuvent réaliser leurs désirs dans un cadre trop restreint ou avant d'avoir assuré leur avenir matériel. Des valets, des compagnons doivent attendre de longues années, dépasser largement la trentaine, avant de convoler en justes noces. Il résulte de cette frustration, une obsession du sexe, une jalousie à l'égard de l'étranger qui cherche à s'introduire dans une communauté familiale, du barbon qui peut tout se permettre avec sa fortune, du veuf qui se remarie alors que tant d'autres sont exclus de cette possibilité, de la riche veuve qui s'offre un jeune compagnon. Il en résulte aussi un profond mépris pour celui qui a pris « un *sexe de poule* » (sic).

Les jeunes drôles, des fils de bourgeois, des enfants de pauvres sans activité, des orphelins qui ont survécu forment des bandes de roublards, aussi bruyantes que dangereuses. Ce sont des délinquants en puissance qui vivent de rapines et qui sont quelquefois pendus pour leurs *desmérites* avant d'avoir atteint l'âge adulte. Ils sont bagarreurs, violents, battent les passants ou leurs propres parents. Un homme rouant de coups son vieux père répond à ceux qui s'en indignent « *c'est une tradition particulière à notre famille. Mon père l'a fait à son père, et l'enfant que vous voyez en fera autant pour moi* ».

L'agressivité de cette population mutine et tapageuse est à fleur de peau. L'oisiveté et la contrariété l'entretiennent. Des groupes se forment dont les exploits n'amusent personne. Dijon n'apprécie pas, un jeudi 22 juin 1466, les excès de drôles éméchés. « *Quatre ou cinq compaignons desguisiez et embrunchiez sont venus en la rue du Bourg* (à Dijon) *et par grant dérision et en faisant pluseurs exces et oultraiges, en desrivant la ville par quatre ou cinq fois et à chascune fois desguisez de divers habiz et lune des fois en habis de dyables, crians et braillans, ainsi affreusement que font dyables en jeux, dès mynuyt jusques a deux heures apres, ruerent pluseurs pierres contre huiz et fenestres, prinrent certainnes rouhes et cuveaulx et les mirent sur les margelles dung puis lung sur l'autre* ». Ils « *faisoient de tres grans criz en dyables dont pluseurs voisins et voisines ont eu grans paours* ». [12]

Les méfaits, le chahut, le tapage commis par ces voyous, mal éduqués par des parents laxistes, n'amusent qu'eux, certainement pas les bourgeois qui supportent leur voisinage. Le port des armes est incontrôlable et la municipalité de Grenoble doit sévir dès 1320 à ce sujet. Personne n'est à l'abri des dérapages physiques et verbaux, des brutalités, des vengeances. Un prédicateur Guillaume Pépin, disait d'eux : « *les uns s'adonnent à la débauche et à l'ivresse, les autres deviennent jureurs et parjures, d'autres blasphémateurs ; il y en a, enfin, qui s'oublient jusqu'à faire le mal en présence de leurs disciples* ».

Les adolescents remuants devenus étudiants ou *escholiers* débutants en « art » vers les quinze ans ou dans les matières de base d'une sorte de propédeutique ne sont pas aussi sérieux que les futurs théologiens qui passent le doctorat vers trente ans ! Leurs ardeurs juvéniles ont tendance à déborder. « *Étudiez tant que vous voudrez* » leur rappelle Olivier Maillard, « *mais plût à Dieu que science et conscience fussent synonymes pour vous* » !

Rabelais, rappelant son bref passage à l'université de Toulouse écrit dans Pantagruel « *De là vint à Toulouse où apprint fort bien à danser, à jouer de l'espée à deux mains comme et l'usance des escholiers en ladicte université* ». Une charte de l'université d'Angers fait une soigneuse distinction entre les différentes catégories de personnes fréquentant l'université locale et

11- D. Alexandre-Birdon et D. Lett, *Les enfants au Moyen Âge*, Paris, Hachette 1997.- J. Rossiaud, « Fraternités de jeunesse et niveaux de culture dans les villes du Sud-Est à la fin du Moyen Âge », *Cahiers d'Histoire* n°21, 1976 p. 67-102.

12- A. Samouillan, *Olivier Maillard, sa prédication et son temps*, Paris, Ed. Thorin, 1891. p. 335-336- Sébastien Brant, *La Nef des Fous* op. cit. p. 107.

évoque les « *bacheliers et vrais étudiants de ladite université d'Angers qui oyent (ouïr) leçons ordinaires et extraordinaires* » (1373). Le texte aurait pu opposer une minorité de collégiens pensionnaires d'un collège, pourvus de solides revenus, les *caméristes* qui ont pris pension chez un professeur et travaillent avec sérieux, à la masse, au vulgus, aux *martinets* dont la vie tapageuse fait scandale.

« *Car délaissent souvent leurs livres*
et en folastres s'en vont vivre » (S. Brant).

Car tous les étudiants ne sont pas au même niveau, n'ont pas le même âge, la même situation, la même volonté *« d'ouïr »* et de s'en sortir. Les uns sont encore à l'âge bête ou sont trop pauvres pour suivre un cursus normal et leurs préoccupations journalières sont terre à terre : manger, dormir, boire, vagabonder, faire les imbéciles en bandes de noctambules, en oubliant le cursus qui les conduit au baccalauréat, à la licence et pour une infime minorité au doctorat. Leur niveau de culture est bas et certains baragouinent un latin de cuisine à l'image de la langue que parle, dans une farce, *Maître Mimin étudiant,* qui en a oublié son parler français d'origine.

Les bons enfants orrez (entendez les) *crier*
Du pain ! n'en veuil pas oublier ! écrit Guillaume de Villeneuve dans son *Dit des Crieries de Paris.*

Ceux qu'on nomme *les pauvres étudiant*s, en situation financière précaire, sont semblables aux martinets, ces oiseaux du ciel venus de partout, tourbillonnant sans se poser, menant loin du nid, une existence précaire. Sans argent, sans protection, en dehors de toute affection familiale, ces misérables adolescents scolarisés sont logés dans d'infâmes taudis, dans des chambrettes insalubres aux lits faits de « *chassis tissus d'arigniées* », au dernier étage des immeubles, sans eau, sans cabinets et où des bottes de paille font office de lit. Des propriétaires sans scrupules les exploitent, exigent des loyers si élevés qu'il n'est pas rare de les voir coucher dans la rue en compagnie de clochards, de délinquants. Ces crève-la-faim, souffreteux, en majorité des *artiens* n'ont pas la chance de disposer de revenus fixes, d'un bon bénéfice ecclésiastique ou de résider dans un couvent de Mendiants comme les futurs théologiens ; ils économisent sur la nourriture pour régler des frais d'inscription, à moins qu'ils n'en soient dispensés faute de moyens (Avignon) et d'examen. Pour subsister, il leur faut trouver des revenus complémentaires, attendre la générosité d'un lointain parent, donner des leçons particulières, louer leurs bras sur un chantier, servir de domestiques à leurs condisciples les plus riches, vendre à la sauvette, vivre d'expédients ! Et pourtant ils ont le goût à rire, font des blagues.

Ces rigolos, mal intégrés, qui poursuivent en vain des études tout en vivotant ont l'imagination et l'énergie requise, stimulées par l'absorption de force rasades de vin, pour passer joyeusement le temps sur le pavé « *où ils suivent leurs malins plaisirs, tous jeux et tous mondains plaisirs* » dit Sébastien Brant. L'historien est trop souvent victime de ses propres sources anecdotiques pour être capable de porter un jugement valable sur les mentalités et la vie universitaires. Des jeunes gens de 15 à 20 ans, célibataires, loin de leurs parents, liés entre eux par des solidarités de groupe, sont autant *d'écoliers de quandoque*, une expression populaire servant à camoufler leur paresse. Ils se laissent facilement entraîner à faire des bêtises, se manifestent à chaque *béjaunie* (bizutage) faite de dérision et de moqueries, en fin de semaine et les jours de foires ou de fêtes. Leurs bagarres, leurs blagues de mauvais goût défraient la chronique et on peut supposer, sans possibilité de vérification sûre, que les taux de réussite étaient réduits.

> Villon sonna fréquemment à l'huis de la maison de la grosse Margot en compagnie de Régnier de Montigny, de Taillemine et de Rosay qu'on retrouve plus tard sur une liste de malfaiteurs ou *coquillards* !

Beaucoup d'étudiants retournent chez eux sans diplômes ou tout juste bacheliers, ce qui les autorise ensuite à devenir greffiers, notaires. Ce fin connaisseur du milieu universitaire orléanais pour avoir séjourné sur les bords de la Loire en 1360, le Champenois Eustache Deschamps, ne laisse aucun doute sur le sérieux des « *escollers d'Orliens* » :

> « *Princes, trop coustent escolier* ;
> *Toujours dient qu'ilz n'ont denier*
> *Que plus leur baille, plus est fols,*
> *Leurs noms est de vuide grenier,*
> *Car, pour guerre et hurtebiller* (faire l'amour)
> *Mandent salutem et nummos* ». [13]

Orléans n'avait pas très bonne réputation. Il était de notoriété publique

13- Texte cité par C. Vulliez, Une étape privilégiée dans l'entrée dans la vie : le temps des études universitaires à travers l'exemple orléanais des derniers siècles du moyen Âge, dans *Les entrées dans la vie. Initiations et apprentissages*, P. U. Nancy, 1982, p. 149-181. -Y. M. Bercé, *Fête et révolte*, Paris, Hachette 1976. -P. Champion, « le pauvre Villon » dans *Histoire poétique du quinzième siècle*, Paris, Honoré Champion, 1966, p. 80-81 - L. Moulin, *La vie des étudiants au Moyen Âge*, Paris, Albin Michel, 1993 ?

« *comment plusieurs escolliers peu estudient et font grant chière. Comment les mondains escolliers après la bonne chere ne veulent etudier mais luxurier* » (Livre de la Deablerie d'Eloy d'Amerval).

La violence se donne libre cours à Toulouse où les parlementaires s'efforcent d'interdire le port d'armes (1460), les duels, les rixes, les jeux de dés et de cartes, l'usage des injures, les provocations ou parades des membres de la nation provençale et les manifestations ludiques de mauvais goût.

*

Du subversif au tolérable

Faire rire à tout prix est, pour les détracteurs, tout juste du ressort du jongleur ou de l'histrion, des fous de l'entourage princier, des *folastres* et des (faux) sots qui déambulent dans les rues à la recherche de quelques bêtises à accomplir.

Histrions, bouffons, bateleurs et conteurs, Braillards et mystificateurs de tout crin

À une époque où paraissent s'affronter la culture cléricale et la culture populaire, où le sacré et le profane interfèrent, les porte-parole du premier courant, des intellectuels imbus de leur savoir, nommés *facetos, trouveurs ou trouvères, troubadours, histriones*, *joculatores*, *jogleors*, *jongleur*s, se signalent, dans la culture occidentale, par leur verve franche et joyeuse.

Ces simples clercs, en majorité de jeunes nobles nécessiteux, étudiants ou écrivains au service d'un prélat ou d'un aristocrate, un protecteur ouvert à toutes les expériences, sont volontiers considérés par l'opinion publique comme des traîne-savates, des parasites, des saltimbanques, des ribauds, des *mendicans*, des *caymans* (quémandeurs), des *bouffones*, des *scolares vagos,* des suppôts du diable etc. Leurs détracteurs y ajoutent pêle-mêle, sans bien les distinguer, des *bastelleurs* qui font des tours d'adresse, des chanteurs, des auteurs-conteurs de pamphlets ou des musiciens ménestrels comme Cortebarbe du fabliau *Trois Aveugles de Compiègne*, des bouffons, des artistes aux fonctions mal définies ou jugées inutiles, des danseurs faisant de leur corps dévêtu un usage indigne, des musiciens de bastringue. Les moralistes inscrivent dans le monde péjoratif de la *jonglerie* des marginaux inconstants qu'ils nomment des *inutiles à jamès*, des *bourdeurs* (menteurs), des suppôts du diable et autres appellations qui ont pour point commun le divertissement. « *Quiconque a une activité ludique répétitive et variée destinée à amuser le public* » est considéré comme un perpétuel errant, un individu sans statut et sans salut, un mauvais chrétien dont l'âme est en péril s'il se refuse à abandonner sa situation précaire.[14]

La grande majorité de ces artistes des rues, prêts à berner le chaland, est anonyme ; quelques-uns sont connus par un diminutif comme Barat le rusé, Binette la femme du bateleur, Cauteleux le trompeur, Fadet le petit fou, la Goutteuse, Pan Perdut, Pistoleta la petite épître, Sot-Vouloir, Petit-Pouvoir ou par un sobriquet caricatural tel que Tranchecoste, Gasteblé, Guillaume sans Manière, Brise-Voirre ou Queue de Bou, Cercamon, Marcabru, Peu subtile, Mallepayé… Ils sont gueux comme un *bastard de Caux*, un cadet privé de succession, par un droit d'aînesse abusif.

Les autorités religieuses, les conciles, les prédicateurs, n'apprécient pas toujours ces récitants qui dénoncent tout et n'importe quoi : trop de frivolité, une enfilade de gags et de roublardises, une attitude inconvenante qui frise la *monstruosité* (monstrum), beaucoup de désinvolture, un goût prononcé pour le jeu et les dés pipés, une paresse étalée sous les porches des églises… On leur prête aussi l'intention diabolique de troubler l'ordre public et les offices par des cris, des rires, une musique dissolvante. Les spectacles que montent ces suppôts de Satan, les chants qu'ils exécutent sont des provocations. Le pire est atteint, dans le comique de répétition, avec l'usage de masques et de déguisements qui dissimulent et mystifient la vraie nature humaine, rendent anonymes des paroles grivoises, des péchés de la langue, des gestes obscènes. D'aucuns vont jusqu'à penser que ce sont des hérétiques dont la parole sonne comme un blasphème et le rire comme un ricanement diabolique.

> Le *fabliau Saint Pierre et le Jongleur* fait de ces artistes des paresseux, frivoles, sans foi ni loi, grands amateurs de ripaille, de jeux de dés et de hasard, à l'attitude équivoque, des habitués de la taverne, du bordel, de la *puterie* ; des simples d'esprit (*simplex, ydiotus*) dont les comportements s'écartent de la normalité.

Bref, l'histrion est un homme sans espoir de salut et, dans sa turpitude, le contraire du bien-pensant, du saint homme de Dieu, du moine, modèle sur terre de perfection, du prédicateur chargé de diffuser la foi.

14- M. Cailly, *Les fabliaux, la satire et son public*, Paris, La Louve 2007- E. Faral, *Les jongleurs en France au Moyen Âge*, Paris, réed. Champion 1964. - J. C. Payen, "Les Goliards", dans *Histoire littéraire de la France*, Paris, les éditions sociales 1965 p. 199 à 209-R. Nelli, *Troubadours et trouvères*, Paris 1979- M. Aurell, *La Provence au Moyen-Âge*, Publications de l'Univerité de Provence 2005. p. 138-139.

Il se situe en fait à l'opposé de cette vision conventionnelle d'obscurantisme dont est parfois taxé le Moyen Âge. Des citadins de tous les milieux, des représentants de l'aristocratie nobiliaire, domiciliés en ville, des membres de la haute bourgeoisie des marchands et des maîtres des ateliers aux *gens mécaniques*, aux ouvriers et aux compagnons, aux passants, constituent le public familier de ces artistes des rues. Chacun prend plaisir à les entendre même si leurs sarcasmes et leurs moqueries en latin ou en vieux français qui exigent un minimum de culture et de compréhension, n'épargnent personne. La réalité est donc bien différente de celle d'un *histrio turpis* et *simplex* (obscène et idiot), d'un instrument de la luxure, d'un proxénète à la recherche du plaisir. Le bateleur est effectivement un pauvre hère, tourmenté par la faim et la soif, un itinérant qui côtoie des ermites, des moines gyrovagues, des curés sans paroisses, des écuyers sans fortune. Mais la critique exagère son importance en voulant en faire, à tout prix, un *tabarin*, un amuseur de la galerie, perturbateur de l'ordre public, un contestataire du pouvoir, de la morale, de la religion, ou même un philosophe anarchiste. Son intention première se réduit à faire rire le public, à gagner quelques piécettes noires en se moquant des travers des auditeurs, des nobles et des bourgeois de préférence, prêts à ouvrir la bourse pour entendre leurs quatre vérités ! Car la foule complice apprécie le ton persifleur, l'irrespect des valeurs établies, le suspense, habilement entretenu dans le déroulement de l'histoire, la fausse misogynie, la critique des prêtres et des moines à travers quelques peintures de rapaces libidineux. Leurs facéties grimaçantes, leurs bouffonneries, leurs contorsions accompagnent volontiers des concerts, des représentations théâtrales, jusque dans la cour du Palais royal, sur le perron des hôtels princiers ou dans les cathédrales. Les meilleurs sont attachés à la cour d'une personnalité, à un château ; les anonymes exercent en taverne ou sur une place.

Des troubadours, danseurs ou musiciens, semblant voleter dans les airs, apparaissent incidemment sur des coffrets en bois peint ou en émail de Limoges en compagnie de belles dames. Un oiseau symbolise le désir du poète. Des attitudes ou des gestes trahissent la passion qui unit les amants.

La recherche actuelle sur les auteurs et leurs chansons, réunies en *Carmina Burana* ou recueil de poésies lyriques chantées, tend à restaurer et à mettre en relief l'image d'un clerc de bon sens, dispensateur d'une belle culture vulgaire ou populaire dont la rhétorique est accompagnée d'un souffle de fraîcheur et de désinvolture. Elle en fait un artiste et un auteur polyvalent plutôt qu'un bouffon de foire et de marché, un acteur remarquable, le « *trouveur* » et le troubadour de morceaux choisis, un ménestrel, protégé par un grand, un acrobate et un mime. Il accompagne son chant de bons mots, de contorsions du corps, de culbutes, de grimaces, pour amuser le public. Ce conteur étonnant, doublé parfois d'un fin débateur, est invité dans des églises à l'occasion des fêtes patronales (Abbeville) ou des foires internationales (Provins, Troyes, Beaucaire). Il a contribué à renouveler des genres littéraires variés, des sujets religieux, politiques comme la lutte de la papauté et de l'Empire, érotiques ou satiriques. Il a fait connaître et apprécier au peuple des villes, aux châtelains, les romans courtois, les chansons de geste, les vies de chevaliers et de saints, en mêlant à l'occasion des anecdotes souriantes, des *exempla*, remplis de scènes ou de mots comiques, aux récits édifiants.

Son importance n'est plus à démontrer dans les domaines littéraires, musicaux et même dans les organisations confraternelles (Paris).

L'élite des auteurs et récitants de « goliardies »

Les plus drôles de ces *vagants*, de ces chantres des rues et des tavernes, peut-être 400 connus ou anonymes, sont des *goliards*, de *goliaths*, *gouliars* ou géants païens, ou de *goljan* qui, chez les Germains, désigne celui qui crie et qui chante des incantations. Ce sont de singuliers gaillards, des badins perturbateurs de l'ordre et de la morale, mais d'excellents poètes, de véritables troubadours. Ils utilisent tantôt une langue claire et mélodieuse ou *trobar leu*, tantôt un style subtil, volontairement ambigu et obscur un *trobar clus*. Ils sont capables de composer des ballades, des rondeaux ou *rondels*, des *virelais*, des *cansos* ou cansons en latin ou en langue d'oc, des *carmina burana*. Ce sont des experts en dérision, grands amateurs de grivoiseries, de miroirs sans concession sur la vraie nature humaine. On les accuse volontiers de ridiculiser la morale, de rire de tout, aussi bien des tabous sexuels que des descriptions de l'enfer et des sermons des prédicateurs. Sont-ils des athées qui caricaturent le rituel de la messe et des sacrements, des hérétiques cachés, des adeptes d'un culte satanique ? Personne n'est capable de se prononcer avec certitude sur la *goliardie*.

Le monde facétieux et irritant des *goliards*, de la *goliardise* et de la *menestrandie, de la Basoche ou des Enfants sans Soucis, des Maugouvernes* laisse une impression d'hétérogénéité comme le sont les membres de certaines sectes ou de bandes de chenapans. On y rencontre non seulement des inadaptés sociaux, des sans domiciles fixes, des *jargonneurs* de bas étage, des braillards, poursuivant en vain des études mais aussi des écrivains talentueux en latin, en vieux français ou en langues régionales, amateurs de parodie, de dérision, de langage à double sens, protégés par de grands personnages. Des cénacles apparaissent autour de grands seigneurs, avec Guillaume IX, duc d'Aquitaine et comte de Poitiers (1071-1127), puis l'épouse d'Henri II, la reine Aliénor, les sires de Carcassonne, de Béziers en Langue d'oc, de quelques mécènes dans des villes de Langue d'oïl. Ils servent comme le rappellent les écrits nommés *sirventes*, les intérêts de ces puissants, véhiculent des idées politiques, se montrent à l'occasion hostiles à un clergé jugé décadent et plus encore aux Français jugés arrogants.

> Certains de ces chansonniers d'autrefois, de ces enfants terribles de l'Église, auteurs de *subtilités*, diseurs de bonne aventure, ou sortes de jongleurs ecclésiastiques se sont révélés être de véritables génies, même si ceux qui ont laissé un nom durable dans la littérature jongleresque se comptent sur les doigts de la main. Citons Jean Bodel (1165-1210), créateur d'une pièce célèbre, le *jeu de Saint-Nicolas* et de fabliaux, Rutebeuf et Jean de Condé, Raimbaut d'Orange dit le Rossignol ou le *senhal*, un surnom utilisé entre amants, Gautier de Châtillon auteur de l'Apocalypse de Goliard. Ces écrivains talentueux et une foule d'anonymes ont livré des séries de *risées, de mokeries et de trufles "pour s'esbattre"*, inspirées des traditions du passé, d'aventures authentiques, de faits divers.

Les plus célèbres de ces clercs littérateurs indisciplinés, sans domicile attitré, déviationnistes bachiques et érotiques, rejoignent les *théâtreux* à la fois comme auteurs, acteurs, récitants de *jeux*, de cycles de *mystères et* d'*histoires*.

*

Les ficelles et le rire des *théâtreux*

Les mots *théâtraux* ou *théâtreux* distinguent ou réunissent selon les circonstances, des *« metteurs en scène »*, des auteurs, des acteurs réunis en fraternités, des récitants de vers et de tirades, des éléments du public. Il n'y a pas alors de séparation stricte entre les *joueurs* et le public, plus d'une centaine de personnes parfois, invités à participer aux festivités théâtrales, cette liturgie du diable pour ses dénonciateurs, au cours desquelles sont transmis oralement les grands thèmes de la littérature médiévale : les romans, les chansons de geste, les dits, les fabliaux.

Les spectacles amusants, manifestation d'une culture populaire partagée par beaucoup au sein d' une société privilégiant l'oral, ont leur place parmi ces divertissements variés dont raffolent les spectateurs. Le titre du vieil ouvrage de L. Petit de Julleville, *Répertoire du théâtre comique* (1886) est là pour le rappeler avec évidence. Les moralités édifiantes, les drames liturgiques, les monologues dramatiques cèdent, en effet, la place à des pièces à la fois lyriques et burlesques où des séries de disputes verbales et physiques, de coups de bâton créent l'ambiance et où se déroulent des tranches de vie quotidienne. [15]

Les monteurs-miseurs de canevas

Monter une scène sur échafaud, une *charpente*, dans les limites d'un espace choisi, en association avec la culture et l'économie urbaines, était une tâche délicate qui se pratiquait à l'initiative d'une municipalité, de bourgeois aisés, d'un groupe de personnes motivées ou des membres d'une confrérie pieuse et charitable (Arras, Rouen) et d'un *monteur*. Ce dernier était appelé aussi *meneur de jeu* ou *protocolle* (souffleur), *gouverneur* ou *miseur* (comptable), *fatiste* en Auvergne, à la fois auteur et metteur en scène. Des acteurs professionnels ou *joueurs de farces*, dont un diable qui fait rire et fait peur à la fois, des *menestriers* ou *menestreux* ou musiciens participent au divertissement de la foule. Des spectateurs sont volontiers invités à apporter leur contribution dans des tableaux vivants ou figurés et jouent « *certains esbatements en matière de farce* » (Angers).

La construction d'un échafaud nécessite des dépenses coûteuses avec un *parquet,* des décors en tissu ou en papier, une gueule ou *goule* d'enfer, quelquefois toute une machinerie compliquée.

Le rire perdu des «cathéchismes dramatisés»

Le corpus des mystères qui s'esquisse au XIIIe siècle dans le nord de la France avec le *Courtois d'Arras* et le *jeu de Saint Nicolas* de Jean Bodel puis avec les pièces d'Adam de la Halle s'épanouit ensuite au point de devenir un mode d'expression populaire mêlant un thème généralement tragique, un martyre, aux réalités de la vie quotidienne. Aussi curieux que cela puisse paraître, larmes et manifestations de joie s'intègrent dans le gestuel et dans l'expression émotive d'inspiration religieuse dramatique.

> Dans une pièce anonyme à grand succès, intitulée *Courtois d'Arras* au XIIIe siècle, la dérision pousse à comparer une taverne au paradis et conclut par cette formule quasi blasphématoire : «*ici on est mieux qu'à l'église* » ! Les scènes paradisiaques et infernales d'un christianisme populaire multiplient les sujets susceptibles de

15- J. C. Aubailly, *Le théâtre médiéval*, Paris, Larousse Université, 1975- G. Cohen, *Le Théâtre en France au Moyen Âge*, Paris, PUF, 2° édition 1948- C. Mazouer, *Le théâtre français du Moyen Âge*, Paris, SEDES 1998.

provoquer l'hilarité : des *fosseries* pour escamoter« *sous terre* » les personnages, l'apparition d'objets volants ou d'animaux fantastiques, des bruits incongrus, une *goule* d'enfer. Rien ne fait plus rire le public que d'apercevoir des têtes familières, des amis, des voisins connus devenus des figurants ou un notable transformé en Satan ! Même dans le sérieux jeu de Saint Nicolas, Jean Bodel n'hésite pas à amuser la galerie en évoquant le débit de boisson, les *connards* qui vident des chopines, les insultes qui s'y échangent, des cris comme « *fous-le-camp, bandit* » !

Le grand public est ainsi amené, dans ce cadre théâtral collectif, à se divertir de *moult belles histoires,* d'où une pause satirique récréative n'est pas exclue d'une production dramatique dans un climat de profonde religiosité, de passe-temps aussi surprenants que ceux qui apparaissent dans le jeu de la Feuillée d'Adam de la Halle ou dans une une *« saincte Marguerite contrefaicte d'une moult belle fille yssant d'un dragon »*. Il se délecte à la vue de pécheurs notoires, de sots qu'il identifie aussitôt à des personnalités ou à des voisins connus, à l'aspect ridicule d'un juif, d'un *prince des sots* (au Puy), d'un *fol* à oreilles de chien et à crête, d'un horrible sarrasin ou d'un vilain crasseux, aux mimiques et aux gestes des acteurs qui récitent les tirades composées par des concepteurs. On rit aussi des *feintes, des trucs,* du dénouement de certaines représentations. À Seurre en 1496, celui qui jouait Satan dans une vie de Saint Martin, est rôti vivant dans une gueule d'enfer, à la grande satisfaction du public qui n'a rien compris !

Ainsi dans un mystère des Actes des Apôtres, Judas en chemise, encadré de deux diables, monte sur une chaise et se passe une corde au cou. Un des diables l'attache à une branche d'arbre de telle façon qu'il se pend lui-même. Il avait placé sous sa chemise un fauve qui lui déchire le ventre et laisse apparaître les entrailles. Un écrit annonçait *: « Icy crève Judas par le ventre et les tripes saillent dehors »*. Du plus haut comique !

La farce *du Meunier* mélange le drame et l'humour en mettant en scène une querelle entre un meunier sur le point de mourir et son épouse. Deux diables cherchent à s'emparer de l'âme du mourant mais ils reçoivent un tas d'excréments d'un homme incapable de contrôler son système digestif. Très drôle !

La Passion d'Auvergne qui connut un franc succès dans les villes du Massif Central aux XVe et XVIe siècles mélange les genres, le drame et le comique. Un intermède, joué par des domestiques, les montre en train de chasser du gibier pour le dîner que leur maître, Simon de Béthanie, offre à Jésus ; ils attrapent un animal nommé Mallegueype qui parle le patois bas-auvergnat ! À un autre moment, le public se régale des insultes, toujours en patois, que les bourreaux lancent au Christ pendant sa crucifixion. Il arrive aussi qu'un acteur soit obligé de quitter la salle sous les huées.

Le rire naît aussi d'un nom étrange, d'un prince Nabuchodonosor, maréchal, maître de l'artillerie, d'une situation invraisemblable, d'un homme costumé en femme, en Madeleine la mondaine, des propos incohérents d'un fou, des *diableries* des acteurs masculins jouant des rôles de femme, de scènes à la limite du bon goût, de l'ubiquité et de l'interpénétration des forces du bien et des forces du mal dans la société. Il arrive que les limites autorisées soient dépassées et que les municipalités mettent des garde-fou . C'est le cas à Clermont en 1495 où « *a été exposé que yer l'en fist certaine crye par l'auctorité de monsieur le gouverneur que nul habitant ne aultre n'eust à jouer farces et moralités en ceste ville sans le congié et licence de monsieur de Clermont ou de ses officiers avant le jeu, affin de obvier aux scandales que s'en porroyent ensuyvre* ».

Le rire, ressort et instrument de communication d'un théâtre profane

Après une scène de théâtre dramatique, après les sujets éprouvants d'une *Passio de Nostre Senhor* ou d'un martyre, qui plonge ses racines dans la Bible et dans les vies de saints, des représentations profanes, franchement comiques, sont apparues sous diverses formes. Le trait d'humour surgit de monologues satiriques, de sermons, de farces empreintes de visions allégoriques et morales, les *mouraillités*, de pièces remplies de réminiscences sociales, d'allusions aux marginaux et aux déviants, d'une série de gags destinés à tromper avec un art consommé du comique répétitif.

Les sujets religieux soulèvent des rires et des applaudissements quand sortent d'une *goule*, d'une gueule hurlante, des diables mus par de singuliers mécanismes et entourés de flammes et de fumée, avec foudre et tonnerre. Les trucages, les *feintes*, ne laissent pas, non plus, les gens indifférents à plus forte raison quand apparaît à Mons en 1500 un immense crapaud d'enfer et quand Lucifer et ses suppôts entendent faire des âmes des suppliciés… du petit salé, mijoté dans une cuisine infernale, dans un jeu de l'Antéchrist du Limbourg en 1430 ! Les diableries sont accompagnées de cris stridents, dignes d'un charivari, caractéristiques de l'état de possession de ceux qui les poussent. Pire encore, on a prévu dans la *Passion de Troyes* une pause pour que Lucifer et son entourage bruyant et chevauchant « *cheent en enfer* », chacun comprenant qu'à une lettre près, le sens peut être modifié dans un sens eschatologique. Bref, tragédie, comique, lazzis bouffons se rejoignent dans cette diabolie théâtrale ou dans cette « *orrible rhetorique* » dont parle Arnoul Greban.

Même l'histoire sainte, le Paradis, la liturgie, volontairement entremêlés, peuvent être parodiés pour la satisfaction d'un public avide de sensations et d'anticonformisme. Par un « *abominable mystere et badinage* », on a laissé des acteurs, interprétant un rôle de possédé du démon, verser du sang d'agneau sur l'autel, asperger la croix avec de l'urine ! Jésus et Satan conversent, tiennent des propos incroyables ; le second dit au premier dans une Passion de Jean Michel

« *Tu es ne larron ne murtrier*
Ne sodomite ne putier
Ydolatre ne faulx tesmoing ».

La finesse de trait, la naïveté feinte ou réelle d'un individu ébaudi, la parodie poussée à l'extrême, l'humour gras jusqu'à l'obscénité dans la satire des femmes immorales ont leur place sur des représentations fixes, sur des décors simultanés et sur des successions de tableaux présentés sur plusieurs échafauds démontables ou sur des chars décorés qui défilent dans les rues de Fougères au milieu du XVe siècle. Le genre profane privilégie l'expression moqueuse qui tourne en dérision les ménages à trois, des groupes sociaux, voire les malheurs d'autrui, la pauvreté dans un *Mistère de la Famyne* à Clermont en 1509 au cours duquel…les édiles font distribuer des poires et des tartes aux participants : l'infirme, le diable, les auteurs de maléfices, les *tempestaires* ou faiseurs de mauvais temps, le fou, le juif. Le spectacle se vautre même « *dans le bas matériel et corporel* » dont parlait M. Bakhtine, décrivant la culture populaire du temps de Rabelais.

Les représentations de conversions de païens, de guérisons miraculeuses, de paralytiques qui se lèvent brusquement, de reliques apportées par coffres entiers et autres histoires du même genre où se mêlent, à l'action religieuse, le patois et les traditions locales ne sont pas seulement didactiques mais deviennent une source d'hilarité. Il va sans dire qu'une farce donnée à Aurillac a un succès fou quand l'action tourne autour des ces trois thèmes : la visite clandestine qu'un prêtre rend à une femme mariée, une rixe organisée par des frères Mendiants et un glouton qui mange le repas de ses compagnons pendant leur sommeil !

Le contact avec le public mélangé et bruyant des rieurs

Le public est là, sans doute moins gagné par le style et la leçon spirituelle et morale qu'il peut tirer d'un sujet, des *exempla* didactiques que par la franche rigolade des *risées* et des *mokeries* auxquelles il participe souvent comme acteur improvisé. Ces dernières sont tirées des exploits matrimoniaux de gens reconnus ou de voisins imaginés, des mots crus ou à double sens, des allusions au sexe, des proverbes usités, des excès démesurés. « *Je dis bourde* (je raconte des plaisanteries) pour fere *gent ryre* » dit un jongleur anglais. En est-il autrement du *Chevalier qui fist les cons parler* ou *de la Pucele qui abreve le polain* ? Comme pour certaines poésies dont les analyses critiques dissèquent les textes, sous prétexte de rechercher les intentions de leurs auteurs, il n'est pas interdit de penser qu'on a extrapolé sur des histoires drôles, terminées par une conclusion moralisatrice. Mais décrire la ruse d'une femme n'autorise pas à parler, pour autant, de misogynie, d'antiféminisme.

Les spectateurs, confrontés avec les difficultés de la vie, avec la misère, avec les injustices n'étaient pas mécontents de se divertir un court instant, d'assister à un renversement de valeurs imposées par l'Église et les puissants, de voir triompher la ruse ou la vengeance, d'assister à l'humiliation des élites. Ils n'étaient pas mécontents aussi de se venger, de façon adroite et sans se mettre en avant, de leurs épouses *discutailleuses*, d'un meunier ou d'un usurier maudit, d'un patron d'atelier, d'un marchand trop riche, d'un officier de justice ou des finances. Le déroulement d'un *fablel* (fabliau et fable) et sa conclusion sont à la fois un rappel d'évènements contemporains, une tentative d'explication et un dénouement attendu par la majorité. On trouve pourtant d'autres visiteurs parmi les spectateurs. *« Le XXVII jour de juing MCCCC et neuf (1409), Yvonnet Coyrant, soudoyer (soldat) ou chastel d'Angiers dist que le dimanche XXIII jour dudit moys, lui estant oudit chastel, ou l'en faisoit aucuns jeux ou farces devant la royne Yolant et ses gens, et que en regardant yceulx jeux, la manche de sa robe lui fut couppée, ataillée par desoubz par larrons et prindrent en monnaie environ X sols et son seel fait a son nom et ses armes* ». [16]

Rappelons enfin que les auditeurs, habitués à un langage cru, aux « pâtés de langue », aux injures, n'étaient pas scandalisés par ce qu'ils entendaient quotidiennement dans la rue, par les comportements qu'ils entrevoyaient. Nos contemporains s'offusquent-ils des *putain*s, des *pédé*, des *nique*... lancés à longueur de journée ? Beaucoup de curés étaient concubinaires à l'époque de la guerre de Cent ans et leur faire un procès pour paillardise est presque commettre un anachronisme. Comment

16- G. A. Runnalis, *Études sur les Mystères*, Paris, Honoré Champion, 1998 p. 179.

pouvait-il ne pas y avoir de cocus à l'issue de liaisons fréquentes entre vieux barbons et jeunettes ? On peut même affirmer que l'absence de désir érotique était inconcevable en dehors des exemples de quelques saints hommes dont les *Vitae* pouvaient d'ailleurs prêter à sourire avant l'épisode du martyre.

*

Les auteurs comiques, les amateurs de *mots mordants, de coups de flèches, de sotties, de sirventès, de cansons et* de *tansons* et d'autres poèmes, historiettes et farces humoristiques en latin ou en langue vulgaire ne manquent pas pour qui sait les retrouver dans une littérature multiforme. On en trouve bien d'autres que ceux que nous indiquons, à commencer par des saints fondateurs des ordres religieux comme saint François, les rois qui s'amusaient quelquefois d'un rien (saint Louis) et de sévères prédicateurs (O. Maillard).

Reste l'autre alternative que forment les victimes qui font rire à leurs dépens et qui doivent masquer leurs vrais sentiments sous un rire de façade. « *A mauvaise fortune, bon cœur* » dit le proverbe qui cache ici des situations dérisoires que nous retrouverons dans les chapitres suivants.

Chapitre 2

Les victimes de moqueries et de « *mots de gueule* »

On rit volontiers de tout et de rien dans les fabliaux et dans les farces : des fous et des bêtas ou badins, éternels pantins grotesques, des malchanceux, victimes d'un jeu de massacre farscesque. Ces malheureuses victimes font les frais d'un comique de situation ou de mots, d'espiègleries, de diableries, de plaisanteries scatologiques. Des individus dessalés qu'aucune obscénité ne rebute provoquent l'hilarité des lecteurs et des auditeurs en utilisant des mots grivois et un vocabulaire du bas-ventre.

Dans la longue liste des maltraités par des propos sarcastiques et obscènes, dignes d'être dans le vaste patrimoine de l'intolérance verbale d'auteurs méprisants pour les plus faibles figurent au Moyen Âge, en tout premier lieu, les femmes dont les *foiblesses* adultériennes sont dénoncées dans les écrits drolatiques, au nom d'une sorte de solidarité masculine. « *Pour tout l'Empire des Grecs, je ne veux point être appelé cornard* » disait le troubadour Raimon de Miraval. La réalité est sans doute sensiblement différente. Si l'intrigue puis le ménage à trois, au domicile conjugal, avec le présence d'un mari cocu et de *l'ami* ou *dru*, font beaucoup rire, plusieurs siècles avant la vogue des vaudevilles, on est en droit de se demander qui est la véritable victime. Est-ce l'hypocrite, la rusée, la perverse, poursuivie pour ses ardeurs sexuelles, ou son balourd d'époux, tyrannique ou naïf, transformé, selon les réactions, en aveugle ou en ouragan dévastateur ?

La société hétérogène des membres du *clergie* n'est pas toujours épargnée sans qu'on puisse parler vraiment d'anticléricalisme anachronique. Les pitreries jongleresques dénoncent, à tort ou à raison, les clercs, oublieux de leurs vœux, âpres au gain au point de faire la chasse aux testaments, leur goût prononcé pour le confort, la bonne chair, les biens de ce monde.

Parmi les autres victimes d'une ironie malsaine, d'une sorte de jeu de massacre social, figurent, à un moindre degré, les vilains au bas de l'échelle paysanne, les sots et les fous à moins qu'il ne s'agisse de celui qui est attaché à un prince pour lui dire ses quatre vérités. S'y ajoutent, à l'occasion, les faux nobles ou les familles aristocratiques dans la mouise, les médecins associés aux déjections, aux saignées et aux clystères, les juges véreux. On y met aussi volontiers les juifs, victimes de l'intolérance, les homosexuels q ualifiés de sodomites, les lépreux, les païens, les sarrasins et les grecs associés *aux natifs de barbarin* ou *aux griffons* à Rennes, aux mauvais croyants et aux voleurs, et une kyrielle d'autres pauvres hères, dénoncés, méprisés. Il ne s'agit pas seulement des victimes d'un *gros ou de gras rire*, qualifié selon les sujets abordés ou selon les réactions des auteurs et des lecteurs, de truculent, d'érotique ou d'obscène, de refoulement des désirs, mais aussi d'une expression plus subtile d'ironie grinçante, relevant d'une volonté moralisatrice de dénoncer la vie sentimentale et les mœurs du temps. [17]

*

La femme mariée et son époux

La femme est dite dans certains écrits « *contrarieuse*, *noiseuse*, mal *enseignée ou malmariée* » Est-ce tout simplement une injuste victime de la guerre des sexes ?

C'est l'éternelle question sur la loterie du mariage avec un bon ou mauvais numéro féminin et sur les *irrégularités* (sic) des épouses, jugées trop ardentes, trop acariâtres et vite raisonneuses avec l'âge. C'est du moins ce qu'on est en droit de se poser quand on relit les *farces de noces,* destinées à faire rire un très large public et parfois à rappeler des règles morales élémentaires, quand on examine le contenu de ces chansons moralisantes et de ces poésies remplies des malheurs des *amies* et des *malmariées.*

Le Moyen Âge, comme d'autres périodes de l'histoire, a banalisé la primauté masculine et maritale. Le principe familial de base veut que l'homme épouse une *jeunesse,* tout juste sortie de l'adolescence, docile, inculte, dépourvue de raison et d'esprit critique. Mais la réalité est vite différente. L'épouse insoumise remet en question par des moqueries, des propos acerbes, des sarcasmes pareils aux traits d'une arbalète, l'autorité absolue de son seigneur et maître. Elle intervient alors sur tout, prodigue volontiers ses conseils, joue à l'intellectuelle, se dit sage et impose sa volonté à un benêt de mari qui incarne vite la force brutale, la crédulité stupide ou le laisser faire. Devenue, au pire, une mégère incontrôlable, la femme est la cible privilégiée des conteurs et des farceurs.

Cette constatation évidente se déduit de la fréquence des histoires de conflits caractériels, de maltraitance, d'adultère où la douce moitié d'antan a désormais le rôle principal et de l'existence courante de ménages à trois avec un mari et l'amant. Une quarantaine d'exemples tirés des 130 farces répertoriées avec certitude, des fabliaux et des nouvelles, donne de la vie sentimentale du couple chrétien et de l'épouse en général une image surprenante.

Une vision de la femme éloignée de la courtoisie ou de l'image du couple reproducteur

Les nouveaux thèmes des discours facétieux « *qui mocquent les femmes* » s'écartent de l'idéal de la dame de l'époque féodale de la *domina,* de *la seigneureisse* (sic) exaltée par les romans courtois et les *canso(n)s* comme « *une belle, qui, dépourvue de tout mauvais artifice, se montre si fidèle et si loyale qu'elle n'aura jamais, elle, un lâche bâtard* ». [18]

Ce n'est plus la *fine amor*, le pur amour d'antan, souvent mais pas toujours platonique et malheureux qui a fait de la femme, au terme «*d'une savante et douloureuse alchimie du désir*» et d'expressions conventionnelles, un être sublimé par un amant inféodé, subjugué et soumis. La maîtresse lointaine d'antan, intouchable, d'une merveilleuse beauté apparente et parée de toutes les vertus, celle que la littérature lyrique du grand chant courtois mettait en scène a cédé la place à un être de jouissance, au *lubricus sexus* des moralistes qui craignent par dessus tout sa souillure (sic). Finis les états d'âme dans un monde de chevaliers élégants et valeureux et de belles dames esseulées, volontiers tyranniques avec leurs *amis*. Les récits humoristiques ou grinçants de la fin du Moyen Âge s'en prennent aux

17- J. P. Leguay, *Vivre en ville au Moyen Âge*, Paris, éd. J. P. Gisserot, 2006. (bibliographie).

18- P. Ariès et G. Duby, *Histoire de la vie privée*, II, Paris, éd. Du seui, 1985-G. Duby et M. Perrot (dir.), *Histoire des femmes*, *Le Moyen Âge*, tome III, Paris, Plon 1991- M. T. Lorcin, *Façons de sentir et de penser* op. cit. - El. Power, *Les Femmes au Moyen Âge*, Paris, Aubier, 1979 -J. Verdon, *La femme au Moyen Âge*, Paris, éd. Gisserot, 1999 (bibliographie). Raimon de Miraval, chevalier du Cabardès près de Carcassonne (1170-1209), protégé de Raymond VI de Toulouse et de Pierre II d'Aragon, est un poète catalan, auteur de 37 chansons. Il a chanté les mérites des femmes fidèles et fustigé la tromperie dans une de ses œuvres : Contre une dame infidèle p. 155.

femmes que la jouissance rend condamnables avec « *un rire de corps de garde assaisonné du poivre de la misogynie* » (J. Schneidegger). La passion amoureuse extraconjugale est le fruit de l'*amor,* tout court, synonyme de désir, de passion érotique, *de jouissance*, de déloyauté de l'épouse, de cocuage de l'époux. Le désir d'union a pris une tournure plus charnelle que spirituelle.

Le portrait dressé de la vie équilibrée d'un couple à ses débuts, en phase « *d'amour estable* » consacré par le mariage, prête parfois à rire quand des plaisanteries d'un goût douteux accompagnent la cérémonie, le repas et le rite du coucher. On se moque d'un mari, *bon œuvrier*, impatient de bécoter et de faire des papouilles, d'une femme qualifiée d'ardente, de carressante. « *Que tu es belle, ma bien-aimée, que tu es belle ! Tes yeux sont des colombes* » ! Une retenue, que nous nommons pudeur ou décence, fait hésiter les écrivains à parler, même à propos du couple légitime, de ce qui a rapport avec les *parties basses* des corps et avec les rapports sexuels.[19]

« Soubz la pelice ou la chemise
Que courtoisie me defent
Que je ne nomme appertement » dit un instant le trouvère Renaut dans le roman de Galéran de Bretagne.

L'intimité au foyer se déduit d'une allusion telle que *« quand elle l'eut serré dans ses bras et bais », « qu'il me baise des baisers de sa bouche »* ou encore *"la dame aimait fort son mari comme il l'aimait. "* Les habitudes de la femme dont *l'amour estable* a été consacré par les liens du mariage et qui tient « *à son seignor tant seulement* », prêtent sans doute à sourire, surtout quand l'ingénue, mariée depuis une quinzaine de jours, annonce à son mari surpris qu'elle va bientôt accoucher dans la farce *Jolyvet, la femme et le père* ! Les écrits évoquent la bonne épouse, pleine de loyauté et de *cointise* (sagesse), humble, débonnaire, évitant de trop utiliser sa langue, ce petit membre « *moult escoulenjaux* » (disent *Li cosaus d'amors*). La dame en question, bien gardée, de bonne éducation et de pure renommée, est au

19- A. Hentsch, *De la littérature didactique du Moyen Âge, s'adressant spécialement aux femmes*, Genève, Slatkine 1975. Parmi les sources d'information sur la femme et la vie de couple nous disposons de plusieurs manuels et poèmes éducatifs remplis de conseils judicieux comme *Li cousaus d'amors* de Richard de Fournival († 1260), *L'ars d'amors* de Jacques d'Amiens (fin XIII°), *le Chastoiement des Dames* de Robert de Blois vers (1260), *Lo Breviari d'Amor* de Matfre Ermengau, le livre du chevalier de la Tour Landry sur l'éducation des filles (vers 1346), le *Mesnagier de Paris* d'un anonyme du XIV°/s etc. Plusieurs extraits de ces œuvres didactiques seront cités.

service de son homme, qu'elle contemple et admire, la quenouille à la main, qu'elle enlace dans l'intimité du lit, révélée sur une miniature, dans le corps d'une lettrine. Elle veille à ce que la douce chaleur du coin du feu, réchauffe son époux de retour d'un voyage, lui offre un vin chaud qui lui monte parfois à la tête. Le rite d'accueil et de bienséance s'accompagne du plaisir voluptueux du bain préparé par la *domina* et par son accorte servante, dont profite l'hôte de passage invité à partager le lit ! *« La dame était allée devant pour bien atourner la maison. Des courtepointes, des tapis avaient été étendus sur le lit où ils s'assirent tous les trois ; Érec, la fille auprès de lui et le sire de l'autre. Devant eux brûle un grand feu clair ».*

Quand le couple « *requiescat in pace* », la *doulce amie, la* jolie Lavollée d'une farce, encore pudique et réservée, est disponible à la cuisine comme au lit. Elle fait une ribambelle d'enfants légitimes, même si une famille nombreuse fait trop de bouches à nourrir. ! La belle Tendrette que des clercs ont tendance à considérer comme un être inférieur, futile et versatile, dépourvu de raison au point de *« battre le cabas »* ou faire danser l'anse du panier, selon une formule du *livre des trois Vertus* de Christine de Pisan, est en effet réduite, dans ses fonctions, à l'état de procréatrice, de maîtresse de maison et de gardienne du foyer. C'est considéré comme le fondement d'un ménage heureux et équilibré que les *Miroirs des* ou *aux Dames*, une fiction littéraire, font découvrir, sous la plume de Christine de Pisan, du seigneur bourguignon Bouton de Corbeveau, capitaine des gardes au XVe siècle. Pourtant un auteur se moque déjà de ces bourgeoises dominatrices, qui caquètent comme des oies et à qui on devrait poser sur la gorge ou sur la langue un cadenas.

> Une femme est devenue muette à la suite d'une paralysie de la langue. Son état de taciturnité (sic) lui interdit de parler. Elle n'attend plus que le secours de sainte Caquette pour recouvrer la vivacité d'antan (*la farce appelée le pèlerinage à sainte Caquette*).

Pourtant l'amour conjugal se métamorphose vite en union « *de grâce* » ou de « *dette* » dans Godin Falot ou le Joyeux Compagnon. *Li cousaus d'amors* et d'autres conseils du même type en font aussi un instrument de plaisir, incapable de contrôler sa *nature*, de refréner ses passions. On dit aussi qu'elle devient volontiers « *salée et malgracieuse* » avec l'âge ! « *Tu t'en repentiras, Regnault* », disent les méchantes langues à Réjoui d'Amour au soir de tes noces quand la promise n'a de cesse d'entraîner son époux vers le lit conjugal.

La noise, l'affliction et le tourment

Les disputes conjugales sont une occasion de rire pour ceux qui en sont témoins. Elles succèdent aux baisers passionnés entre jeunes et beaux époux, dans une illustration du Cantique des Cantiques, considéré comme le plus érotique de tous les livres de la Bible (M. Camille).

Le *mesnage*, valorisé depuis les Pères de l'Église comme saint Augustin par le sacrement loyal du mariage et par la fidélité, est remis en question par une épouse rogue, source d'instabilité, d'agressivité, de démesure. Mais la niaise, la fausse ingénue, *l'oiseuse*, la bavarde à l'excessif caquetage agacent très vite leur entourage.

> Un fabliau développe ce thème quand une femme chargée de garder un jambon pour Pâques le confie à un filou qui prétend se nommer Pâques ! Un homme et son épouse, décrits par Etienne de Bourbon, sont sur un navire sur le point de sombrer. L'équipage propose de sacrifier tous les objets lourds et le passager de désigner sa femme sous prétexte que sa langue pèse trop. Un humoriste à ses heures, Sébastien Brant insiste dans *la Nef des Fous* sur la responsabilité de la femme.
>
> *« Telle cherche noise au mari,*
> *Qui n'a la paix pas même au lit.*
> *Et doit entendre ses sermons*
> *Même quand tout dort au moutier.*
> *Le mari qui se pique au jeu*
> *N'a jamais eu le dernier mot.*
> *Telle femme, sage et pieuse*
> *Son mari la dit raisonneuse*
> *Car elle réfute ses leçons*
> *Désobéit, le contredit. »* [20]

L'atmosphère peut changer très vite dans la vie du couple avec l'habitude, la venue des enfants, les premières maladies, les jérémiades d'épouses frustrées. Le « *feu ardent de l'amour le brûla tant que l'âge le lui permit* » attribue-t-on au troubadour Folquet de Marseille, auteur de *cansons* humoristiques († 1231).

« *Belle dame, gaie et plaisante*
Ma joie ira chaque jour doublant
Tandis que vous mourrez d'amour en poussant des soupirs » dit le troubadour

---

20- Sébastien Brant, *La Nef des Fous*, op. cit. p. 170, 201- Michael Camille, *L'art de l'amour au Moyen Âge*, Budapest, Könemann 2000 p. 22-23.

Blacatz, seigneur d'Aups en Provence, dans une de ses onze pièces lyriques (1165-1237).

Rien n'est pire que quand l'épouse prend une position dominante, y compris dans l'acte sexuel, dit la farce nommée *le conseil du nouveau marié.* Ce n'est guère mieux quand elle se plaint sans cesse, se prétend délaissée au point d'intenter une action en justice à son mari pour obtenir des *arréages* d'amour, titre d'une face connue sur Mari et Femme, deux noms propres, avant leur réconciliation sous la couette !

Plus jeune que son époux qui a attendu de faire sa situation et d'épargner de l'argent pour se marier, la maîtresse de maison est dépeinte, sous des plumes acerbes, d'un naturel capricieux, frivole et dépensier. C'est, dit-on, une fausse ingénue qui minaude, pleure et rigole sans transition, profite des faiblesses maritales, devient vite une cauteleuse, une acrimonieuse, un être tyrannique à domicile, capable de surenchère dans la tromperie. La discorde pointe quand l'épouse coupe la parole du mari, le contredit devant autrui, lui impose sa volonté, le rabroue jusqu'à ce qu'il regimbe et multiplie les mensonges ou fait étalage de mauvaise foi. Le soupçon, la peur d'être trompé, les premières disputes domestiques entre caractères *rabroueux,* accompagnent même les éclats de voix, des hurlements de colère, des coups de quenouille ou de tison. L'exaspération aggravée par la boisson est à l'origine de brutalités conjugales que l'influence du confesseur n'est pas toujours capable d'empêcher.

« *A-t-on pris femme mal choisie :*
Adieu la paix et l'amitié ;
Seul au désert, on serait mieux
Que partageant un même toit
Avec une épouse acariâtre ».

On commence à se battre dans le ménage pour s'affirmer, « *pour porter la culotte* » et l'humoriste d'en tirer les conséquences. Soit la femme « *qui est toujours à se plaindre* » triomphe et devient dominatrice ; on la voit pousser, son mari ivre dans une brouette, sur une sculpture du musée de Cluny, Soit à l'inverse, elle est régulièrement et nécessairement battue, selon un principe masculin rappelé par le législateur P. de Beaumanoir et se métamorphose en Kate, la mégère apprivoisée de Shakespeare.

Les excès d'un anti-féminisme primaire ?

La vraie question qui se pose chez les conteurs, prêts à dénigrer, et chez leurs héritiers, est de savoir si la femme est cet être faible, esclave de sa *nature*, une garce et une hypocrite pleine *d'artifices* ou la *sage* victime des préjugés durables ? [21]

Les anecdotes sur les méfaits de la perversité féminine, son attirance sexuelle, un thème que reprennent volontiers les auteurs de joyeux poèmes courent les rues. Le troubadour Guilhem de Berguedan, seigneur de Bergada dans le comté de Cerdagne (fin XIIe), a ainsi l'habitude de mettre à mal les femmes et les filles de ses voisins. Il se prétend clairvoyant, marqué par l'expérience ou par les propos de ses maîtres et décrit d'abondance les ruses et les *artifices* de tromperie de la femme, perceptibles dans son allure, dans ses intentions et dans ses actes. Elle devient, dans ses propos, l'amoralité incarnée. Pour ces auteurs d'indiscrétions, plus bêtes que profondes, pour leurs jugements superficiels sur l'inconstance et la lubricité, il ne fait aucun doute que le Malin se cache sous la beauté apparente, digne d'une fleur, sous un visage trop fardé, sous une mine amoureuse, *« message intime des yeux au cœur »*, et sous une *cottardie* ou robe à large décolleté et à fentes latérales.

L'attitude crée le doute ; l'habit et l'accessoire de toilette dénoncent ici la coquette ! On s'amuse des trop belles « si *sveltes et douces, si bien en chair sous la cheinse de toile fine* » (Bernart Marti), portant, pour sortir, un *greve* ou cheveux séparés, une *coiffe de haubert*, un majestueux hennin, un *couvre-chef* à « *queues troussées* » (titre d'une farce), *« armé de longues oreilles en forme de cornes, semblables à celles du limaçon »* dit Jehan de Meun dans le *roman de la rose*, l'obligeant à relever la tête comme un cheval bardé ! On s'amuse aussi de ses interminables pigaches ou poulaines à la polonaise, de sa robe trop moulée ou, au contraire, si ample qu'un amant peut y trouver refuge. Jacques de Vitry se paie un franc succès en racontant « *qu'un saint homme voyant un démon qui riait aux éclats, l'adjura de révéler pourquoi il riait. Le démon lui apprit qu'une certaine dame se rendant à l'église portait un de ses compagnons sur sa traîne. Comme elle devait traverser un passage boueux, elle retroussa sa robe et le démon tomba dans la boue. À cette vue, son compagnon éclata de rire* ».

Une miséricorde de l'église de Saint-Gervais de Paris montre un couple qui danse avec frénésie. La jupe de la femme est relevée et laisse entrevoir la jarretière et les chevilles bien faites et le regard échangé en dit long sur les liens entre les deux personnages représentés.

Une mode tardive suscite l'hilarité ou le plaisir masculin par ses excentricités. On se gausse à Paris des dépenses vestimentaires de la Grand Gorre surnom donné à Isabeau de Bavière, des larges décolletés à la Agnès Sorel, maîtresse de Charles VII, de l'usage de coussinets sur les fesses ou sur les hanches :

« Nos bourgeoises tiennent ces termes
de façonner leurs culz de cartes
Afin qu'ils semblent plus fermes » raille Coquillart en 1480.

S'adressant aux femmes qui montrent la pointe de leurs seins, un prédicateur déclare : « *ne vaudrait-il pas mieux pour vous porter un grain de lèpre sur le front et un autre sur le bout du nez ?* ».

Sébastien Brant a laissé un excellent portrait de la coquette dans la Nef des fous :

« Les fous ne sont pas que des mâles
Fols sont de femmes autant que d'hommes
Du bonnet je recouvre ici
La coiffe ou le voile de nonne,
Les filles ont cotillons de fous ;
Elles arborent devant tous
Ce qu'hommes n'oseraient porter :
Fines poulaines et justes cottes,
Découvrent la boutique à l'air,
Leurs tresses mêlées de rubans
Dressés en cornes leurs cheveux ».

Les cheveux sont bien nattés, lavés et peignés fréquemment et le cou se doit d'être aussi propre que celui d'une béguine car la saleté c'est… « *c'est laide cose par Saint Pol* » dit Jacques d'Amiens dans *l'art d'amors* ».[22]

Les parfums, les *pouldres* et autres *choses odorantes* n'ont d'autres fins, avec les bouquets qui ornent le corsage et les décolletés indécents, que d'inciter à la luxure par un désir enragé de plaire ! Une maîtresse de maison honorable « *ne se doit laisser voir sa chair nue qu'à ses intimes car il est des femmes qui laissent voir leurs seins, leurs côtés ou leurs jambes, c'est une coutume peu honorable* », dit le poète Robert de Blois dans le *Chastoiement des Dames* (XIIIe s). Sa toilette est jugée ridicule, indécente avec des manches tantôt

---

21- J. M. Aubert, *La femme, antiféminisme et christianisme*, Paris 1975- C. V. Langlois, *La vie en France au Moyen Âge*, I, Paris-Genve, éd. Slatkine, 1926- T. Neff, *La satire des femmes dans la poésie lyrique au Moyen Âge*, Paris 1900.

Une farce, le Conseil du nouveau marié, décrit les défauts d'une trop jeune épouse de 18 ans et les conseils donnés par un docteur en droit civil et canon au qui doit traiter son épouse avec douceur et fermeté.

22- Jacques d'Amiens, auteur de *l'art d'amors*, un long poème, distingue soigneusement les vrais amoureux des faux. F. Piponnier et P. Maine, *Se vêtir au Moyen Âge*, Paris, 1995.

si étroites qu'il est difficile de les enfiler, tantôt si larges qu'elles tombent par terre ou ressemblent à des ailes, une traîne pareille à une queue qui se relève comme celle d'un paon, « *vrai nid à puces qui soulève la poussière jusque sur le visage des hommes* », une profusion de colliers qui sont autant de chaînes du diable ! La femme est accusée de se priver de manger pour garder une taille de guêpe, mais « *s'excuse de ne pas pouvoir se soumettre au jeûne de l'Église, de peur de souffrir de maux de tête !* » Un autre misogyne notoire, le prédicateur dominicain Olivier Maillard prétend qu'un visage féminin est si fardé de jaune d'œuf, d'onguents de tous les coloris, de céruse, d'eau de vigne, qu' il est prêt à fondre au premier rayon du soleil ! [23]

Le caractère féminin est, dit-on couramment, à l'image de son vestiaire et plusieurs historiettes le rappellent en empruntant un rire d'exclusion au nom de la « *mauvaistié des femmes* », titre d'une farce sur leur obstination. Jacques de Vitry qui décidément n'aimait guère le sexe faible, raconte l'anecdote suivante : un riche bourgeois donne, sans le savoir, sa fille en mariage au diable. Au bout d'un certain temps, ce dernier lui rapporte la belle en déclarant : *« ma patrie est l'enfer où je n'ai jamais vu pire souffrance que j'ai dû en supporter pendant un an aux côtés de cette femme querelleuse. Je préfère retourner en enfer plutôt que de rester plus longtemps avec elle ».*

> On se raconte volontiers ces deux blagues : celle de l'épouse qui a l'esprit de contradiction et à qui son mari interdit de grimper à une échelle en bois pourrie, sachant pertinemment qu'elle fera le contraire ! Un autre époux qui ne supporte plus les questions de son épouse, chaque fois qu'il se rend aux réunions de sa confrérie, lui fait croire que l'association a voté un statut autorisant la polygamie et la belle crédule de se précipiter pour réclamer l'égalité des droits.

Pourtant, ce serait commettre une erreur de penser que tous les conteurs ont une vision négative du mariage et du couple, une volonté de dénigrer les épouses comme des *pies noiseuses,* des *caquets,* des *jacasses,* des comédiennes *qui pleurent et tempêtent.* À la lecture des écrits humoristiques qui ne sont pas forcément tous anti-féministes, il se révèle des aspects longtemps méconnus de la critique. Les femmes d'honneur, les épouses *sages* (fidèles) qui ont peur du qu'en dira-t-on, les mères dévouées occupent une place loin d'être négligeable dans les récits. *L'art d'amors* de Jacques d'Amiens reconnaît volontiers les mérites des femmes qui octroient leur amour exclusivement à un amoureux fidèle, écartent les individus déplaisants et se montrent sages pendant toute leur existence. Il n'est pas certain que les femmes aient été ces êtres faibles et inférieurs, « *piètres gardiennes de secrets, capables de trahison et qui ont toujours la bouche ouverte* », décrits sans complaisance par Sébastien Brant et ses consorts, une vision digne d'Aristote et des penseurs ecclésiastiques.[24] Cette affirmation gratuite est contredite par les archives sur le travail, par les écrits de Christine de Pisan, par des biographies ou par les faits politiques eux-mêmes. Inversement les pires rouées finissent par attirer la sympathie des lecteurs par le déballage de leurs ruses ! On cite même une coutume nordique, nommée le *valentinage,* qui aurait autorisé, une fois par an, la femme à « *prêter son derrière* », à tromper son mari avec un galant, un célibataire, tiré au sort. On raconte aussi que dans certaines régions comme les Pyrénées, il existait une sorte de concubinage initiatique prénuptial permettant de tester la solidité d'une future union matrimoniale (J. L. Flandrin). [25]

Les gros goddons tyrannisés par leurs épouses, membres de la confrérie de Saint-Arnoul

Le bourgeois, héros malheureux de beaucoup de fabliaux n'est pas forcément antipathique et se montre souvent capable d'une affection sincère. Mais il est aussi très souvent la victime de ses propres défauts (la crédulité, l'avarice, la gourmandise), de sa richesse qui fait des envieux, d'une épouse qui a trop d' admirateurs.

Les maris dominateurs n'auraient que ce qu'ils méritent, prétendent des auteurs anticonformistes et, pour ceux qui ne savent pas encore, Saint Arnoul était le patron des *cocus,* des adeptes du *cocuage*, des maris ou *goddons* insouciants, aveugles, nigauds, patauds, trompés et complaisants mais terriblement pingres et volontiers cogneurs ! Il existe pourtant le cas inverse, celui de Badin Oudin, grand amateur de fredaines, qui engrosse sa chambrière Malaperte pendant que son épouse est partie en pèlerinage, dans la farce intitulée « *le galant qui a fait le coup* ».

> Pour se tirer de ce mauvais pas, Oudin se prétend enceint des œuvres de sa femme et déclare que son mal de ventre ne peut être guéri qu'en transmettant le fœtus dans le corps une autre femme, en l'occurrence cette Malaperte, bien nommée, qui feint la réticence mais finit par accepter les injonctions de sa maîtresse !

23- A. Samouillan, *Olivier Maillard, op. cit.* p. 309-311- S. Brant, *La Nef des Fous*, op. cit. p. 42- T. Neff, *La satire des femmes dans la poésie lyrique op. cit.* -J. M. Aubert, *La femme, anti-féminisme et christianisme* op. cit.

24- Sébastien Brant, *La nef des Fous* op cit. p167-168.

25- J. L. Flandrin, *Le sexe en Occident*, Paris 1981.

Revenons au cas « classique » à travers ces deux extraits de Sébastien Brant.

« Le mari se laisse bafouer,
Et s'accommode sans broncher.
En ce pays, on a bon estomac
On avale bien des couleuvres
Qui donc aujourd'hui prend à cœur
L'adultère et qui s'en chagrine ? »

Ou encore du même auteur :

« La femme est souvent une ajasse (une pie)
Qui trop bavarde et qui jacasse
Criaille de jour et de nuit …
Telle cherche noise au mari,
Qui n'a la paix pas même au lit…
Le mari qui se pique au jeu
N'a jamais eu le dernier mot. » [26]

Une épouse doit, de son côté, soutenir son mari, même s'il est mauvais, s'il honore avec générosité la chambrière, s'il « *fait suinter son lard* », car c'est Dieu qui le lui a donné. Et plus il est mauvais, plus il a besoin d'une bonne femme, dit en substance le chevalier de la Tour Landry à ses filles en 1346. « *Les femmes doivent souffrir bel et courtoisement leur douleur* ». [27] Un homme trop gentil avec son épouse est jugé impuissant dans la farce intitulée *les femmes qui font refondre leurs maris* et, inversement une femme trop douce est hypocrite et dévergondée dans *les hommes qui font saler leurs femmes !*

À la réflexion, de qui se moque-t-on le plus dans ce qu'on nomme l'humour érotique ou les propos d'adultère, plus ou moins sulfureux, à travers les « *mauvaises dames* » (G. Minois), de la ménagère qui reste au domicile conjugal à filer la quenouille en attendant son amant ou du mari mal assorti, guère épargné ? « *Mal est bailliz qui a ses noces n'est* » déclare en substance la farce *la Sorisete des Estopes* ou bien mal parti est celui qui n'est pas présent physiquement et sentimentalement à ses noces !

La femme peut être dotée, par le hasard d'une union, d'un mari emprunté ou franchement désarmant de crédulité et de bêtise, la proie des moqueries et des sarcasmes, d'un *cornard* trop naïf ou trop jaloux, capable de se rebiffer et de rouer de coups sa femme et l'amant de celle-ci. Un tel homme est la proie d'une épouse que le pouvoir de séduction, la dissimulation et les ruses pour obtenir satisfaction, rendent, en fin de compte, presque sympathique, à moins qu'elle ne soit laide et acariâtre et qu'elle ne batte son époux comme la *Bourgeoise d'Orléans*. La sexualité épanouie de la femme qui aspire à l'amour charnel ne saurait s'accommoder en effet, aux yeux des auteurs, de l'incapacité d'un mari à moins que son attitude ne soit dictée que par le désir de vengeance contre un coureur de *cotardie*. Cette juste punition favorise l'image de la *soignante* qui court le guilledou et du galant qui console et la satisfait, de préférence un joli jeune homme qui s'intéresse plus aux femmes qu'aux études, un chapelain tout émoustillé, un moine en goguette, un collègue de l'époux.

Les portraits de maris cocus, battus comme dans la farce « *le pasté* », et contents des historiettes drôlatiques sur les vies privées sont si peu flatteurs que la plupart des sarcasmes aboutissent, en fin de compte, à une castration par la cruauté de l'écrit de la puissance virile d'individus méprisables. Pourtant ce n'est pas toujours rendre justice à une réalité sociale car des marchands d'outre-mer, des chevaliers, représentés chez eux comme des balourds sont, dans l'exercice de leur activité, des gens dynamiques qui se sont bien conduits sur les champs de bataille et qui se sont enrichis au prix d'un dur labeur et de privations.

« *Riches borjois d'autrui sustance*
Qui faitent dieu de votre panse ». [28]

Si ces gens fortunés, décrits en des termes empruntés à la langue courante, finissent par perdre leur virilité avec l'âge, ils en ont assez cependant pour s'intéresser à des jeunettes au risque de dépasser leurs possibilités. Même les galants ne sont pas toujours épargnés par la critique, à plus forte raison s'il s'agit d'un clerc ou d'un moine gourmand et concupiscent.

Des maris ont changé avec l'âge, se font davantage houspiller ou moquer. Les uns se sont transformés en *Pater familias* autoritaire et cogneur sous prétexte que « *de tout est mesure fors de sa fame batre* ». D'autres, esclaves de leur bien-être et de leurs désirs, sont devenus des candides vite décontenancés ou aveugles, des grippe-sous qui comptent tout et

---

26- Sébastien Brant, La Nef. Des Fous op. cit. 121, 201, 251.

27- Le chevalier de la Tour Landry.

28- J. Alter, *Les origines de la satire anti-bourgoise en France*, tome I, Moyen Âge, Genève, Droz 1966- A. D. Mikhailov, « La satire antibourgeoise » dans *Cahiers d'Études médiévales* 2-3- Épopée animale, fable, fabliau, P. U. F. 1984 p. 355-363.

n'importe quoi, qui grappillent des gains et des honoraires comme le fait l'homme de loi *« à l'avocasserie »*. Maître Pathelin, héros d'une farce de 1470 *« pateline »* ou entortille ses clients au vu et au su de tous. Le chef de famille, dont la *« vieillesse chagrine incessamment amasse »*, est en plus un jaloux ou un vaniteux horripilant dont l'intervention s'accompagne d'une grêle de coups de bâton ou de gifles. L'occasion est trop belle pour les auteurs des poésies surnommées *tensons* (*tenso* ou querelle) de chercher noise au bourgeois, qui satisfait moins souvent son épouse qu'une ribaude de l'étuve du coin et qui n'ignore plus rien de l'intimité de ses domestiques. Si le bourgeois est houspillé, mis à mal, doté de grandes oreilles comme dans la farce *Martin changé en âne*, le noble apparaît aussi dans les farces pour y être tourné en dérision comme ces gentilhommes du *Poulier à six personnages*, malmenés par un couple de meuniers. Le vilain a également mauvaise presse et fait figure d'être répugnant, ignoble, sale, brutal.

Se gausser d'un mari, transformé en veau, qui *n'honore* plus, le verbe est déjà drôle en soi, qui fait trop confiance comme le suggère la farce *Pleine Bourse de sens*, qui n'est pas capable de dominer son épouse insoumise, conduit la majorité des auteurs à revenir sur la brièveté de la lune de miel et sur ce qu'on appelle familièrement les coups de canif dans le contrat de mariage. Les querelles sont le prélude à la vengeance d'une femme aux reins meurtris contre son bourreau d'époux, à l'*avoutire,* du verbe *avoutrer* ou commettre un adultère, précédé de menaces ou de propos venimeux tels que ce dernier :

> « *votre membre, je ne l'estime pas une figue*
> *Il ressemble au rayon d'une roue de char !*
> *Et vous ne le portez pas bien raide*
> *Il vous faudrait recourir aux orties* » (Guilhem de Berguedan).

On devine la réalité du ménage à travers les mots crus et imagés d'une Musarde ou d'une Babille, deux commères à la langue acérée qui ne laissent planer aucun doute sur la taille des attributs de leurs clients. On l'entrevoit aussi à travers les plaisanteries salaces du valet Ragot, des allusions au *trousssage des queues*, des écrits remplis d'invectives entre maris et femmes, de tentatives de rabibochage, de scènes d'adultère ou à partir de métaphores empruntées au langage courant. Une satire du couple provient d'anecdotes, de plaisanteries, de sarcasmes usant de locutions populaires et montre que la femme a finalement le beau rôle, ne rabat jamais son caquet et que même des coups de bâton ne réussissent pas à l' empêcher d'avoir le dernier mot !

*

Les *clerjastres* ou la mauvaise Graine de la « *clergie* »

Tous ces clercs si nombreux au Moyen Âge, sans doute environ 5% de la population globale, sont–ils des pécheurs irréguliers et des individus scandaleux, des êtres pernicieux que le temps libre et la bonne chère, poussent à vouloir, à tout prix, « *convertir* » (ici débaucher) les femmes mariées et les pucelles ou des proies favorites d'anticléricaux notoires ? Le thème du prêtre séducteur et de l'amant comblé a contribué à faire la gloire des fabliaux (R. Colliot).

Une moquerie facile

Les procès-verbaux de visites pastorales signalent dans des paroisses des diocèses d'Avignon, de Rouen, de Grenoble, des curés papelards, éprouvant des tentations charnelles, concubinaires, pères de familles nombreuses, bons vivants et ivrognes, jouant aux dés et aux cartes dans des tavernes, fréquentant les lupanars. Les mauvaises langues prétendaient qu'un fils de riche est trop bête pour devenir autre chose que prêtre, pourvu d'un bénéfice ! [29]

« *Tout paysan voudrait pour fils*
Curé nourri à ne rien faire,
Un Monsieur qui a les mains blanches….
Cléricature est méprisée
Comme un état de peu de poids » (S. Brant p. 232-233)

Les prédicateurs des ordres mendiants, avares d'éloges, mais prodigues en condamnations pour déficiences, sermonnent volontiers les mauvais clercs, les *clergauts, les* membres de la *coquinaille cergicale* qui s'entremêlent dans la liturgie, manquent à leurs devoirs, jouent au jeu de paume, se travestissent, blasphèment le nom de Dieu et de la Vierge, se choisissent une concubine ou fréquentent la femme de leur voisin. La raillerie de certains auteurs de contes à rire atteint parfois les limites de la bienséance et de la vulgarité qui

29- R. Colliot, « Le prêtre séducteur », *Cahiers d'Études médiévales*, n°2 P. U. F. 1986 p. 141-155 -N. Lemaître (dir.), *Histoire des curés*, Paris, éd. . Fayard 2002 (bibliographie récente). Ce livre corrige sensiblement lla vision négative qu'on avait du clergé de la fin du Moyen Age- C. Vincent, *Église et société en Occident XIII*^{e}-*XV*^{e} *siècle*, Paris, A. Colin 2009. *Ouir la farce intitulée la Bouteille où un badin est devenu prêtre* !

pourrait friser une haine profonde quand on évoque par exemple des prêtres, pères spirituels et juges de leurs paroissiens. Ils déshonorent comme amants un « *sacrement de mariage tornant a honte et a putage* », quand on décrit dans *Connebert* un incendie d'une forge où les testicules du prêtre sont cloués à une enclume et grillées ! Même les nonnes se dévergondent volontiers et transforment leurs couvents en antichambres de lupanars.

La vérité oblige à observer que le statut si varié de membres de la *clergie* va des serviteurs de l'église, des simples étudiants, des diacres et des chapelains, aux prêtres, aux chanoines, issus de familles nobles, représentant l'opulence. Des curés vivent bien, sont des gens aisés, propriétaires immobiliers, comme celui du fabliau *le Boucher d'Abbeville* ; la majorité a du mal à vivre et doit se livrer à des activités qui n'ont rien à voir avec leur vocation initiale : jardiniers, artisans, usuriers mêmes.

Les clercs, bels amants ou ignares, moqués et rabaissés, archétypes farcesques

Des esprits critiques, des enquêteurs envoyés dans les paroisses par des évêques réformateurs, des prédicateurs bénédictins ou mendiants, des auteurs de contes pour rire véhiculent toutes sortes de vilenies sur le compte de ce bas-clergé, égratignent ou ridiculisent les ensoutanés incultes, médiocres pédagogues, gourmands, lubriques, ceux qui ont pris des libertés avec les vœux et la morale au point de profiter de la confession pour déclarer leur flamme. Le comique de situation donne à la population une image fausse de la réalité en laissant entendre que les curés sont des mal-aimés, que la plupart, assez élégants, beaux causeurs, galants, succombent à la tentation d'une ravissante *prêtresse* (sic). C'est l'exception qui devient la règle injustifiée car la plupart des ecclésiastiques ne disposent comme tout bien que d'une « portion congrue », n'ont donc pas les moyens d'entretenir une « *prêtresse* » (sic), de se payer des séjours dans les étuves et d'accompagner l'oie farcie de force pintes de vin. C'est devenu en tout cas un leitmotiv à telle enseigne qu'un jeune frocard a bien du mal à échapper aux lazzis des groupes qu'il croise dans la rue. Henri Rousseau, un prêtre du diocèse de Bourges, visite régulièrement le domicile de la *« belle barbière et de la belle Johanon »* à l'aube du XVIe siècle.

La farce, intitulée *Saint Pierre et le jongleur*, est profondément irrespectueuse. Le cadre est l'enfer, apparemment très fréquenté. Un artiste qui n'était pas, de son vivant, un enfant de chœur, a gagné les faveurs de Satan au point d'avoir la mission d'entretenir le feu du brasier infernal, pendant que le diable et ses acolytes font une petite sortie. Il se tire si bien de sa mission que Satan, tout content, lui offre à son retour un plantureux repas constitué d'un moine, gros et gras, cuisiné à la sauce de souteneur ! La satire ridiculise et fustige ces curés qui arrachent des testaments de complaisance à leurs administrés sur le lit de mort, qui s'adonnent à la simonie, font payer les sacrements au nom des évangiles de saint Marc d'argent et de saint Lucre ou rendent les maris cocus jusqu'à devenir pères de bâtards dans la farce *Jenin, fils de rien* ! On raconte que certains prélats se sont scandaleusement enrichis au cours d'expéditions militaires, d'une des dernières croisades.

La maîtrise du vocabulaire et d'une ironie acerbe dont font preuve certains troubadours ou des prédicateurs dominicains les entraîne à brosser des portraits peu flatteurs de leurs contemporains, à ruiner des réputations, par « *aulcain malvais esperitz* », à dire du mal d'un prélat devenu « *un mahommet cornu* ». Raimon de Cornet, considéré comme l'un des derniers grands troubadours, a légué à la postérité une œuvre féroce, des parodies de moines, clercs avinés, piliers de tavernes, tourmentés par le feu du désir et par des rêves érotiques.

Une catégorie de clercs prête plus le flanc à une critique d'une tonalité moralisante que d'autres et a eu effectivement un immense succès dans les alcôves et dans les histoires amoureuses davantage, cette fois, comme protagoniste que comme victime : les jeunes et beaux vicaires, les chapelains désœuvrés et disponibles ! Leur présence papillonnante agace les maris. Le conte intitulé *les Braies du Prêtre* de Jean de Condé débute ainsi : *« Il n'y a pas longtemps, dans une cité, vivait un boucher ; sa femme lui préférait un prêtre car ce dernier satisfaisait mieux ses désirs lorsqu'il se trouvait avec elle dans l'intimité… Les prêtres sont de trop chauds lapins et ils ont plongé dans le déshonneur bien des hommes ».* (Jean de Condé).

Les moines et les frères ne sont guère mieux traités par Jean Molinet dans sa *Chronique* et dans le *sermon si joyeux* qu'il en est obscène *sur saint Billouard.* Leurs exploits galants, relevant d'une « *diabolicque pestilence* » les placent après le retour du mari cocu, dans des situations humiliantes ou honteuses au fond d'un coffre ou d'un lardier. « *Les notables filles religieuses réformées de l'ordre de Saint-Augustin* » ne sont pas épargnées par cette métaphore flamande donnant au mot, *reformeren*, en langage codé, une connotation sexuelle ! Le pire est d'ailleurs atteint quand *le mal des nonnains*, nécessitant des séances d'exorcisme, pousse des nonnes à s'exprimer comme des diablesses tout en se livrant à des excentricités et en sautant en l'air !

Un comique supposé anticlérical

Peut-on évoquer comme A. D. Mikhailov, un anticléricalisme ou seulement un anti-sacerdotalisme humoristique, sans commettre un néologisme ?

La dénonciation des membres du clergé pour ses abus sexuels, sa gourmandise et son sens des affaires est moins générale dans la littérature qu'on ne le croît de prime abord et quand on a la chance de posséder des procès-verbaux de visites pastorales qui sont des enquêtes épiscopales sur les mœurs, la formation, la culture du clergé local (Rouen, Savoie, Dauphiné) on s'aperçoit que les manquements à toute règle de conduite ne concernent qu'une minorité d'individu, de l'ordre de 10%. Le bon prêtre ne retient pas l'attention, pas plus que l'honnête homme et le travailleur de nos jours !

Une minorité d'auteurs ou de récitants, de préférence des déclassés, membres des compagnies de joyeux lurons, du type Rutebeuf, se distingue du reste de la population par une attitude irrévérencieuse, voire subversive, à l'égard de la société religieuse, mais n'agit pas forcément par conviction profonde, par incroyance ou par volonté de nuire aux valeurs religieuses. Le comique farcesque n'est pas antireligieux de nature et la meilleure preuve n'est-elle pas qu'il imprègne plusieurs récits, des pièces du théâtre sacré, les mystères. Le goût pour la provocation conduit à dépeindre un individu sorti tout guilleret de l'enfer où il déclare avoir rencontré des gens biens, dans *la Résurrection Jenin Landore*. La jalousie à l'égard de détenteurs de cure ou de prébendes conduit à dénoncer les abus, commis par une minorité.

Les compagnies folles de jeunes gens de la basoche en goguette ont fait bien pire, à la limite du sacrilège en se moquant des sacrements, de la confession, de l'extrême-onction dans *la farce du meunier entendu par le prêtre* qui le cocufie, du déroulement de la messe, du mariage chrétien, de la mort même du meunier entendu en confesse par le curé qui le cocufie. Des paillards livrent à la postérité des chansons de corps de garde ! Quelques-uns ont ironisé sur l'ingérence du pape, de prélats courtisans, des Franciscains et des Dominicains à la cour d'un prince et Saint Louis lui-même ne fut pas à l'abri de la moquerie pour sa bigoterie (Joinville). Des farces parodient, à l'occasion, la confession, la pénitence, la procession, les signes de croix, le rituel de la messe. *La confession de Margot* va très loin quand le prêtre, excité par ce que raconte la prostituée, l'absout volontiers et lui enjoint comme pénitence d'aller rendre visite à ses confrères, aux moines et aux ermites du coin ! Le texte n'est pas avare de situations lestes, évoque les « manipulations de l'andouille » d'un ermite et du prêtre confesseur.

Mais de là à parler d'un « anticléricalisme de cocus » à propos des tonsurés amoureux, de haine du clerc sous prétexte que des chansons, des poésies satiriques dénoncent quelques parasites qui tirent profit de la générosité forcée de leurs ouailles, des vicaires qui horrifient le public par leurs tenues et leurs mœurs (en Champagne), il y a une marge qu'on ne saurait franchir. Peut-on aussi taxer d'anticléricaux ceux qui menacent un autre en ces termes « *Tais-toi ou je te donne un coup de la sainte Croix* » , qui prétendent que le Saint-Esprit a oublié un niais ou qui évoquent, dans le sens qu'on devine, le goupillon d'un prêtre, l'étui à couilles de frère Guillebert ? Ce sont les exploits d'un individu porté sur le sexe et la *gula* que concerne une moquerie de circonstance de récitants et d'auditeurs qui continuent d'aller régulièrement à la messe en décrivant les chambrières qui y assistent pour voir si le desservant est bien appareillé ! Que dire aussi de ceux qui parodient le sacré, se moquent du repentir d'un mourant dans le *pourpoint rétréci* ou dans le *testament de Pathelin* ? Que dire enfin de ce prêtre, stéréotype du suborneur insatiable, qui s'efforce d'obtenir les bonnes grâces d'un mari cocu tout en besognant le *gaufrier* de son épouse ? Se moquer, c'est l'occasion de commettre un délit dans la farce la *confession du brigand*, de dénoncer sa sexualité dans la *confession Margot.* Rire d'un prêtre ou d'un moine avec causticité dans la *confession Margot,* c'est être certain de s'amuser à bon compte et d'obtenir un franc succès digne de la presse actuellement. Les hommes d'église donnent les premiers le mauvais exemple, se livrent parfois à de singulières plaisanteries comme à répandre cette blague qui consiste à se demander si les austères Cisterciens, respectant la pauvreté absolue, portent une culotte et d'attendre qu'un coup de vent apporte la réponse !

La moquerie, comme la critique, peut être constructive quand elle dénonce les manquements, s'inscrit dans la correction du péché et dans la restauration de la dignité ecclésiastique, de la foi et de la morale, si elle contribue à fustiger, par des *exempla* bien choisis et pleins d'un humour corrosif, par des historiettes drolatiques, les brebis égarées, les prêtres ignares qualifiés par les Mendiants *d'ânes defferrés* à la queue trop courte, les luxurieux, les simoniaques. Revenir par l'humour, par la facétie, au clergé d'antan et à l'église apostolique ne serait pas banal si l'intention profonde était à tous les coups bien prouvée. La démarche qui égratigne puis corrige nécessite l'usage d'un vocabulaire à la fois compréhensible de tous et imagé pour retenir l'attention, des exemples choisis avec soin dans l'Écriture sainte, un parallèle avec le quotidien et finalement un savant dosage de comique, de ridicule et de crainte où le plus malin s'en tire le mieux. Corrosive car elle s'amuse des superstitions est cette description d'une séance d'exorcisme dans *les Trois Aveugles de Compiègne*, au cours de laquelle le prêtre pose l'évangéliaire sur la partie souffrante, ici la tête d'un fou, et lit le passage où il est question du Christ chassant les démons.

Terminons sur l'indignation d'un brillant intellectuel Gerson qui déclare un moment dans une des ses œuvres à propos de la « *ridiculisation* (sic) *détestable du service divin et des sacrements : On s'y comporte de façon plus impudente et plus exécrable que dans les tavernes et les mauvais lieux, chez les Sarrasins et les Juifs* ». [30]

À la vérité, aucune explication morale, psychologique, sociologique n'est vraiment satisfaisante et interdit en tout cas d'utiliser le mot anticlérical, même si « l'honneur de Dieu » était parfois remis en cause par des individus ou des sectes.

La présence de véritables mécréants

Des simplets ou auteurs de gags involontaires, des badins-benêts prédisposés à la bastonnade, des valets rusés ou sots, des affabulateurs *« legers d'argent »*, des incrédules, des mécréants, suppôts du diable, commettent des blasphèmes, des railleries à l'encontre de Dieu ou de la Vierge du genre : « *Notre Père qui n'êtes pas fou. Tu t'es mis à l'abri là-haut pendant que les diables et les Anglais nous prennent notre pain* » ? Peut-on aller jusqu'à évoquer un « athéisme populaire » comme l'écrit E. Le Roy-Ladurie qui pense l'avoir découvert à Montaillou en Occitanie.[31] Une fois encore, mieux vaut éviter les jugements définitifs que suggère l'actualité contemporaine même s'il est arrivé que des individus apparemment incrédules aient parodié, outragé la religion, la morale, la hiérarchie ecclésiastique, le Pape, les cardinaux d'Avignon ou de Rome à des fêtes

30- P. Adam, *La vie paroissiale en France au XIVe siècle*, Paris, Sirey 1964 p. 265 - Gerson, *Opera* II, col. 109- Voir aussi L'anticléricalisme en France méridionale (milieu XIIe-début XIVe siècle", *Cahiers de Fanjeaux* 38, Toulouse-Paris, éd. Privat, 2003. -A. D. Mikhailov, « la satire antibourgeoise », *Cahiers d'études médiévales* 1984 p. 361.

31- G Minois, *Histoire de l'athéisme*, Paris, Fayard, 1998.

aussi extravagantes que le carnaval ou la fête des fous dont nous évoquerons les sarcasmes. Du scepticisme, de franches gaudrioles font en sorte que le prêtre vertueux ne figure guère dans les fabliaux ou dans les farces, mais qu'on préfère parler de celui qui habite avec une *amie*, une *prestresse*, une *meschine* et se sert de ses sous pour obtenir des faveurs comme l*e Segretain Moine* qui dépense 100 £ pour satisfaire sa passion.

Comme pour les femmes qui sortent finalement victorieuses de certaines histoires, il n'est pas sûr que les clercs aient toujours eu le mauvais rôle dans la littérature comique. De même que de nos jours on attribue à un paillard notoire, une virilité exceptionnelle, de même au Moyen Âge, il n'est pas certain que les scènes de copulation entre hommes de Dieu, femmes mariées et jeunettes aient toujours jeté l'opprobre sur de sacrés gaillards, capables de trousser sans vergogne et qu'une fois de plus le mari ou le père ridicule n'ait pas fait les frais de l'opération ! On ne se formalisait pas forcément de la bagatelle !

Des indifférents, quelques exceptionnels contestataires dogmatiques, des hérétiques se rencontrent parmi les fêtards comme parmi les vagabonds. On prétend, mais ce sont peut-être des propos de prédicateurs, que des Vaudois se glissent parmi les *buffones* qui tournent en dérision les sacrements catholiques à Arras en 1494. Des compagnies joyeuses ne sont pas à l'abri des accusations de déviance religieuse et ce n'est sans doute pas par hasard si d'anciens membres sont dénoncés et condamnés au bûcher pour valdéisme ou agissements diaboliques dans plusieurs villes nordiques (Abbeville, Arras, Cambrai, Lille). Plus tard le Calvinisme trouvera refuge dans des troupes d'acteurs, comme celle de la Principauté de Plaisance à Valenciennes ou à Genève.

*

D'autres victimes d'un humour corrosif

Les *badins* sont des retardés, des *babons* (niais), des légumes montés en graine, que leur mère couve, des *jaquets*, des *nonsensiques* (sic).

Ces crétins, ces *demeurés* ont un rire sardonique, bêlent comme un mouton, braient comme un âne ; tantôt un sourire béat accompagne leurs balourdises et leurs activités vibrionnantes. Le cancre qui poursuit en vain des études et qui « *esbat avec les livres* » amuse la galerie, surtout s'il se borne à débiter à tue-tête des citations latines qu'il ne comprend pas ou s'il a, malgré ses lapsus grammaticaux et ses barbarismes linguistiques, des prétentions à devenir titulaire d'une cure. Le rire éclate quand le sot s'énerve, lorsqu'un membre du jury d'examen, un vicaire épiscopal, utilise l'expression *mecum* qu'il prend pour une allusion au… con de sa mère dans la farce *la mère, le fils et d'examinateur* ! Les malheurs du *dervé*, du *fol*, du *folastre,* du fat, du *niais, de l'ensorcelé,* de *l'éventé* ou du *lunétique,* du *jobard,* liés pour l'opinion publique aux forces du mal, n'échappent pas à l'observation des curieux, avides de sensations.

La liste des victimes est finalement infinie. Une société cruelle importune aussi le sourd comme un pot qui prête à tous les malentendus possibles, les goutteux martyrisés par leur valet ou par leur médecin. On ne supporte guère mieux l'individu atteint du *haut mal* (épilepsie), soupçonné de pactiser avec les puissances infernales, le vieillard gâteux, le lépreux ou *méseau* qui ne peut fréquenter les lieux publics ou se déplacer sans crécelles, sans sa *housse* ou capuchon. Le public s'esclaffe aussi à la vue d'un paysan toujours raillé comme fruste et sale qui brait au lieu de parler, d'un meunier connu pour sa malhonnêteté, d'un infirme aux difformités insolites, d'un aveugle qui se heurte à tout. Mais qui pourrait croire à priori qu'on se moque volontiers des messagers dans les *sotties*, qu'on en fait des ivrognes et des paresseux, ridicules dans leur costume et sous un nom d'emprunt bachique tel que Trotemenu, Maucourant, Passavant, Escorche-lande ? Les victimes de leur côté affichent tantôt la désinvolture, tantôt un rire forcé, tantôt un rire sardonique.

Limitons-nous à quelques exemples d'individus extraits de propos ironiques récupérés parmi les diables et les diablesses dans une hiérarchie infernale.

Les esventés ou les *fols, suppôts du diable*

« Le fou se donne plus de mal
Pour s'envoyer l'âme en enfer
Que n'en a jamais pris l'ermite
Dans son désert de solitaire ».

Les sarcasmes de la déraison et le rire du *folastre* occupent aussi une bonne place dans la littérature médiévale.

« Le monde vit dans la nuit noire,
Aveugle s'attarde au péché ;
Pleines de fous rues et venelles
Ne sachant faire que folies »…
« Le fou a pour propriété

de ne jamais s'apercevoir
Qu'il est des autres la risée » (Sébastien Brant)

Le rire du fou ou de la *simplesce*, ses mimiques, ses niaiseries faisaient souvent les délices des lecteurs et des spectateurs ou suscitaient la crainte comme étant l'émanation du diable. La tragi-comédie du *dervé*, sans cesse roulé dans la farine par un roublard ou un malicieux, se déroule sur le pavé, au milieu de la foule. [32]

Le folie est par nature *possession diabolique*, à moins qu'elle ne soit feinte par amour ou par ruse ou pour exprimer quelque vérité. S'habiller en fou, simuler le dérèglement mental, parler à tort ou à raison sont des attitudes et des thèmes récurrents de la littérature farcesque. C'est aussi un des motifs les plus représentés sur scène dans les mystères et les moralités, sur les sculptures des stalles des églises ou des façades, sur les gravures de l'édition du long poème de La Nef des fous de Sébastien Brant en 1494.

L'individu qui a ou prend l'apparence d'un *fol* ou d'un demeuré amuse un auditoire par sa crédulité, ses sottises, ses propos captieux. Feindre la folie ou la simplicité, comme le *Maître Pierre Pathelin* de la meilleure farce du répertoire utilisé, est d'ailleurs un moyen d'échapper à ses créanciers, pour un savetier d'oublier de payer un tavernier, de récupérer un produit sans bourse délier. Chacun rit de ses propos incohérents, de ses mimiques, de ses déguisements et de ses gambades. Les *afolez* ont en effet un physique, un habillement, une attitude particuliers qui entretiennent un mystère, suscitent l'interrogation, l'hilarité ou… la peur démoniaque. Une vieille croyance, propagée par les farces, veut qu'il faut battre le fou comme plâtre pour le guérir !

Tout en lui symbolise l'imbécilité de cet ensorcelé. Le visage du *folastre* est lunaire et l'assimilation de la folie à l'astre nocturne, rendu responsable des variations du comportement, a donné en langage courant l'expression *lunatique* pour désigner une attitude extravagante digne de la représentation de Jacquemart de Hesdin en 1385.

32- Sébastien Brant, *La Nef des fous* op. cit. p. 3, 215- M. Laharie, *La folie au Moyen Âge* Paris, éd. du Léopard d'Or, 1991- J. Leclercq, « L'idiot » à la lumière de la tradition chrétienne, *Revue d'Histoire de la Spiritualité* n°49, 1973 p. 289-304- P. Ménard, « Les fous dans la société médiévale. Le témoignage de la littérature au XIIe et au XIIIe siècle » dans *Romania* tome 98 n°4, 1977.

La figure devient, sous une plume critique, une *hure* ravagée et poilue ; la langue pend et la bave, sort de la bouche. Les cheveux sont à demi rasés ou « *haut tondus ou en croix* » (sic) ou hirsutes et il n'est pas rare qu'il ne leur reste qu'une moitié de barbe ou de moustache. L'individu peut aussi se déplacer tout nu ou en sous-vêtements, ce qui donne un plus au spectacle et à la raillerie, la nudité n'étant admise comme naturelle qu'au lit et dans un bain individuel ou collectif. L'être est sale, repoussant, proche du primitif, du sauvage dont il a le regard inquiétant.

> La mythologie populaire représente souvent l'homme Sauvage, un être étrange, fruit des amours d'un diable et d'une vierge, brun et velu comme un ours, aussi sale qu'un bouc. On le fait surgir à certaines occasions, au moment du carnaval, à une grande première entrée royale et les contes en font une grosse consommation pour effrayer les enfants. La folie est cause « d'ensauvagement » par laisser-aller et par déraison.

Les écrits précisent toujours le côté insolite, déraisonnable des *fols*, compagnons des *filles folles* (prostituées). Leur corps est vêtu d'une tunique bariolée, ample et grossière, faite de losanges jaune safran et vert, deux couleurs sensées agir sur le système nerveux et soulignée de bordures en dents de scie. Ils portent aussi un capuchon ou *coqueluchon* orné d'une tête de coq ou d'un phallus, synonyme de sottise et de lubricité, un bonnet avec des cornes de cocu et une paire de grelots, destinés à signaler un danger et à écarter les démons. Leurs braies sont en lambeaux ; elles ont été déchirées au cours des crises ou à la suite des coups reçus. Le fou brandit souvent un miroir évoquant le narcissisme. La cornemuse et la flûte, ses instruments à vent favoris, ont des sons qui semblent à la fois vulgaires et sensuels.

Il rit et éternue sans cesse (on dit qu'il mange du safran ou qu'il rit safrané) est volontiers flatulent. Il brandit un bâton ou *marotte* ou bâton de Marie, terminé par une tête de bouffon en vessie de porc gonflée et remplie de pois secs, une évocation de la tête vide ou une massue qui fait office de sceptre. «*Au plus fol, la massue* » rappelle un dicton. Il engloutit d'énormes quignons de pain, de la viande crue, des portions de fromage sensé guérir de la folie, des écuellées de pois, une nourriture roborative et indigeste que la charité publique veut bien lui donner, pour qu'il se livre à des incongruités intestinales. II quémande et récupère dans sa besace, marmonne un vague remerciement ou injurie le chaland. Les femmes s'en méfient car il met volontiers la main aux fesses comme le fait Villoire, le benêt du village, dans la farce « *les femmes qui vendent amourette en gros et en détail* ».

Cette allure si particulière qu'il ne faut pas confondre avec celle du *démoniacle* ou du possédé (du démon), le lecteur la découvre sous les traits de personnages inquiétants du mythique Hellequin des expéditions sauvages et charivariques ou même dans le fameux roman Tristan et Iseut, dans les passages réservés aux *Folies Tristan*.

> Selon le ressort de l'histoire, le héros, un amant adultère, pressé de revoir Iseut, se rend incognito à la cour de son oncle le roi Marc en Bretagne. Il se déguise, prend l'apparence d'un fou dès son débarquement en échangeant ses vêtements avec un pêcheur, se grime en homme sauvage, en animal, un ours ou un loup-garou, et revêt, à cet effet, une cotte velue, noircit son visage. Son travestissement en « *homme fait loup* », surprend d'abord, en terrifie certains sensibles aux cris et aux gestes désordonnés, mais finit par amuser les courtisans. Le beau monde rit et se moque, sauf Iseut, peu sensible à un tel divertissement et aux excès de langage de son amant qui transgresse tous les tabous, de l'adultère à l'assimilation à un animal. Le roi finit par se lasser des impertinences de celui qui manifeste son intention de « baiser » sa bien-aimée ! [33]

Le public se moque aussi des sons dissonants qui sortent de la bouche d'un lunatique marmonnant des « *coassements* » importuns comparés méchamment à des propos d'étudiants entre deux disputes scolastiques L'art l'assimile volontiers au coq… ou à la poule puisqu'il peut être représenté sur un nid avec des œufs de… cane.

Différent des simples mortels par sa tenue et sa nourriture, l'inconstant qui semble ignorer les valeurs et les usages est coupé du monde par son mode de vie.

Le repoussoir est, dans de telles conditions, la victime idéale des sotties-farces :

« Cachez le fou derrière la porte
Sa longue oreille le trahit » (Sébastien Brant p. 58)

Le fou vit, comme la *fille folle*, la prostituée, sa compagne, en marge de la communauté, couche à la belle étoile, dans la forêt ou dans une guérite des fortifications. On devine, à la description d'attitudes spécifiques, de beaux cas d'angoissés chroniques, de schizophrènes, de paranoïaques. « *La maladie de frénésie lui tenait la tête* » déclare un témoin. Un autre s'assimile au crapaud et saute sans discontinuer. La plupart passent leur temps, dans les

33- Jonna Kjaer, « Le déguisement dans les Folies Tristan et la mort chez Thomas d'Angleterre », dans *Masques et déguisements dans la littérature médiévale*, sous la direction de M. L. Ollier, P. U. Montréal, Vrin, 1988, p. 65-73.

rues, au pied des immeubles, sous les passages couverts, à supplier, à chanter, à grommeler ou à se livrer à des excentricités qui en font, en cas d'excès, un *frénétique*, dangereux pour lui-même et pour autrui. Le public rit volontiers d'un individu qui comprend tout de travers mais craint son agressivité, ses morsures et ses griffures, des coups de massue ou de couteau. On lui distribue volontiers du bâton dans les farces en souvenir des bastonnades, ressorts indispensables du rire dans les représentations théâtrales. L'échevinage d'Amiens condamna au bannissement perpétuel une jeune folle qui accablait d'injures les notables.

La littérature médicale se borne donc à constater un état qui se dégrade, à évoquer « *un cerveau qui lui tombait sur les yeux* », les humeurs mélancoliques ou colériques qui provoquent tantôt la dépression, tantôt la *folie chaude* ou violente, sans chercher à connaître les raisons ct les manifestations des troubles psychologiques.

Le passage d'un fou délirant, d'un forcené, précipite le public aux fenêtres ou sur le pavé, provoque la noise, la huée, le crachat aux cris « au fou, au fou, au sot, au sot », encourage les brimades et les outrages, incite à la violence, au jet de pierres. Le malheureux souffre-douleur est soit roué de coups, repoussé à coups de cailloux. Si son état empire, il est enchaîné dans un cul-de-fosse, dans une salle spéciale d' une tour aux Fous (Caen Melun) ou parqué dans des cabanes situées dans une portion des fossés à sec (Rennes) ou banni s'il est étranger à la cité.

> Un des thèmes récursifs du Moyen Age fut la Nef des Fous, un bateau supposé servir de lieu d'internement. Cette allégorie, reprise par Joss Bade dans ses *Stulttferae Naves* (fin XVe), Sébastien Brant dans son Nanenschiff, Erasme de Rotterdam dans son Éloge de la Folie ou le peintre Jérôme Bosch, ne repose sur aucune réalité, à moins qu'il ne s'agisse d'un pèlerinage par voie maritime dans un lieu sensé guérir les folastres.

Si le fou, au sourire béat, émanation du diable, à l'écart des valeurs traditionnelles, est généralement méprisé et fait l'objet de risée, il existe des cas contraires, des individus qui impressionnent par leur aplomb et leurs discours.

Le fou, comme le prétendu sot, occupe une place de choix dans les représentations théâtrales où il reçoit la mission de dire tout haut ce que les autres pensent tout bas. Des fêtes spéciales valorisent sa position et il défile en tête lors du canaval. Des peintures le mettent en scène, moins pour le caricaturer que comme exemple ou pour accompagner la mort sur une danse macabre. Il arrive même que le bon usage de la folie serve à montrer l'utilité du rire dans l'Éloge que dresse Érasm[illegible]

Le seul fou, vraiment respecté au point d'être craint, es[illegible] du prince, le Thévenin de Charles V, Grand Johan puis Ha[illegible] Charles VI, Triboulet de René d'Anjou dont le visage est [illegible] capuchon. Ce personnage très intelligent, capable d'écoute[illegible]ger et de répondre ose donner la réplique aux plus grands, se moquer d'eux, les traiter de cocus. Chacun de redouter sa langue vipérine, son œil de faucon, ses bavardages, ses mouchardages. Chacun de craindre son ascendant sur le prince, assorti de vérités et de contre-vérités, de la libre parole. Il jouit en principe d'une immunité ce qui ne lui épargne pas forcément les vengeances, sert à l'occasion de mémoire vivante, de messager, d'espion, de confesseur : « *véritable anti-roi, souverain inversé, le fou assume symboliquement la subversion, la révolte, la désagrégation, la transgression* » (G. Minois p. 206).

« Les filles de vie et de péché » ou les « folles de leur corps » et autres poissardes

« *Les faulces putains prestresses qui en tous temps sont lecheresses* , trompent avec leurs *charmes,* un mot qui cache plusieurs réalités dont fait partie l'envoûtement, aspirent, par profit, à l'amour charnel et amassent des deniers « *à la grande sueur de leur cul* ».

« *Margot de La Barre, détenue au Châtelet, a fait de son corps sa volonté et a abandonné celui-ci à tous bons compaignons qui d'elle ont voulu faire leurs plaisirs et volonté* » (éd. H. Duplès-Agier, I, p. 327).

Que c'est bien dit dans ce passage du registre criminel des années 1389-1392, cité par C. Gauvard !

Ces auteurs de rire gras, en même temps victimes, font partie de cette humanité dépravée qui exerçe des *inhonesta mercimonia* et que livrent à la connaissance des actes judiciaires, des archives municipales et tout un patrimoine littéraire où pointe vite la gaudriole de la structure farcesque. Tolérées quand elles sont jeunes et avenantes et qu'elles chantent des amourettes, elles restent méprisées ce qui donne de singuliers titres à plusieurs contes amusants : *Des putains et des lecheors* (en taverne), *de la vieille truande* ou Vieille Bru. [34]

34- M. T. Lorcin, « La prostitution dans les fabliaux » CUERMA, *Senefiance* n°5, Aix-en-Provence 1977- J. Rossiaud, *La prostitution médiévale*, Paris, Flammarion, 1988.

eme si l'opinion publique commence à admettre qu'une prostitution ordonnée peut garantir l'ordre public en canalisant les instincts masculins dans des organismes reconnus et surveillés, l'activité est jugée contraire à la morale. La fille de joie est soumise à une juridiction d'exception, l'objet de critiques et le sujet de récits aux titres évocateurs tel que : *d'une seule fame qui servoit C chevaliers de tous points*. Elles sont aussi la cible de farces d'étudiants en goguette et de moqueries. L'une des plus méchantes, auxquelles s'adonnent certains individus, est de traiter une fille honnête, une rosière de préférence, de *vieille peau*, de *meretrix*, *de ribaude* et de ruiner sa réputation par un surnom qui ne trompe guère. À une époque où il est recommandé aux jeunes gens de « *s'administrer le remède du mariage* » pour éviter de vivre en paillard, dans l'incontinence d'un *bordelage*, d'un *clapier* ou d'une étuve et où le concubinage et les viols n'ont jamais été aussi fréquents, la prostitution sédentarisée et surveillée est donc un moindre mal, moins risquée en tout cas, pour tout le monde, que les activités clandestines. Des ouvrières, des chambrières se livrent aussi à une prostitution à domicile pour compenser leurs maigres salaires.

Les *fillettes amoureuses,* les *folles de leur corps*, les putes un mot connu dès l'époque du lyrisme courtois et ceux qui vivent dans des *bordeaux de turpi questu mulierum*, les *gouines ou goudines* (seulement prostituées), les *louves* dans le Midi, les *brus*, les courtisanes, les *salaces* prêtent évidemment le flanc, par leur vie dissolue, leur côté crasseux qui a donné *sagouine*, ici à la dénonciation, là à la manifestation d'un rire graveleux ? Leur ambiguïté sociale, leur étrangeté dans un monde soumis aux règles morales judéo-chrétiennes, un parler vulgaire, leurs activités sexuelles rémunérées stimulent, chez les uns, une curiosité ou une envie malsaine, chez les plus pudibonds une hostilité. Le roi Saint Louis a donné un exemple de cette ambiguité dans sa législation restrictive de 1254. Ces dames, volontiers charmeuses, placées sous la domination de l'Appointeur ou de l'Aguicheur, offrent, avec un sourire aguicheur et des signes distinctifs, le fouet pour se faire battre, a fortiori lorsqu'elles sont devenues des *putes orde viex* dans *Boivin de Provins* ou dans le jardon de Villon, de *vieilles Brehaignes* stériles, de *vieilles sorcières*.

Le rire porte sur leur maquillage outrancier, sur des visages fardés au jaune d'œuf, à l'eau de vigne, à la céruse, sur leurs tenues trop décolletées. La célèbre tapisserie d'Angers, la Dame à la Licorne, conservée au Musée de Cluny, montre, sous le titre de la Grande Prostituée de l'Apocalypse, une femme de petite vertu qui se coiffe en regardant son visage fardé dans un miroir. Les cotardies à queues troussées sont jugées impudiques. Le port, pourtant interdit, de fourrures et de bijoux, des signes distinctifs, la rouelle faite d'un morceau de tissu rouge, jaune ou blanc, et un bonnet (Avignon, Toulouse) sont la cible des plaisantins. Elles arborent des parures et des habits extravagants, trop luxueux pour leur rang, trop voyants. Leur langage, loin d'être orné des fleurs de la rhétorique, est plus proche de celui des poissardes s'égosillant que des prédicateurs. Il les fait reconnaître au premier éclat de voix, dans les postures allumeuses de racolage ou dans une attitude lascive. « *Tu n'es fors fiens et ordure, beste de mauvaise nature, que un sac plain de merdre* » reprennent les invectives les plus courantes, dignes du roman de Fauvel.

L'exhibitionnisme de leur *marchandise* (appâts) sur le pavé, leur posture aux portes des tavernes et des étuves, leurs altercations argotiques, leurs crêpages de chignon et leurs torgnoles peuvent semer l'hilarité d'une communauté toute entière ou soulever l'indignation quand ces éclats de voix, accompagnés d'horions et de culbutes, ont lieu, à Chambéry ou à Bourg-en-Bresse, à la porte d'une école ou d'un couvent. Une lettre de 1495 signale la présence à Riom « *d'une fille amoreuse nommée Picarde, laquelle ordinairement se tenoit es estuves* ». François Villon a légué à la postérité quelques beaux noms de courtisanes parisiennes ou de lingères du palais, recevant à domicile ; la Grosse Margot, la Touchaille au dur téton, la Chancelière aux talons courts, la Grande Hallebardière, Babille et Musarde, la Vieille aux cheveux blonds. Que dire du goût douteux de certaines poésies à la « gloire » des courtisanes encore *meschinetes* ou flétries par l'âge.

« Souvent par puterie,
elle pue, la prostituée,
Comme fait, dans les boucheries
La charogne pourrie » (Le jongleur Macabru).

Les prostituées, leurs a*bbesses* ou maquerelles *d'expérience* et leurs ruffians, *houliers ou gouliards*, voire des sergents vénaux, venus « relever les compteurs » dans la farce *le marchand de pommes et d'œufs*, sont volontiers mises en scène dans des farces grivoises où il est question de *queues troussée*s, de nature ou de charme peccable, de diablotins mus en bêtes, d'incubes. Elles sont diabolisées sous les traits de divinités païennes, soupçonnées par des ragots, d'animer les sabbats de sorcières ou de déesses surnommées Vénus, Diane, d'animaux vils et puants, de pourceaux, ou de crapauds chevauchés. Des diableries scéniques leur sont réservées en priorité dans les pièces, sous les traits d'une mère noire de suie ou enfumée, d'ue cuisinière remuant un chaudron infernal, d'une Proserpine en puissance. On s'amuse aussi des clients, des moines ou des frères débauchés, des bourgeois adeptes d'une tartufferie précopulatoire.

La fin du Moyen Âge paraît apporter des changements de mentalité après un siècle d'une relative tolérance, de 1350 à 1450, à l'égard d'une prostitution institutionnalisée dans des bordels publics, privés ou municipaux sous la surveillance des autorités. Une nouvelle mentalité insiste sur la perversion, la fascination que provoque cette activité sur les milieux populaires et ruraux. La menace des maladies vénériennes venues d'Italie, le niveau de vie jugé scandaleux de certaines femmes jouant les grandes dames, contribuent à réintroduire, avec une pudibonderie affectée, les manifestations de rejet et les mesures cœrcitives pour péché de chair et délinquance ! Les expulsions de folles de leur corps, l'enfermement hospitalier ou dans des établissements religieux de Filles-Dieu et de repenties (Avignon) sont d'actualité., mais posent de singuliers problèmes de réinsertion.

Les poissardes qui se livrent à des concours de pets, les tripières agressives derrière leurs marmites de bouillon et leurs pots luisants de graisse, installés à même le pavé, ne sont guère mieux embouchées que les filles publiques. On dit que pour les faire taire, il faut leur payer à boire. Les rues, les tavernes hébergent une kyrielle de vieilles maquerelles sur le retour d'âge, de poissonnières, de clochardes avinées, de malandrins prêts à voler ou à s'empiffrer. Les contes pour rire, les pièces de théâtre se complaisent à décrire des chamailleries, des prises de bec, des échanges de piques, des empoignades et des dégelées de coups, des « *prises à poil* » et à corps. Le thème du poisson pas frais, cher à la bande dessinée Astérix, l'accusation de cherté ou de malfaçon, le dénigrement de l'étal du voisin font partie d'une « stratégie commerciale » qui se règle entre vendeurs et « pigeons »par des vitupérations malsonnantes et par des baffes, témoin la farce *l'antéchrist et les trois femmes, une bourgeoise et deux poissonnières.*

Les « Gieux » de la synagogue de Satan, victimes d'un rire d'exclusion

Les juifs, *jueus, gieux*, *Charlot le juif* de Rutebeuf, associés au diable, sont aussi parfois les victimes d'un « *dévergondage de la langue* » agressif et vindicatif. Le peuple de Dieu, le peuple dont « *les erreurs* », *« l'opiniâtreté dans la faute* » faisaient l'objet de dénonciations, de critiques ou de quolibets sur la Valpute, a été dominé et, à plusieurs reprises, ségrégé. La caricature, forme d'hostilité, est une des manifestations d'un antisémitisme latent, moins connu en France qu'en Espagne ou en terre d'Empire, Savoie comprise. Les jongleurs, les auteurs de farces ou les prédicateurs se livrent à des facéties, pour mieux entretenir chez leurs auditeurs les préjugés et réveiller les bas instincts.

Des historiens y voient une manifestation antisémitite qui s'appuie une argumentation fallacieuse comme le mythe des sacrifices rituels d'enfants chrétiens, des références pseudo-historiques qui perdurent encore au XXe siècle en Russie et ailleurs. Ils relèvent l'expression d'une volonté de culpabiliser un individu, un peuple en utilisant un vocabulaire dégradant ou corrosif. D'autres courants le nient, évoquent des protections pontificales ou princières, la servitude du roi ou d'un prince qui s'est avérée profitable, une ségrégation constituant une enveloppe protectrice (M. Kriegel).

> On serait enclin à suivre cette opinion s'il n'y avait pas eu les mesures prises par Dagobert au VIIe siècle inspirées d'une lecture des réglementations byzantines et les articles de codes barbares de la Loi Gombette en Sapaudia. Les propos dénonciateurs de prélats comme Agobard, évêque de Lyon sous Louis le Pieux, les brimades accompagnées de mesures discriminatoires ou de massacres à l'époque des croisades, les procès de Blois et d'ailleurs viennent contredire cette relative tolérance.
>
> Les rois de France de Philippe-Auguste à Saint-Louis et à Philippe le Bel ont créé, par des expulsions (1181-1182, 1306) suivies d'autorisations de retour, par des mesures vexatoires, des baptêmes forcés pour « *crestienner* », un climat d'incertitude qui se poursuit pendant la Guerre de Cent ans, tant en France que dans certains fiefs et principautés. La Savoie a connu plusieurs mouvements antisémites, notamment du temps du premier duc Amédée VIII, concrétisés par les *statuta Sabaudiae*, profondément hostiles aux juifs.

La caricature antisémite véhiculée par une « *commune clameur* », le rire discriminateur, les seuls témoignages retenus ici, sont anglais du XIIIe siècle. Ce sont des dessins à la plume d'un *scriptor* qui insiste sur le nez crochu, la grosse lèvre, et le visage barbu. Ils ont été moins analysés que les ordonnances de servitude et d'exclusion, que les formes que prend l'étau juridique ou l'animosité populaire qui aboutissent du temps des pestes et de la guerre de Cent ans à une déchéance progressive, à des expulsions ou même au bûcher. [35]

35- B. Blumenkranz, "le juif médiéval et l'art chrétien", *Etudes Augustiniennes* 1966 p. 32- dessins communiqués par H. Martin de l'Université de Rennes.

Au nom d'une volonté d'édfication de la masse des chrétiens, le juif a été caricaturé, moralement dénigré par une série de représentations infériorisantes destinées à le différencier des autres. Dans la mentalité populaire, juif est à la fois un quolibet et une injure. Un individu, y compris un chrétien, qualifié de juif, ou d'« enjuivé », est un lâche, un couard, un être rusé, lubrique, trop préoccupé par ses bénéfices commerciaux ou par l'usure… le modèle de l'être vil, du suppôt de satan. Le faux serment ne peut être que celui d'un juif, la putain que la garce de juive. Des interdictions ou des contraintes masquent à peine une volonté de se moquer avec cruauté comme la double taxe payée aux entrées des villes de Savoie par les femmes enceintes ou l'usage du puits permis aux prostituées et aux porcs avant les juifs. Un chrétien qui plaisante en disant « *j'ameroye mieulx esttre juif que chestien* » risque une lourde amende pour blasphème. Mais ridiculiser la religion juive est de bon ton : le sabbat bachique à forte connotation anti-judaïque a donné l'image classique du juif perché sur un tonneau !

On se moque de leur physique, de leur langue « *un galimatias hébraïque »* de leurs chansons en baragouin, de leurs longs caftans, des « *manteaux de vair, revers fourrés, qui se portent* (c'est nouveau) *à la juive* » (S. Brant p. 50), de leur caractère réputé vil, méchant, de leurs fanfaronnades. Les villes de Navarre, des deux côtés des Pyrénées, font des gorges chaudes en 1384 de la mésaventure de Moshé Corretor, poursuivi en justice, pour avoir accusé à tort un coreligionnaire Recien d'avoir. . pissé dans le puits de la communauté ! La plaisanterie lui coûte la bagatelle de 60 sous de pièces noires soit 48 sous de bonne monnaie de blancs ! [36]

Le juif reçoit plutôt un surnom dérisoire qu'un nom comme Malaqui, Marquin, Musin dont il se moque dans son humour fait d'autodérision et de subtilité.

Sur les représentations figurées de Judas, de l'enfer, des damnés, on avilit le juif, son teint olivâtre, son regard noir rempli de méchanceté, ses vils penchants. Tout est souligné, caricaturé de façon à faire du juif la métaphore de l'être indigne. Le hibou, aveugle faute de voir la vérité ou menacé par les oiseaux symbolisant les chrétiens, figure sur des miniatures ou des sculptures dénonçant les juifs (aux Andelys dans l'Eure). On les associe aussi volontiers aux rats, ces créatures du diable qui agissent par hordes. Même le porc, l'animal impur pour les Hébreux, volontiers rangé dans le symbole des animaux vicieux, est associé aux victimes expiatoires ! La synagogue est surnommée la « *vieille folle ribaude déchue* » et représentée sous les traits d'une femme en pleurs ou les yeux bandés alors que la dame-église, la Vierge ou les saints ont des visages rayonnants d'illumination spirituelle (Reims, Abondance en Savoie). Des fêtes profanes ou religieuses sont l'occasion de rire des juifs, le carnaval, les fêtes de Pâques quand ces dernières ne se transforment pas, dans des villes du Midi, en brimades ou en pogroms.

Une parodie de sabbat est décrite en 1477 en Savoie, comme une festivité honteuse, cachée, avec des danses et une orgie « *à la façon des animaux* ». Le *Mystère de Saint Martin*, joué dans la même province, met dans la bouche d'un *fol*, une bien étrange façon de respecter les usages d'une communauté mal identifiée, à peine distinguée des Vaudois ou des sorciers. Quant à la Synagogue, présentée sous les traits d'une femme aux yeux bandés, sa chute dans les ténèbres de l'ignorance est incarnée dans une statue d'Abondance dans le Chablais et sur des représentations picturales.

« Je vois là sur les Encombres
Des courges, des melons et des concombres,
Je vois là-haut une grande fête,
De ceux de la synagogue.
Les uns en ours, les autres en loups
J'y fus l'autre jour avec eux.
Un hérétique m'a promis de charmer
Celle qui ne me veut aimer
Si je puis en approcher de près,
Je l'obligerai à me courir après
Tellement que si je puis la voir,
Par un coup, je m'en ôterai l'envie.
Elle aura beau se l'éviter
Que son bacon (bas con) sera frotté :
Elle en aura le con sur la tête
On n'aura jamais vu une telle fête ».

Tout est dit dans cet écrit qui reflète la « grande tolérance » que connaissait alors la région alpine : la fête ou sabbat, le sexe, les jeux de mots qui se prétendent humoristiques. [37]

36- Archivo de Navarre, R. C. tome 181 f°38, compte de 1384, chapitre des amendes), information communiquée par B. Leroy de l'Université de Pau.

37- J. Koppmans, *« Les démunis mis en scène : satire, répression et contestation»,* dans les niveaux de vie au Moyen Âge, *Louvain 1999 & le théâtre des exclus* p. 197.

Les rares miniatures ou dessins à la plume qui représentent des juifs en France, comme le registre de Guiot de Corpsaint placé sous l'autorité de l'Évangile de Saint Jean, commencent à souligner des traits sémites ou des détails vestimentaires, autorisant aux yeux des détracteurs, une identité individuelle et collective. On y perçoit déjà ici les marques d'infamie comme la rouelle ou roue de tissu de couleur, les longues *cottes* noires, la forme bizarre des chapeaux en entonnoir renversé, la barbe, le châle de prière ou tallit, les franges au coin des vêtements, là un visage de profil identifiable, pour l'auteur de la caricature, à la longue chevelure, à la barbe, au nez busqué. [38]

Les sataniques, les « demoniacles », les adeptes du mal

Le rire grinçant ou de dérision concerne enfin d'autres personnes tous ceux qui, avec les précédents, ne répondent pas aux normes du bien d'alors. Le *Maugouverne* d'antan réunit aussi les sorciers, les hérétiques, les membres d'églises dissidentes et de sectes qui continuaient d'émietter le christianisme officiel «*que l'on nommoit Vaudoisie ne sçay pourquoi* » avoue le chroniqueur Enguerrand de Monstrelet. La satire et la polémique dénoncent, avant les tribunaux, comme hérétiques : les *Turlupins* d'Abbeville au XVe siècle, de Lille en 1465, des acteurs, des *abbés de Peu de Sens* à Arras, des individus dont « *faulte de foi, c'est erreur nonpareille* », les vagabonds obscurs descendants de la *mesnie* diabolique de l'infernal Hellequin, bientôt les Bohémiens ou *Igiptiens,* en attendant les Huguenots.

La haine devenue obsessionnelle des adeptes de la démonologie se développe sur le tard, à l'aube de la modernité. Lucifer, le roi des enfers, voit le nombre de ses adorateurs croître, sans aller jusqu'à parler de « marée de satanisme » au sein d'une population affaiblie moralement et physiquement, perméable aux hérésies comme le valdéisme, angoissée par le présent et pour son avenir, insatisfaite de l'encadrement clérical. Le diable nommé aussi Satan, Belzébuth apparaît partout, dans l'art, sur les graffitis, dans la littérature, sous d'innombrables apparences d'un être difforme et terrifiant, associé à un dieu païen, à un animal doté d'un gros phallus, à de petits démons ou, à l'inverse, à des êtres dangereusement séduisants. Le long cheminement de la sorcellerie satanique à l'intérieur de la société d'antan s'accompagne de la découverte d'une véritable *science du démon*, d'une démonologie, où transparaissent des cérémonies, des rites de communautés bien représentées dans les diocèses du Nord de la France (Arras, Valenciennes), en Savoie, dans le *Dauphiné*, en Suisse romande.

La haine va se cristalliser sur quelques malheureux, sur de pauvres gens souffrant d'une misère honteuse, des femmes, des guérisseurs, des simples d'esprit« possédés du démon », des êtres difformes ou hideux, des étrangers qualifiés *d'estranges personnes* , des marginaux.[39]

Il y en a bien autres que les hyperboles mettent en exergue ! On raconte que de singuliers voisins ont le *deable es cors*, que leurs épouses ont d'étranges hallucinations, qu'elles trompent leur mari avec on ne sait qui. Tout ce qui inquiète, menace, bafoue d'une façon ou d'une autre le bon sens, les principes moraux et sexuels est suspect. Il est vrai que certains se laissent surprendre à baiser sous la queue d'un animal ou montrent leur derrière ou leurs attributs au public. Les pires excès provoquent l'impuissance d'un individu. Des histoires tragi-comiques sont attachées à la vie villageoise, au quartier et ont fait la joie d'un public familial au cours de veillées au coin du feu.

Finalement la moquerie, la *feinte* ou filouterie du malfrat, virtuose de la raillerie et de la tromperie, le rire paillard ou grinçant des individus à la langue trop bien pendue visent large et atteignent un monde rempli de naïfs prêts à se faire pigeonner, de fripouilles, de gens superstitieux, de médecins infatués de leur savoir, *d'arqueminateurs* (faux alchimistes), etc.

Tout le monde est concerné : une classe sociale précise comme les serfs, les vilains ou les rustres, la bourgeoisie, les intellectuels sorbonnards, les hommes d'armes fanfarons, les usuriers, les juifs, les hommes, les femmes, de vieux fous etc… Si l'homme d'affaires et son épouse ne sont pas épargnés par un humour qui s'écarte vite de la gentillesse, d'autres essuient aussi les sarcasmes de la part d'inidividus louches, venus de tous les horizons, aussi bien de l'entourage de princes que de la rue. La littérature humoristique, remplie de préjugés, d'exagérations, voire d'inexactitudes, s'en prend à la femme en général, jugée futile et amoureuse de nature, à leurs époux qui donnent l'impression d'être les vraies victimes des contes à rire, aux chevaliers et aux écuyers appauvris par les dépenses somptuaires et les charges militaires, aux badins simplets ou filous. Elle dénonce aussi au nom de la

38- R. Kohn, *Les Juifs de la France du Nord dans la seconde moitié du XIVe siècle*, Louvain, éd. E. Peeters, *Revue des Etudes juives*, 1988 p. 166.

39- R. Muchembled, (dir.), *Magie et sorcellerie en Europe du Moyen Âge à nos jours*, Paris, A. Colin, 1994 – F. Mercier, La Vauderie d'Arras. *Une chasse aux sorcières à l'Automne du Moyen Âge*, Rennes, PUR 2005.

morale et de l'exemple, et non pas par anticléricalisme, les membres du clergé taxés de nicolaïsme et de simonie, les hommes de loi, notaires ou avocats, trop nombreux, arrogants et intéressés, les faux médecins et leurs clients, les physiciens qui commercialisent des médicaments à base de fiente de pigeon ou d'ossements de pendus.

Pire encore, les plus misérables *disetteux* de la société citadine et rurale, les handicapés physiques et mentaux, les vieillards *cassés et chensus*, les infirmes atteints *d'enfermeté*, les orphelins, les lépreux, les religieuses sans amants et tout un lot d'insatisfaits de la vie ne sont pas à l'abri de la verve méchante comme si l'auteur d'une bon mot voulait écarter de lui un spectre résumé par cette phrase : « *Ce que j'étais, tu l'es actuellement, ce que je suis, tu le seras* » disent les épitaphes des morts. Tout un aspect caricatural est représenté sur les miniatures sous les traits d'un miséreux *cayman* (quémandeur) à la porte des hospices, sur le parvis des églises, à même le pavé avec des béquilles et une sébile. La notion de pauvreté a perdu cette aura qu'elle avait à l'époque féodale quand les vies de saints célébraient les mérites de ces riches qui renonçaient à leur avoir pour vivre comme le Christ et ses disciples. La condition misérable est maintenant moquée ou fustigée, assimilée à la paresse et au vice.

Le rire cruel, intolérant s'en prend volontiers aux personnes soupçonnées de déviances, aux homosexuels dénommés alors *sodomites*, aux zoophiles qualifiés de *bougres*, aux *Egiptiens,* les Bohémiens qui surgissent brusquement dans les archives au XVe siècle, aux Catalans ostracisés dans des ports, aux Bretons moqués à Paris sous les traits de *maîtres fi-fi* (vidangeurs) avant que leurs filles ne deviennent plus tard des bécassines. Il arrive même, comme de nos jours sur une cour de récréation enfantine, que certains soient montrés du doigt pour leur mauvaise vue ou pour leur physique.

Chapitre 3

Des théâtres du rire : rues, maisons et lieux réputés chauds

La ville médiévale et quelques gros villages sortant de l'ordinaire, servent de toile de fond et de pôle d'activités attractifs qui drainent des richesses matérielles, spirituelles et culturelles. Dans le stéréotype d'un monde enclos, défendu par de puissantes murailles, certains endroits précis donnent, dans les contes à rire, l'illusion du réel et inspirent en priorité la verve des écrivains et des artistes.

Le rire se glisse, s'attarde volontiers dans le domaine des rues, dans les lieux publics et privés, dans les jardins, les cours, sous les porches, sous les halles ou *cohues*, destinés à servir de cadre à des mises en scène cocasses. Nous avons parlé à plusieurs reprises de ces lieux chargés d'histoires, où vivent et se déplacent les citadins, dans des publications anciennes ou récentes. Ce chapitre ne bornera donc à restituer les endroits où le rire populaire est commun, sans retenue.

*

Les lieux de rencontre mal famés, séjours de « jargonneurs »

Il y a profusion de ruelles, d'allées, d'impasses, de *santes*, de *courtils*, d' endroits isolés, propices à la *matte* (filouterie), où les larrons prolifèrent comme les rats. Des tripots accueillent des *caymans* (mendiants), des *marauds*, des *malfaitours* et des *rufians* ; ils y vident des *pintes* de vin ou de bière, bavardent en *jobelin* (argot) à satiété, en dehors des oreilles averties, jouent aux dés, *dupent* les niais et plaisantent jusqu'à ce qu'une bagarre éclate.

Toute une littérature, connue sous l'appellation de *resverie,* de *resver* qui signifie traîner sur la chaussée puis délirer, est née au milieu du XIIIe siècle sur le pavé. Elle est qualifiée de *fatrasie, oiseuse* ou incohérente par ses détracteurs qui n'appréciaient guère les changements poétiques. Les strophes de Philippe de Rémy, appelées précisément *fatrasies,* évoquent les outrances, l'incohérence, l'absurdité d'un univers irréaliste, d'un monde à l'envers d'animaux bizarress de harengs faisant l'assaut du château de Gisors, de morts qui renaissent ! [40]

Une analyse de plan urbain conduit à essayer de décrypter les tenants et les aboutissants d'un labyrinthe à l'intérieur du carcan que constituent les remparts.

Coins et recoins en ville

La recherche des lieux perdus nous amène à revisiter une bonne ville médiévale par des ruelles, des *degrés* (escaliers) et des placettes mal éclairées, d'où s'exhalent des odeurs agressives.

La porte piétonnière de l'enceinte franchie, sous le regard des *dizainiers* (miliciens) de garde, le chaland, le vilain mal habillé et qui sent mauvais, le *romieux* et autres chemineaux prennent la *grant rue* ou la grande *charrière,* à peine large de 8 à 10 m, avant d'errer dans un dédale de *ruelles, de ruettes et de santes.* On en a vu qui se sont perdus dans la cohue parisienne ou qui ont passé une journée entière à rechercher leur épouse égarée ! La venue du rustaud, d'un *pauvre Jouhan*, est source de blagues. La plus connue sans doute est celle du paysan qui tombe de pamoison devant la boutique d'un parfumeur et retrouve ses esprits quand on lui met le nez sur un de ces fumiers qui ornent les *devant soi* des maisons.

L'estrange personne, le *forain* ou *le horsain*, le niais est guetté dès son arrivée depuis les volets des fenêtres, reconnaissable à certains détails, à sa mise frippée, à ses ribouis, à son accent, à son jargon, à ses exclamations en passant devant un étal. Il croise de beaux messieurs et de belles dames Leur surprise est grande quand le nouveau venu découvre une personnalité, Louis XI devisant avec son barbier, un prince ou une princesse sur sa haquenée, de riches bourgeois, accompagnés d'une élégante, habillée de pied en cap de beaux atours et d'un immense chaperon.

Les occasions de rire ne manquent guère aux moqueurs de service, sur des chaussées où les pires individus côtoient des bourgeois ou des clercs en goguette comme dans la farce du *Segretain Moine.* Les *rues as putains* sont bien connues des ancêtres des titis parisiens où se rencontrent les filles de petite vertu, les *femmes folieuses*, les clients des auberges et des étuves. Les abords des lavoirs et des fontaines sont souvent le rendez-vous des fortes en gueule prêtes à lancer lazzis et grivoiseries. *Mince de Quaire* se dispute avec deux filles délurées qui propagent des ragots de bas étage ; Rifflart se lance dans une guerre des sexes avec sa femme pour savoir qui détiendra l'autorité dans la maison ; une de ces bavardes part en pèlerinage au reliquaire de sainte Caquette. [41]

La surprise, le danger ou son contraire la franche rigolade attendent le visiteur à certains endroits stratégiques de la vie urbaine. Nous voulons plus précisément parler des dessous de porches, des passages couverts sous les avancées des maisons, les abords et les intérieurs des tours d'enceinte, les ruelles à usage hygiénique. Ici la « *luxure et la perdition* » s'étalent au grand jour pour le plaisir des voyeurs, au grand dam des moines, des frères mendiants, dominicains, carmes, et des autorités municipales.

De la saleté, il n'y a rien à faire : « *nos ancêtres y ont chié, nous y chions, nos enfants y chieront,* » disent les édiles troyens partisans du maintien d'une impasse comme lieu de soulagement public.

Le visiteur « slalome » entre le mendiant qui tient sa sébile, le cochon remplissant son rôle d'éboueur public (à Fougères), le chien errant, les outils abandonnés sur la chaussée, les tas de détritus, tout heureux s'il ne met pas les pieds dans le gazillan d'une façade (une rigole), dans un ruisseau central, dans « *l'ord, la marre et le bouillon* ». Le malchanceux tombe à l'occasion dans un « merderon » au risque de s'y noyer, reçoit une pierre d'un échafaudage qui lui « *froesse la teste jusqu'à la cervelle* ». Autant dire que la miséricorde et la charité ne sont pas au rendez-vous.

Avec un tel circuit viaire, l'insécurité totale règne dès la tombée de la nuit. Les portes des enceintes lieux privilégiés des entrées princières inaugurales ou *Joyeuses entrées*, les tours et les tourelles inhabitées, les archères, les loges, les allées, les escaliers publics ou *degrés*, les placettes et les terrains vagues, n'ont pas toujours bonne réputation. Ils servent de lieux d'aisance et « *lieux de luxure et de perdition* ». [42]

40- Philippe de Rémy, sire de Beaumanoir en Beauvaisis, est le père du juriste . Lui aussi fut officier de la couronne, prévôt de Compiègne, bailli du Gâtinais du temps de saint Louis. Son œuvre poétique fut très riche et les fatrasies tranchent du reste par leur fantaisie et aussi par des grivoiseries. La *fatrasie et le fatras* ont été édités par C. Porter, Genève, Droz 1960.

41- B. Faivre, *Répertoire des farces françaises* op. cit. … 1993-A. de Montaiglon et G. Raynaud, *Recueil général et complet des fabliaux des XIIIe et XIVe siècles*, 6 volumes Paris 1872-1890 .

42- J. P. Leguay, *La rue au Moyen Âge*, Rennes, Ouest-France Université, 1984 & *La pollution au Moyen Âge*, Paris, éd. J. P. Gisserot, 1999.

L'univers des lieux insolites

L'image des pôles de la spiritualité devrait être parfaite, sans aucune restriction. Le rire n'y est pas écarté, loin s'en faut !

La cathédrale au cœur de la cité, les églises paroissiales, les chapelles, les *aîtres,* les parvis sont des lieux de rassemblement populaire, des scènes de théâtre. Ces endroits accueillent volontiers les drames liturgiques et profanes. Des milliers de personnes, citadins et ruraux viennent « *contempler* » *de visu* une histoire édifiante, une série d'images formant un spectacle, doublées de paroles, de gestes, de mimiques dans une mise en scène. Des professionnels, dirigés par un responsable, un *miseur*, ancêtre du metteur en scène, tiennent les principaux rôles, secondés par une forte participation collective locale qui contribue à intégrer la pièce à la ville ou au village. Ces pièces qui durent parfois plusieurs jours nécessitent une préparation de longue durée, une scène, des montages en charpente ou en toile.

Le genre de la pièce est trompeur. Même les mystères les plus dramatiques peuvent comporter des moments drolatiques et l'attention du public n'est pas toujours soutenue. N'oublions pas aussi que les acteurs dissipent l'assistance, lui parlent, attendent des réponses, des commentaires. Des allusions à des notables, mécènes pour l'occasion, captivent l'auditoire et amusent… d'avantage encore quand l'auteur ou l'acteur, pareil à un chansonnier actuel, se permet quelque perfide allusion, un trait d'esprit.

Contrairement à ce qu'on serait en droit d'attendre dans un monde respectueux des commandements de Dieu et où le savoir s'enseigne dans les écoles cathédrales et dans « les petites écoles » paroissiales, les *sacrés lieux* ne sont pas toujours des lieux de sagesse.

Les auditeurs sont souvent bruyants dans des édifices où, comme dans les églises italiennes, il n' y avait pas de sièges, au mieux quelques bottes de paille. Les miniatures montrent des animaux de passage, des enfants turbulents, des parents occupés à converser pendant le sermon en latin du prêtre. Sébastien Brant a consacré toute une strophe au bruit dans les églises :

« Certaines gens, toujours les mêmes
Ont à l'église chiens bruyants
Troublant le prêche, messe et cantiques,
Ou bien leur faucon bat des ailes
Et leurs grelots tintent si fort

Qu'on n'entend plus qui chante ou prie.
On met au geai son capuchon :
Il jacasse comme en volière.
On commente les faits du jour
Fait clic clac en patins de bois (chaussures à patins)
On louche sur Dame Kriemhild ;
Va-t-elle vouloir se retourner » [43]

Des prédicateurs comme O. Maillard, y dénoncent, à côté des dévotions superficielles, la dissipation des *caquettières de la langue*, des commères, les intrigues, la conclusion de marchés, la prostitution de courtisanes, *êtres diaboliques et infâmes, femmes maudites, tison d'enfer.*

Des églises seraient-elles des *speluncae latronum* où le rire de la luxure s'éclate sans vergogne ! Les Rennais prétendent que la chapelle Saint-Jame est un lieu de rendez-vous pour les putains et leurs clients. Il s'en passe de belles dans le cimetière des Saints-Innocents de Paris où les mauvaises langues racontent que les dalles des tombes conviennent bien à certains usages que la morale réprouve. Que dire des couvents de Mendiants ! Certains sont à deux pas des maisons de tolérance (Chambéry) et il n'est pas rare que dans les querelles avec les municipalités ou entre les couvents eux-mêmes l'accusation de lupanars revienne (les Carmes de Nantes).

La plupart des aventures qui alimentent le comique de mots et de situations forment un répertoire sans fin mais où prédominent les affaires de couple désuni ou pervers, de famille au sein d'une cellule conjugale menacée, de mauvais voisinage, une idylle entre un curé et une de ses paroissiennes volontiers consentante, entre un maître et la chambrière de son épouse, entre deux couples artisans amis ou rivaux.

*

Les logis, lieux d'aventures galantes

Les maisons et leurs abords, les fenêtres, postes d'observation et de rencontre, les chambres, les garde-robes, les salles d'eau, les petits cabinets constituent les scènes habituelles des farces et des nouvelles, les cadres des gags visuels et auditifs, des exploits érotiques des femmes adultères et de leurs amants, en l'absence du mari mais au vu et au su de chacun. Rien

43- Sébastien Brant, *La Nef des Fous,* p. 149-150.

n'étonne quand on sait que l'héroïne des histoires souvent scabreuses est la maîtresse de maison, celle qui connaît le mieux les recoins de l'habitation, les refuges possibles quand l'époux, revenu à l'improviste, est disposé à se venger en employant les grands moyens, la bastonnade.

Des habitations, refuges d'aventures galantes

Des observations méritent d'être faites à propos de ces habitations médiévales en majorité en bois et en torchis où les ménages se calfeutraient le soir venu à l'abri de leurs volets. [44]

Les simples logis, *mesons*, les *ostels* plus étendus renferment des recoins, des terrains vagues ou cultivés, propices aux rencontres extraconjugales, signalés dans les textes ou découverts par l'archéologie (Lyon, Montpellier). Ce sont des garde-robes ou locaux réservés à l'habillement, des garde-mangers, les *privés* ou *retraits* qui sont, selon une belle formule encore employée aux Antilles des *chambres de nécessité*, des étuves, des appentis, *appendices*, des *clouyères* (petits ateliers), des caves parfois habitables (Genève), des *cabornes ou dômes* (constructions basses sur une façade), des bordes ou des *bordels* (ici des cabanes).

L'éclairage reste limité aux braises qui achèvent de s'éteindre dans la cheminée principale en salle ou dans ces *chauffepiés* en chambre, à des braseros, à des chandelles. L'insuffisance de lumière, la semi obscurité permettent, avec *l'ombre* ou les *ténèbres,* de dissimuler le galant au regard du mari revenu à l'improviste, de faciliter son départ. L'obscurité partielle rassure le couple et l'éloigne de la catastrophe, des mauvais esprits ou des revenants. Un faible éclairage est dispensé, pendant le sommeil, par un chandelier « *qui ardoit* » ou par une petite lampe suspendue au-dessus du lit.

Des meubles servent aussi à escamoter les intrus : les *huches* ou *bahuts, escrins,* des coffres qui sont capables de servir de cachette au moins corpulent, le bas d'un dressoir ou vaissellier, un banc muni d'un compartiment inférieur et pourquoi pas le lardier, un grand cuveau, une chaise-percée transformée en véritable meuble comme en possédait Louis XI. Les fabliaux adorent ce genre de cachette : *l'Oue au chapelain, les Trois Bossus, le Prestre et Alison.*

S'esbatre soubz la cortine et la coete sur une grande couche, à l'abri d'un immense ciel en pavillon ou *tente, y prendre son commerce en la huche* et dans une intimité protégée par des baldaquins à tentures ou *à courtines* offre bien des avantages pratiques y compris de permettre à l'amant de se perdre sous les draps au retour du mari, à moins qu'il ne se cache dans la ruelle qui sépare le cadre surélevé et « *bordé au cordé* » du mur voisin !

« *quant je la tiens toute nue*
sous la courtine ornementée » (Bernart Marti)

Le lit, la simple paillasse ou *piautre* de chaume et de tiges de pois sur cadre ou *chalis* surélevé et muni de lanières de cuir entrecroisées sont les lieux de la vie charnelle, du plaisir et du travail dans le cas de la prostitution, de la dissimulation sous la couette dans le conte du Boucher d'Abbeville. Le meuble est parfois si vaste qu'un couple peut y recevoir des amis, y coucher un invité !

La fenêtre, poste d'observation d'un « chauffeur de cire ».

Un genre littéraire proprement féminin, bien qu'écrit par des hommes est distingué dans les analyses littéraires du genre courtois quoique jugé parfois trop lascif par les clercs, les *chansons de toile* se représente couramment des épouses délaissées qui, à l'appui de leur fenêtre, pleurent le départ d'un être bien aimé tout en filant la quenouille ou en tissant la toile.[45]

Les fenêtres médiévales qui peuvent être des lieux de travail des ateliers et des boutiques avec leur volet rabattu sont tantôt étroites et dissimulent les silhouettes, tantôt vastes et précédées de bancs de pierre ou en bois où un couple s'asseoit, converse à l'ombre d'une tenture et sous une *verrine* devant *tesmoins,* mot ambigu qui peut aussi avoir le sens de… génitoires.

« *Tel chose fait aucuns souvant*
En son hostel priveement
Qui ne voudrait pas c'on veist
S'aucuns devant son huis venist ».[46]

La fenêtre n'est pas seulement la tour de contrôle d'une femme mariée, de Jacquette la Chambrière et de sa rivale la Nourrice d'une farce sur la médisance, c'est aussi le poste d'observation d'une servante, ou d'une

---

44- J. P. Leguay, *Vivre en ville au Moyen Âge*, Paris, éd. J. P. Gisserot 2006 (bibliographie sur les maisons) p. 36-38.

45- *Chauffer la cire* signifie observer un rapport amoureux sans y participer dans la farce du *Pâté* ou dans *Pernet qui va au vin* - J. P. Leguay, « La fenêtre, signe extérieur de richesse, instrument de travail, poste d'observation et de propagation du « bruyct » dans les villes françaises du Moyen Âge », Colloque du C. U. E. R. MA, *"Par la fenestre"*, Senefiance n° 49, Aix-en-Provence, année 2003 p. 273-293

46- Robert de Blois, *Le chastoiement des Dames* v. 486. L'auteur de ce petit poème de 757 vers a vécu au XIIIe siècle . Il donne des conseils à ses lectrices pour leur permettre de conserver une bonne renommée. Robert de Blois a été édité par J. Fox, Paris 1950.

baissele dont les relations avec sa patronne peuvent être ambigües si elle lui sert d'entremetteuse. Les voisines, aperçues à leurs volets entrouverts, dans les maisons voisines sont aussi, à l'occasion, des confidentes intimes, des témoins de moralité ou des dénonciatrices.

La lucarne, l'escalier à vis, le simple degré, les latrines communes, le tréteau sous la fenêtre extérieure où les enfants se cachent pour assister aux crêpages de chignons de poissardes et entendre les propos rigolards ont le même usage, dissimulent aussi bien la curiosité malsaine que la débauche.

*

Tavernes et étuves, refuges des *lécheurs* et des *pipeurs*

« *Je congnois quant pipeur jargonne*
Je congnois tout, fors que moy mesme » (Fr. Villon).

La faune miteuse et aux yeux glauques des bistrologues, des amateurs de boissons et de soûleries, se plaît dans les tavernes de bas étage, les tripots, lieux de beuverie et de sociabilité, des quartiers généraux de bandes où se fomentent de mauvais coups, des crimes pendables.

Le liant des membres de la confrérie des ivrognes de saint Baboyn

C'est là que se rencontrent, dans le jargon de l'époque de Villon ou de Rabelais, Colin de Cayeux dit l'Escalier en référence à une bande de truands, le poète Guy Tabary qui grossoya *le Roman du Pet du Diable*, un capitaine Tailleboudin, héros des pièces de théâtre et des carnavals. C'est là que sévit l'antimonde des maraudeurs, des *crocheteurs* ou *vendengeurs*, des amateurs de passages à tabac, des spécialistes du *rossignol* et du *daviot*, des vauriens *fourbes desbochilleurs*, *beffleurs* sans foi ni loi de la confrérie de *Maugouverne* ou de *Mauhaictié* (malaisé), leurs chefs qualifiés ici de prévôts de coquins et les affiliés. Le mot *lescheur,* féminin *lescheresse* ou *licherous* est plutôt synonyme de paillard que de descendeur de lichettes de vin. Les surnoms des amateurs de vin sont révélateurs de l'existence d'une faune peu recommandable. Au hasard d'une lecture surgissent Briffault et Paillart, le capitaine Mal-en-Point le type même du bravache, son complice Près-Tondu, Maupensé, le Brigand.

« Certains bavardent dans la rue
D'autres assiègent les tavernes
Où ce jour-là maint boit bien plus
Que sont labeur de la semaine ». [47]

Une pièce de théâtre profane d'un auteur anonyme, intitulée *Courtois d'Arras*, du nom du héros, un naïf ridiculisé, met en scène un instant une auberge avec à la porte un crieur de vin qui attire le chaland par ces mots : « *C'est ce matin qu'il a été mis en perce* (le tonneau) *et il est vendu six deniers le lot ; mais tous ceux qui en boivent en font des compliments. S'il y a ici quelque chose qui vous plaise, vous n'avez qu'à parler, on vous le donnera. Ici se trouvent réunis les plaisirs les plus raffinés, chambres peintes et lits douillets, matelas épais et édredons moelleux, lits à la française. Ici c'est l'hôtel de l'amour, avec des oreillers parfumés à la violette où reposer délicatement sa tête quand vient l'heure du coucher, et, pour couronner le tout, des lotions et de l'eau de rose pour se laver la bouche et le visage* ». On devine l'existence d'un bordel que confirme sitôt après la venue de Pourette et de Lanchevaire, une prostituée et une mère maquerelle ! L'histoire se poursuit par un dialogue entre Courtois le bien nommé et les visiteuses avec l'intention de tourner en ridicule la courtoisie des troubadours en remplaçant la belle dame lointaine par une putain au service de la collectivité !

On connaît mieux les hôtelleries de haut standing, celles qui étaient annoncées par de belles enseignes et des noms sonnant bien comme *les Quatre fils Aymon* ou *La Pucelle Saint-Georges* ou qui faisaient l'objet de contrats de vente et d'héritages que les bouges qui ont laissé de tristes souvenirs comme lieux de débauche.

« *Des fames, des dés et de la taverne* »

Ce titre d'un fabliau de Barbazan résume à lui seul le lieu de perdition, de débauche, à la fois salle de jeu et débit de boisson. L'endroit est rarement aussi un restaurant et, si par hasard on y mange, il s'agit davantage d'une nourriture roborative, *de bouillis ou de potaiges* que de fines tranches de viande rôtie, du bacon, du gras chapon ou de l'oie servie avec la sauce à l'ail du fabliau *l'oue au chapelain*, le tout accompagné d'un clairet qui agresse les badigoinces.

Le pire soiffard ou « *l'athée de cabaret* », « *bien nourri de ragots* » mais « *la panse plate et des dents aiguës* », blasphémant à tire-larigot, « bistrotait » force

47- Sébastien Brant, *La Nef des Fous* op. cit. 1997 p. 298- P. Champion, *Histoire poétique* op. cit. p. 84. Sur les tavernes, voir N. Coulet,, « Un gîte d'étape, les auberges d'Aix-en-Provence au XVe siècle », *Cahiers du CUERMA* d'Aix-en-Provence n°2 1972 p. 106-120

rasades dans la taverne, au cabaret, dans une étuve pour tenter de calmer une soif inextinguible et pour intriguer, tripoter, induire en erreur, vendre de la paille pour du grain. Sébastien Brant s'est moqué du *buveux* d'antan et des scènes d'ivresse ou de bagarre.

« Il s'assure les vieux jours d'un gueux
Qui mange à la table des goinfres
Et boit compagnon des buveux.
Celui va dans les pas d'un fou
Qui jour après jour ne pense
Qu'à se remplir gésier et panse
A faire de lui un boyau
Croyant que sa vie n'a pour sens
Que d'y faire passer le vin » [48]

Dans un pareil lieu, rempli de vices et de ruses, le vin blanc et le *clairetz* avalés à la pinte, à la *quarte,* au *hanap* ou à la chopine d'un demi-litre, et les mets relevés pour masquer leur infectiọn échauffent vite la tête, les sens et les tripes. À Roncherolles-en-Bray, un jour de mai 1360, le dit Pierre Burel consomme du vin dans une taverne en bonne compagnie quand *« survient sur eux Ricart le Prevost de ladite paroisse, lequel s'assist a boire avec les diz suppliants et ses compagines, lequel Ricart ycelui suppliant et ses compagnons vidoient estre leur bon ami et pour tel le tenoit lors* ». Mais Ricart se révèle un triste sire qui injurie son monde . La bagarre commence et l'agresseur est occis. [49]

Le propos, comme d'ailleurs le rire, est à l'image des tables, épais comme la soupe ou la nourriture servie mijotée dans d'énormes bassines. Le danger est permanent et les bagarres entre ivrognes promptes à se déclarer. Tous ces endroits mal fréquentés par des gens peu solvables se situent, comme les bains publics, de préférence dans les bas-quartiers, près des *rives* portuaires, dans les ruelles ou au fond des impasses et leurs noms aussi imagés *que l'Abreuvoir Popin*, les *Trumelières, les Dames de Paris*… ne se sont pas forcément perpétués comme la Pomme de Pin ou Le Lion d'or. Une pièce de théâtre du XIIIe siècle de Jean Bodel, située à Arras et connue sous l'appellation de *jeu de Saint Nicolas*, exalte les vertus d'un

48- Sébastien Brant, *La nef des Fous* p. 79, 88.

49- A. N JJ87 n°20 f°22 v°_ Texte cité par H. Lieugard, criminalité et sociabilité en Normandie médiévale *Etudes normandes* n°2, 1991 p. 19.

homme de Dieu à tout point remarquable ; mais le cadre choisi dénote avec le contexte puisqu'il s'agit, à côté d'un palais, dans une taverne, d'une sorte de contre-espace, rendez-vous de voleurs qui dérobent le trésor d'un riche particulier, juif ou païen.

> Sur le point de se déplacer, la future victime avait fait sculpter une image protectrice de saint Nicolas. Furieux de constater que la protection chrétienne avait été inefficace, le propriétaire insulte et frappe l'effigie en question . Saint Nicolas apparaît au moment où les brigands commençaient le partage du butin et les oblige à le restituer à leur légitime propriétaire... qui se convertit par reconnaissance. Le thème eut un immense succès ; les spectateurs ont ri devant la déconvenue des voleurs obligés de s'exécuter. Ils se sont aussi beaucoup amusés à d'autres moments de la pièce, lors de la visite du palais d'un roi sarrasin ridicule et de ces lieux de vice que fréquentent les *musars, les filous, les crétins et les connarts* aux noms savoureux de Cliquet, de Pincedé sous la responsabilité d'un tavernier cupide, de crieurs querelleurs et de filous.

Le pire bouge où le consommateur « *qui boit le soir, cuve à midi* » et avale un *« brouet amer »* (S. Brant p. 86), passait de mauvaises nuits à combattre les punaises, les puces et les poux, à *peler* et à se *frotter le museau*, en langage imagé, est aisé à reconstituer. Le musée de Peyrebelle près de Langogne a recréé une auberge mal famée de l'époque de la Restauration qui avait peu évolué par rapport à celles du passé. Elle comporte une salle basse, suintant l'humidité, nauséabonde, à peine éclairée par une fenêtre minuscule, avec des tables et des bancelles noires de crasse, une courette servant de lieu d'aisance et de vomitoire, des cellules plutôt que des chambres auxquelles on accède par une échelle ou un *vis* étroit. Point de commodités, des nappes parfois mais pour « *torcher le nez* » (Villon), des chopes, des moques, des pintes, des chaudrons pour manger des « *potaiges* » (potées) un brasero ou un « *chauffepié* », autant dire qu'on n'y sent pas les délicates odeurs des épices et des bouquets de fleurs.

Les taverniers ou cabaretiers sont affublés de sobriquets comme d'ailleurs la plupart de leurs clients, Pain perdu la Teigne, Peu d'Acquêt, le Morveux, perclus de démangaisons. Avec leurs épouses volontiers vociférantes, salaces jusqu'à se faire *carillonner les fesses* par les moines et bagarreuses, « *plus noires* (de crasse) *qu'une chouette* », ils règnent en maîtres au milieu de gens *diffamés* pour leur inconduite ou leurs mœurs. Ils sont patelins avec les gens d'armes et les ruffians, obséquieux avec les bourgeois venus se dévergonder et avec les forces de l'ordre, tyrans avec les simples *hanteurs* (buveurs) ou avec les jeunes étudiants. L'aubergiste a aussi mauvaise réputation que le meunier ou le fournier au Moyen Âge ; il est traité volontiers de profiteur, de *tricheor*, de menteur, de filou et le total sur son ardoise est mis en doute. Mais le patron peut être victime d'un mauvais coup, insulté et battu par un irascible. Le déménagement à la « cloche de bois », le repas impayé ou acquitté avec de la fausse monnaie, les « *repues franches* » entrent dans la liste des filouteries suggérées par Fr. Villon :

« *De maintes petites finesses*
Que l'on faict facilement
Qu'advient par faulte d'argent
Quand nouveau venu à Paris
N'a ni sou ni maille » (Repues Franches).

Le gros problème qui se pose aux convives est en effet de payer et les plus astucieux abusent volontiers de la situation, profitent de la bêtise ou de l'aveuglement du patron ou de la patronne.

« *C'est bien disné quand on s'échappe*
sans débourcer pas ung denier
Et dire Adieu au tavernier
En torchant son nez à la nappe ». [50]

Les auberges, une soixantaine à Rouen en 1365, hébergent de drôles de gens, à commencer par un lot d'*yvrognes* incapables de quitter le banc après le couvre-feu et après avoir « éclusé » trois à quatre litres d'un infâme « tord-boyau » appelé vin, des chiromanciennes qui en profitent pour escroquer le client, des camelots, des arracheurs de dents , un Pardonneur vendeur des reliques de saint Couillebault ou de sainte Velue etc. Ces individus, du genre Jehan Marion le lanternier ou le savetier Grand Gosier acceptent volontiers que le commerce charnel de leurs épouses paie leur ardoise de bistrot. La salle principale accueille les éclats de voix des saltimbanques qui ne savent pas où coucher, des traînées râleuses ou boudeuses, des chanteurs ou *ménestrels* des rues, des soldats en rupture de *route* (bande), des chapardeurs, des voleurs de pots de tripes, des *pipeurs* passés maîtres en *tricheries*, des *vendangeurs* (voleurs). Les pires coquins des histoires pour rire constituent une faune de *caymans* (mendiants) usant d'expressions argotiques, dignes de celles de la farce connue sous le nom

50- Fr. Villon, *Poésies complètes*, Paris, Le livre de poche 1972.

de *la Tripière*. Un ou deux clercs en goguette, un moine prêt à déroger de ses vœux et, à coup sûr, des *jeors* (joueurs) *de basart, de mine et de trictrac*, des étudiants faméliques contribuent aussi à former une mini cour des miracles, sous l'égide d'une vague enseigne « *au bon gîte et à la bonne table* ». Les habitués de ces lieux de ribaudaille pigeonnent les nigauds, *s'entroignent* ou se trompent mutuellement au jeu, entre Barat (la Tromperie), Hasard et Feintise (Dissimulation), les noms de joyeux drilles qui pratiquent un jeu de hasard avec des dés lancés sur un échiquier aux cases blanches de la réussite et noires de l'échec dans une pièce d'Eustache Deschamps, nommée *la farce de Maître Trubert et* d'Antrongnart. Les dés sont astucieusement *pipés* avec du plomb. Les mêmes filous, volontiers jacassiers, se racontent, pour la énième fois, les pathétiques aventures de baudruches, les rodomontades de fanfarons, ou propagent des *bruycts*, des rumeurs. Les clients de ces bouges se nourrissent des propos des *caïds* du moment, de filous notoires à la tête de bandes de vauriens, à la recherche de mauvais coups, de rixes et de rencontres fortuites. Les pires assassins, des auteurs de *furts* ou *larrecins* , des *forceurs* de femmes se cherchent des *estris* (chiacanes) à la moindre incartade de langage, à toute parole *rumoreuse,* et Dieu sait combien leur vivacité oratoire est stimulée par force rasades. Il sont prêts à en découdre, à ferrailler, à distribuer *des bastures*, des *colles* ou des *baffes*, à opérer des *prises à poill*, à donner des coup de surin, à *s'entrocir* (s'entretuer) sur le pavé, à sortie de *l'huis*.

> Des auteurs comme Jean Bodel, Eustache Deschamps, Rutebeuf, François Villon qui savaient jouer sur plusieurs registres, capables de donner libre cours au comique, au grotesque et à l'élévation spirituelle, ont mis en scène ces individus hauts en couleur, ces chenapans qu'Eugène Sue fera redécouvrir plus tard à Paris ou à Londres.

L'auberge n'est pas seulement un lieu de rencontre de coquins. C'est aussi un dépotoir où on trouve de tout, jusqu'aux braies ou caleçons laissés en gage ou oubliés par des ivrognes à l'enseigne des Trumelières (qui désigne des chausses), près des halles de Paris du temps de Villon. On y enregistre des commerces clandestins, du travail au noir ; on y écoule le fruit des larcins et on y dépose des objets volés ou laissés en gage. L'auberge est l'équivalent de *ma Tante,* pour reprendre une expression en vogue à l'époque de Louis-Philippe. Les buveurs trop pauvres y laissent des habits, des souvenirs,... de fausses reliques, un ossement d'un saint !

C'est aussi le rendez-vous des rufians, des *abbés et abbesses* ou des proxénètes et des maquerelles et, bien sûr, des filles de joie baptisées pour l'occasion *chambrières* ou *fillettes amoureuses.* « Tous à la taverne et aux filles » disait Villon !

Aller s'estuver

Cette belle formule qui faisait les délices des initiés désigne un activité de loisirs dans un endroit qui reste, avec la taverne, l'antre du diable. On imagine sans peine la rencontre, en ces lieux, de tous les éméchés de la ville avec les notables venus en catimini et les ecclésiastiques « *vergogneux* ».

Les bordels, *bordelages* sont situés dans des rues spécialisées à moins que les maisons closes ne voisinent une école ou un couvent (Chambéry, Nantes la Grande-Fosse de Lille). Paris en fourmille dans certains quartiers « chauds » ou à deux pas des collèges et des facultés, rue de la Bûcherie, dans le même immeuble que celui où vivent de respectables professeurs et où se tiennent des cours.

Les étuves sont bien conçues et sont représentées sur les miniatures, avec salles de réception, salles de bain individuelles ou collectives car on aimait se baigner en commun, chauffage par le sol, une survivance de l'Antiquité. Mais la plupart sont des maisons de passes, homologuées par les municipalités ou reconnues par l'archéologie (Troyes). Les bourgeois y font des rencontres fortuites dans des chambres hautes sans aucun confort, des soupantes sans lucarne, pour la galanterie et les jeux d'amour. « *Dans quels jours se commet-il plus de péchés ? N'est-ce pas les dimanches et les jours de fêtes* ? » déplore un prédicateur.

Les farces montrent la variété des endroits où se pratique la prostitution permanente ou occasionnelle. La pièce à trois personnages, « *le ragot, Musarde et Babille* » a le mérite de refléter une réalité.

> Voici deux lingères parisiennes, Musarde et Babille, l'une au service du clergé, l'autre de la noblesse, qui vivent davantage de leurs charmes que de leur profession. Un mendiant nommé Ragot survient un jour et les invite dans son nid pour consommer . La proposition ne convient guère aux deux femmes qui espèrent mieux et une querelle survient, occasion de vider des sacs bien remplis de méchancetés . La farce tourne vite à un étalage d'obscénités qui n'épargnent personne, les protagonistes du moment, les clients les plus vigoureux et les plus généreux ! Tout est dit, ici, dans ce Paris encanaillé où des déclassés font la manche ou le trottoir en toute impunité.

Les lieux où on s'amusait jadis jusqu'à la limite de la *resverie* (du délire), où on commettait des filouteries, des « *écornifleries* », des délits au couteau, au rossignol et au burin, des déprédations, des rixes mais où les rieurs trouvaient matière à « *s'egailler* » étaient donc légion dans les villes médiévales.

Le rire ou son inverse, l'acrimonie, s'échappe en effet de bien d'autres endroits que ceux qui viennent d'être examinés, où on *farce* volontiers de situations invraisemblables, d'accoutrements bizarres, de quiproquos, de paniques entrecroisées entre amants et cocus. Il s'agit par exemple du lavoir, ou de la fontaine où Mince de Quaire, un godelureau d'une farce connue, rencontre deux chambrières délurées, Bietrix et Friquette. Les femmes y papotent volontiers, se font de fausses confidences, disent du mal de leurs employeurs ou colportent des secrets de famille. Elles peuvent aussi en débattre pour un motif futile, s'injurier, s'en prendre aux cheveux, se bâtonner. La moquerie ou le *desbat* au collet s'échappe pareillement de la forge où la chaleur pousse à boire, du jeu de paume, de la butte du tir au papegaut, des locaux de gildes et d'associations parodiques, d'une Principauté de Plaisance à Valenciennes, d'une Maugouverne à Dijon etc. Le fou rire des échoppes et des étals est aussi répandu que les propos vipérains nourris de critiques, de délation du travail au noir ou d'arnaques. Les statuts corporatifs sont parfois involontairement comiques quand ils dénoncent des empêchements, des malfaçons !

Parmi les autres lieux volontiers polissons, citons des cellules de moines où des femmes mariées sont volontiers invitées. Les frères Mendiants passent pour être de joyeux lurons ; ne parlons pas des couvents de nonettes où la mère supérieure elle-même donne le mauvais exemple et se présente, au petit matin, coiffée des hauts-de-chausses de son amant en guise se cornette ! Citons aussi les appentis, les cabanes de jardin et les courtils où on peut se cacher, les *clouyères* rennaises, les *loges* au toit de chaume perdues dans un quartier insalubre malsain, au milieu d'une forêt, dans un « désert », au fond d'une impasse tortueuse et de couloirs suintants. Tristan et Yseut fuient la civilisation pour vivre le parfait amour en pleine nature. Tristan se fait chasseur et ils vivent comme de vrais sauvages au point que le teint d'Yseut s'altère et que leurs habits tombent en lambeaux. L'intrusion de Marc qui surprend les deux amants constitue un rappel du passé, de la loi, de la société.

Les chantiers n'étaient pas des lieux austères. Les coupures dans une longue journée de 12 à 14 heures pour le repas, le casse-croûte étaient l'occasion de boire et les abandons de poste un lendemain de fête étaient monnaie courante. Les ateliers où les maçons et les couvreurs se réunissaient pour *« tracer des plans »*, faire des esquisses de monuments ou tailler les sculptures étaient aussi des lieux de rendez-vous galants, d'ébats amoureux que les vauriens ou que des étudiant pétulants prenaient plaisir à perturber. La forêt du Rouvray près de Rouen est, selon l'auteur de la farce *Jehan de Lagny*, un des hauts lieux de prostitution de l'agglomération. Les adolescents des écoles et des boutiques se réunissaient pour faire des sottises, buvaient comme des trous puis se battaient à coup de bâtons ferrés, rue du Fouarre à Paris.

On commettrait une erreur en opposant l'insécurité de certains de nos quartiers à une vision idyllique des rues de jadis donnée par les miniatures.[51]

Sculpture sur bois de miséricorde du XVIe siècle. Sainte Caquette, la femme coupable de bavardage, église de Ponts-de-Cé (Maine-et-Loire).

51- R. Delort, *Le Moyen Âge, histoire illustrée de la vie quotidienne,* Lausanne 1972.

Deuxième Partie

Les ressorts du rire

Trois thèmes seront traités dans ce second livre, à partir d'exemples pris dans le vieux fond littéraire médiéval, riche en informations sur les comportements des individus. Nous évoquerons successivement les variétés de rires, du plus fin au plus commun, du simple sourire aux meilleures expressions du comique verbal et ou de situation (*chapitre 4*), la gaudriole ou l'humour du bas-ventre exprimé dans les écrits courants, dans les propos, dans la vie affective et dans la pratique du ménage à trois (*Chapitre 5*), les manifestations festives de gaîté et de défoulement (*Chapitre 6*). Ci-joint est un bref rappel des sources déjà utilisées dans la première partie :

> Une littérature à semi-humoristique, critique et parodique comme le Roman de Renart (d) ou le roman de Fauvel de Gervais de Buis (1314), dont les outrances doivent être retenues avec la prudence qui sied à une analyse critique (P. Ménard), fourmille d'exemples pour ce qu'il convient de nommer, sans lui attribuer un sens péjoratif, «*l'automne du Moyen Âge* ». Les réminiscences du lyrisme et de l'idéalisme courtois, de *la fine amor* des années 1150-1230, ont été, quelque peu, relayées par les chansons d'amour. Des *cansos* ou *canson*s regroupent les *sirventès* ou chansons de «serviteur», les chansons de noces, les pastourelles qui transposent l'amour dans un cadre rustique, *les chansons de toile ou* de femmes délaissées, les *albas* ou *chansons de l'aube* au départ de l'amant...On peut ajouter les quelques 130 farces plus ou moins « moralisées, » les pièces d'un théâtre qui constitue un genre littéraire citadin, une centaine de fabliaux, des *fatrasies*, des amourettes, des *dits*, des romans de l'époque de Louis IX et des débuts de la guerre de Cent ans. Tous apportent une matière féconde mais souvent délicate à manier. Une nouvelle mise en scène découle de rondeaux ou *rondels*, devenus très populaires, de ballades d'amant et de dame (un titre de Christine de Pizan), de poèmes délirants ou irrévérencieux appelés *resveries*, *sotties ou sottes chansons* de fous en fait lucides et critiques de la société en général et pas seulement de la bourgeoisie. Toutefois les récits farcesques évoqués dans les pages qui suivent ne sont pas toujours à l'abri des digressions, des redites, des invraisemblances, des caquetages de bas-étage sur les couples et les mœurs du temps.

Chapitre 4

Du fin sourire, de la pantomime hilarante au rire du commun

Le *ris*, rictus sur un visage, expression subtile et malicieuse d'un sentiment de *modesta hilaritas,* manifestation de joie et de plaisir par l'écrit et la parole, est ambivalant dans ses origines et multiforme dans ses ressorts et ses ressources. Le sourire narquois, malicieux, se moque gentiment de la déconvenue d'autrui ; il est encore retenu par le respect de la morale, des lois et des usages et répond à un trait d'esprit, à une formule stylistique à double sens, à un sarcasme, à une situation cocasse ou anormale, à une ruse éventée.

Les parodies des valeurs hiérarchiques ancestrales, des institutions politiques et sociales, le persiflage des élites et des pouvoirs en place deviennent réellement comiques dans la bouche de farceurs ou d'acteurs de ces pièces de théâtre qui peuvent comporter des centaines de vers.

Le sujet, qui se prête volontiers à la ratiocination d'un ergoteur, a suscité des considérations interminables, bien des controverses, surtout depuis que le sociologue et historien russe, Mikhaïl Bakhtine, opposa le sérieux d'une élite cléricale ou nobiliaire, au rire gras, sans nuances et dépourvu de raffinement, d'une culture populaire de rustres, de vilains, de compagnons d'ateliers et de chantiers.

Le « *rire voilé »,* venu *« de l'intérieur de soi-même* », ou encore le « *rire, silencieux* », condescendant ou ironique, a donné notamment cette contemplation de l'âme énigmatique d'un bienheureux, d'un martyr, d'un bon prince, de la Joconde ; il est, dans l'exemple chrétien, une reconnaissance de l'indulgence et de l'amour infini du Seigneur. Il transparaît, avec difficulté, dans les écrits mais se devine sur une sculpture ou sur une peinture qui souligne l'illumination naturelle du visage du Christ ou d'un saint, l'apparente satisfaction d'un prélat, l'expression mystérieuse d'un visage d'ange à Reims ou à Chartres qui sourit à l'éternité. [1]

La seconde expression qualifiée de populaire est plus variée puisqu'elle s'étend du filet de rire amphibologique, plein de finesse et d'interprétation nuancée, au comique de mots et de situation, à la moquerie narquoise qui « *prend plaisir à la déconvenue voire au malheur d'autrui* ».

L'humour débridé, fait de mots crus, qualifiés de rabelaisien, qu'on attribue, à tort ou à raison, à nos ancêtres les Gaulois et au peuple français fera l'objet d'un examen séparé dans les deux chapitres suivants.

*

Les traits d'esprit d'un comique verbal

Les plus belles fleurs éphémères d'un vocabulaire médiéval surgissent à l'improviste d'une expression ou d'un surnom comique, d'un propos caustique interprété à double sens, d'une parodie burlesque, d'un monologue, d'une anecdote remplie de surenchère érotique, d'une volonté de surprendre, sans agacer, pour détendre l'atmosphère d'une réunion. Le fin du fin consiste même à entremêler les mots ou les engrenages de situations abracadabrantes. Dans la farce, *les trois amoureux de la croix*, un diable conjure, dans le noir, le mort qui, de son côté, exorcise le diable tandis qu'un prêtre les adjure de rejoindre l'autre monde !

À chacun de distinguer le trait d'esprit d'un facétieux, aux dépens d'un tiers, quelquefois une gouaillerie « à la française » du type« *housser les conduits des dames »* dans la farce sur le *ramoneur,* l'autodérision dont se pare encore une plaisanterie anglo-saxonne ou juive.

Cet humour à multiples facettes n'est pas toujours réservé à un petit groupe d'amis, aux convives d'un repas de fête ou d'une séance de conseil, à des initiés, même si on a plus de chance de les entendre dans un milieu cultivé que dans une ferme ou dans un atelier. Le populaire s'y entend aussi parfois à plaisanter avec malice et provoquer le sourire condescendant de l'élite intellectuelle, ou la franche rigolade des familiers de la taverne ou du marché. À un boucher vendant de la viande avariée, un client déclare : « *Voilà sept ans, bien comptés, sur je n'ai acheté un morceau de viande ailleurs que chez vous* ». Le boucher parut surpris et dit : « *Sept ans ! Vraiment ? et vous vivez encore* ! » [2]

1- Le fin sourire énigmatique des saints a été examiné par A. Vauchez, dans *La spiritualité du Moyen-âge occidental, VIII*^{e}*-XIII*^{e} *siècles*, Paris 1994.

2- A. Lecoy de la Marche, *Le rire du prédicateur*, récits facétieux du Moyen Age, Brepols, 1992, p. 98.

Matoiseries ou emberlificotements de l'esprit

Le jeu de l'esprit n'hésite pas, quand l'occasion se présente à se servir de lettres ou de mots qui prêtent à rire comme Q et le *cum* latin prononcé con comme celui de la mère de « *Pernet qui va à l'école* », d'expressions figurées, d'inversions en apparence anodine, d'erreurs de vocabulaire ou de fautes volontaires de syntaxe latine qui ont le meilleur effet comique.

Il se prête à des rapprochements insolites, à dévoyer une citation patristique.[3] « *Ne venez plus naudétiser, je n'irai plus seigneuriser* » dit avec humour Naudet, le mari bafoué à un gentilhomme, l'amant de sa femme, dont il s'est vengé en allant, à son tour, coucher avec l'épouse du galant !

Le bon farceur se livre à des subtilités linguistiques au moyen de calembours, de rébus, d'une propension pour le langage amphibologique ou équivoque. La devinette scatologique est fort appréciée d'un public désarmé par l'aplomb du questionneur. « *Quelle est la chose la plus orgueilleuse du monde* » ? pose le farceur Henry dans un exercice à cinq personnages, « *le bateleur, son varlet, Binete et deulx femmes* ». Réponse : « *c'est un étron car il ne s'ôterait pas de sa place, même si un pape passait* ». Que signifie l'entrée du roi dans sa cité ? Il ne s'agit pas de la première entrée ritualisée d'un prince dans sa bonne ville mais de la nuit de noces et de la prise de possession du lit et de l'épouse par un mari sûr de son bon droit !

> Doublette, l'épouse du Rabimet Ployart d'une farce, exige de son vieux mari qu'il « *laboure sa vigne* » à la houe, qu'il la provigne, pose des échalas, serre les bourgeons, foule la vendange. Mais l'âge lui interdit une activité débordante et sa bêche à tendance à ployer avec l'effort. La belle demande à deux *brassiers*, armés d'outils efficaces, appelés Dire et Faire, de le remplacer pendant que le valet Mausecret fait le guet ! Comme on ne prête qu'aux riches, trois labours suffisent à Doublette mais pas au mari qui finit par comprendre et demander réparation au seigneur Balletreu ou Bouche-le-trou, lui aussi fort bien équipé pour reprendre le travail, là où il a été abandonné ! Chacun devinera que tout repose ici sur le double sens salace, la métaphore érotique, sur l'acte sexuel mis en rapport avec la mise en valeur d'une terre en friches !

Le rire de connivence dont on a du mal parfois à en saisir toutes les *subtilitez* est qualifié *d'entendu* ou de *sous-entendu* lorsqu'il dérive d'un quiproquo, d'une interprétation erronée ou d'un non-dit. User de la litote ou de l'hyperbole pour décrire, d'un trait de plume, une attitude, une exigence insolite, celle de « *la dame qui aveine demandoit* », un comportement aussi étrange que celui de « *la pucele qui abreva le polain* », ou une conduite douteuse. Le bon mot réclame une maîtrise du vocabulaire sous le voile d'un trait d'esprit. Le fin du fin d'une histoire de cocuage s'obtient par l'usage du mot approprié, de métaphores, de sous-entendus pour désigner des attitudes ou des gestes que seuls les initiés comprendront ![4] Savoir user du comique verbal à bon escient exige des qualités que seule une minorité détient. Elle se recrute de préférence à la cour, dans l'entourage d'un prince, chez les aristocrates, parmi des citadins plus que chez les ruraux.[5] Il faut être fin connaisseur de l'âme humaine, des défauts de chacun et bien placer le mot qui dénonce et ridiculise pour mieux railler le libertinage, la sensualité, la cupidité, l'ignorance.

Les études de caractère, au sein des couples bourgeois, les exemples de femmes maltraitées qui osent se regimber ou se venger, de moines en goguette, de prêtres cupides et licencieux, de gens de justice prêts à arnaquer le client, de paysans ignares donnent matière à d'excellentes formules et dévoilent leur portée satirique. D'une femme irascible, le farceur dit qu'elle est « *plus aspre qu'une ronce* ». Des minauderies d'une libertine et d'une coquette, il dira qu'elle est « *plus chaude que brese* ». Il se moquera pareillement de la niaiserie d'un bourgeois qui singe le noble, de la naïveté et de la lâcheté du cocu prêt à gober les propos de son épouse délurée qui introduit l'amoureux au domicile comme le ver dans le fruit. L'infortuné prend « *les vessies pour des lanternes* », titre d'une farce tirée d'un proverbe théâtralisé !

La place du mot dans la phrase et dans le contexte a son importance, le même terme pouvant prendre, en fonction de sa situation, une connotation vulgaire ou équivoque. Tout ce qui touche à l'accouplement ou aux organes génitaux, a cette double particularité. Des termes ne prêtent à rire que dans un contexte particulier tel que « *pisser ou chier de peur*

3- P. Abraham et R. Desne (dir.) *Manuel d'histoire littéraire de la France,* Paris, éd. sociales, 1965 - B. Faivre, *Répertoire des farces françaises des origines à Tabarin*, Paris, Imprimerie Nationale, 1993. - F. Gaiffe, *Le rire et la scène française,* Paris Boivin 1931- M. Gally et Ch. Marchello-Nizia, *Littérature de l'Europe médiévale,* Paris, Magnard, 1985 - J .L. Leclanche, *Le chevalier paillard, quinze fabliaux libertins de chevalerie*, éd. Actes Sud, 2008. - R. Lebègue, *Le théâtre comique de Pathelin à Mélite,* Paris, Hatier, 1971. - J.Payen, *Littérature française, 1, Le Moyen Âge,* Paris, Arthaud, 1984. - D. Poirion (dir.), *Précis de littérature française du Moyen Âge,* Paris, PUF 1983 - B. Rey-Flaud, *La farce ou la machine à rire. Théorie d'un genre dramatique, 1450-1550*, Genève-Paris, Droz 1984.

4- Le Normand Pierre Gringoire (1475-1539) est un acteur, membre d'une « bande » de professionnels, de Clercs de la Basoche.

5- J. Delumeau, « Les mentalités religieuses saisies à travers les farces, les sotties et les sermons joyeux » (XVe-XVIe siècles), dans *La Piété populaire au Moyen Âge,* Paris, B.N. 1977, volume I, p.181-195 - Pour les emprunts à la littérature, voir aussi E. Elias, *La civilisation des mœurs,* Paris, Calmann-Lévy, 1976 et *la Société de cour,* même éditeur 1974 et B. Faivre, *Répertoire des farces* op. cit.

ou de joie », ou dans une association aussi originale que la « *vessie du prêtre* ». L'anachronisme menace, il est vrai, sans cesse le linguiste ou l'anthropologue le plus chevronné. Le mot *con* n'apparaît dans la littérature qu'au XIIe siècle. Il n'y a pas encore de *gouine, d'homo, de pédé, de tante, d'enculé* dans le langage commun et accuser une femme de *faire le trottoir* est aussi anachronique qu'employer l'expression *culture gay* qu'un historien crut bon d'utiliser pour « faire classe » et souscrire aux habitudes du jour !

Expressions et formules comiques

Un comique verbal savoureux se décline de plusieurs façons, dans le répertoire farcesque, dans les parodies, dans les chansonnettes, selon le choix des sources et du vocabulaire en usage. Les formes proposées n'ont aucune prétention exhaustive mais recouvrent tous les genres, de la saillie subtile, de la pure crétinerie à l'allusion obscène et à la succession de plaisanteries à double sens.

Le mot pour rire fuse à la table d'un maître Pierre Pathelin, de Calbain le Savetier, sur le pavé, dans l'unique pièce qui forme l'atelier, sous les halles, au milieu de la foule en liesse. Il sort de façon incongrue de la bouche de celui qui maltraite le vieux français, qui écorche la syntaxe latine ou qui cultive volontiers l'image phallique, l'allusion grivoise. Il dénonce avec Pattes-Ointes un officier du bailliage de Caen sous Charles VIII, Hugues Bureau accusé de s'être fait graisser la patte dans l'exercice de ses fonctions. Il vise avec Caquette, une femme sujette à la *tacurnité,* qui a perdu ses capacités de caquetage.

Son usage en dit davantage qu'une phrase entière, mais après une double lecture et une solide réflexion. Sébastien Brant qui utilise avec à propos un patois germanique dans « *la Nef des Fous* » joue sur les mots quand il dénonce le carnaval appelé « *fasnacht* », sur la prononciation et l'orthographe pour évoquer plutôt le « *vast nacht* » qui désigne, en flamand, la nuit noire du péché et de l'enfer menaçant les fêtards et les impies ![6] Tout aussi malin est celui qui affecte de confondre le nom de l'archevêque de Rouen du XIIIe siècle, Rigaud avec Ribaud. Villon laisse en gage son *branc d'achier* tranchant, son épée mais aussi un vilain calembour d'étudiant qui ne nécessite pas de traduction ! Qui peut deviner, par contre, de prime

6- Sébastien Brant, *La Nef des Fous*, présentation de N. Tauben Paris, éd. José Corti, 1997. p. 362.

abord, que la *mandelette* d'une historiette, un pannier d'osier oblong, est aussi le sexe d'un partenaire masculin dominateur et violent, nommé le Valet, l'objet de soumission puis de vénération d'une servante, la Miquelette, qui doit s'agenouiller de force pour baiser l'objet en disant « *Dieu la bénisse, qu'elle est belle* ? » La description qui en est faite à tout l'air d'un rite initiatique des femmes les plus récalcitrantes pour la bagatelle.

Une expression, rare et banale de nos jours, avait jadis davantage de saveur. Notre *bon sang,* encore en usage, le serait-il si son utilisateur savait qu'on faisait jadis allusion au flux menstruel de la femme ! Quand l'auteur d'une farce dit qu'un prêtre *convertit une fille,* le naïf pensera que, faisant œuvre de charité et de persuasion, il a sorti une prostituée de sa condition. Pas du tout ! Il s'agit d'indiquer que le clerc, pressé par une subite impulsion, a *forcé* une vierge ! Un *concile* n'est pas forcément une assemblée de prélats dans une poésie légère, plutôt une entrevue galante. *Étalon, éperon, étrave* ont une faculté évocatrice dont personne ne doutera. Une nouvelle bourguignonne évoque « *un étalon relevant bien haut la tête* » pour désigner l'organe viril d'un charretier, livreur de charbon de bois, hébergé la nuit tombante chez un orfèvre et son épouse.

> Voici le fin fond d'une farce qui ne manque pas de sel. L'individu, bien pourvu, est obligé, faute de place, de coucher dans un lit conjugal. . . tout contre le derrière de la maîtresse de maison, tournée vers son mari ! Le texte croît utile de préciser pour les ignorants : "*dès lors il ne fut plus en son pouvoir de l'empêcher de la rejoindre et de la serrer de très près*". L'époux serait demeuré dans l'ignorance de son infortune et aurait continué à ronfler si la tête de son épouse posée sur sa poitrine ne s'était pas mise à le secouer sous les coups de boutoir du visiteur !

Des métaphores empruntées au vocabulaire familier ont effectivement souvent plus de portée comique que des mots crus proprement dits. Le public des pièces de théâtre ou les lecteurs savaient que « *l'archière, le sillon* ou *la fente du cuvier* » servait à désigner le sexe féminin et s'en amusaient, que les « *reliques, les riens, le bourdon, l'écureuil* » en raison de sa longue queue touffue, le *soc*... étaient plus drôles à utiliser que le pénis servant *à labourer* chez *Raoullet Ployart.* Dire à un homme trompé qu'il est membre de la confrérie de Saint-Arnoul, le saint patron des cocus, est lui dévoiler son infortune ; il se vengera peut-être en disant que sa femme est issue du lignage « *a escoufle Joenne* » ou de la famille d'un oiseau si peu fiable, le milan ! Un individu dont le rire manque de franchise est supposé jaune est appelé un *« mangeur de safran ».* De la même veine, le farceur décrit en deux mots un pauvre hère qui flaire le clou de girofle et d'ajouter, pour plus de précision, que « *du côté derrière, il ressemble à un bouc* », ou encore que son « *cul est plus noir qu'un corbeau* ».

Une accumulation de bons mots fait mouche à coup sûr

Rutebeuf s'est moqué des balourdises des ignorants qui comprennent de travers et se targuent de parler couramment latin mais usent, avec loquacité, d'un baragouin de cuisine, traduisent, par exemple, « *Gloria laus* » par gloire à l'os ! De la finesse, il en faut encore pour mélanger le sacré et le vulgaire. Des drôles se laissent aller à parodier un sermon de curé pour la plus grande joie de leurs auditeurs et de déclamer sur l'andouille et le jambon !

« In nomine de la main gauche
Patris, aussi bien de l'autre,
et Fils ainsi qu'est escript,
ce croy au chevet de mon lit.
Quoniam sanctus Joannes bonus
Si cantatur alleluya,
Fit nobis sancta Andouilla
Quoniam sanctus Joannes bonus,
Ista verba si sont des nues,
Descendus jusque ici en terre,
Seigneurs, tant les grans que menus,
Entendez, car present veulx faire,
Ung sermon, dont vous devez croyre
Qu'il vous sera sain, beau et bon !
Toutesfois il me convient boire
Et puis parler de saint Jambon
Hic bibat.
Je m'en voys souffler le charbon,
De peur que les dens ne me roulle,
Et puis feray colation
De saint Jambon et sainte Andouille.
Stultorum Infinitus est numerus »(devise des sots) [7]

Une parodie de la religion s'exhale des voix discordantes de deux ivrognes et des joyeux lurons de la farce *Le Chaudronnier, le savetier et le tavernier.*

Le chaudronnier commence ainsi :
« *Or commençons à chere lye (joyeusement)*
Tout maintenant gaudeamus »
Le savetier répond en chantant
« *Je requiers au Dieu de lassus*
Qu'il nous envoye cent mille escus
Pour boire tousjours à plains pots
Te rogamus, audi nos.
Toujours puissions avoir assez
De tartes, ratons et pastez
Rost de perdris et videcoqz (coqs de bruyère)
Te rogamus, audi nos » répond le chaudronnier

« *Sire Dieu, faictz croistre les bleds*
Affin que ne soyons trouvez
En faisant la beste à deu dos (le savetier).
Te rogamus, audi nos » répond le chaudronnier
« *Jamais ne puisse tavernier*
Vendre son vin plus d'ung denier
Si en buvons à voulenté (le savetier)
Te rogamus, audi nos » répond le chaudronnier, etc. [8]

On s'est quelquefois amusé, au Moyen Âge, de sujets de disputes entre universitaires, des questions posées par d'éminents professeurs ou par des évêques aux candidats à la prêtrise. La parodie des sujets d'examen et des sujets appris par cœur ne date pas d'aujourd'hui.

> Un pauvre bougre, pas très intelligent, le clerc Jenin, veut accéder aux ordres majeurs. Le prélat de son diocèse l'interroge et lui demande qui est le père des quatre fils Aymon. Le candidat de répondre Colin le Fèvre un voisin ! Ailleurs on demande dans quelle matière furent faites les ailes de Saint Michel ! [9]

Le rire vient aussi de la découverte ou de l'emploi de titres et de proverbes amusants.

7- P. Ménard, « Le rire et le sourire au Moyen Âge » op. cit. p.21.

8- C. Mazouer, *Le Théâtre français au Moyen Âge,* Paris, S.E.D.E.S , 1998, p. 349

9- La farce « le clerc qui fut refusé à estre prestre pour ce qu'il ne scavoit dire qui estoit le père des quatre Fils Haymon » dans H.Lewicka, « la pédagogie par l'exemple concret : un motif de farce et de littérature narrative », Mélanges F. Lecoy, Paris, Champion, 1973 p.349-356 & B. Faivre, *Répertoire des farces* op. cit.

Le choix du sujet d'une des premières pièces de théâtre profane, « *le jeu de la feuillée* » d'Adam de la Halle dit le Bossu, natif d'Arras vers 1240, n'est pas dû au hasard. Il faut savoir, en effet, que la feuillée a une triple signification, susceptible d'être employée, celui d'un rameau buissonnant mis à la porte d'un débit de boisson pour indiquer la présence de vin nouveau, celui de la cabane en végétaux d'une fée, et enfin un lieu de rencontre amoureuse, transformé en lieu de débauche et de folies. On devine l'usage qu'on peut en faire !

Tel proverbe, méprisant pour les humbles, n'amusera que les maîtres et leurs entourages et reste dans le domaine du vulgaire en rappelant qu'il est inutile de plaindre un paysan et de lui faire confiance. « *Grattez la co(u)ille au vilain et il vous chiera en la paume* ». *Le vent de la chemise* pour désigner un *pet de ménage* est sans doute plus poli que *compisser sur le fessier ou pour rappeler que « petite pluie abat un grand vent » de* Rabelais.

Des formules, correctement introduites, font mal à entendre chez les victimes à condition qu'elles les comprennent. Certains auteurs excellent dans ce genre d'humour, évoquent sous l'appellation de potence de Saint-Maur les béquilles des pèlerins goutteux, déclarent léguer à un familier « *l'écaille d'un œuf pleine d'écus vieux* », c'est-à-dire… rien !

> *Le sentier battu* de Jean de Condé fit beaucoup rire en son temps avec l'épisode d'un tournoi. Un combat a lieu près de Péronne et « *la reine élue pour jouer au roi qui ment* » n'a pas la réputation d'être farouche. À un chevalier « *qui ne semblait pas bien bâti pour faire ce que souhaite une amie quand on la tient nue dans ses bras* », la belle qui juge sa toison mal fournie déclare méchamment après lui avoir demandé s'il a des descendants : « *Je ne vous soupçonne pas d'en avoir* (des enfants) *et ne suis pas la seule à penser ainsi : aux barbares, on voit bien que l'épi n'est guère bon* ». Outragé dans sa virilité, l'homme rétorque du tac au tac : « *Madame, y a-t-il du cresson à votre cressonnière ?* » « *Par ma foi, voilà une jolie question, formulée bien opportunément !. Sachez qu'il n'y en a point* » répond l'intéressée. Au chevalier de conclure sur un dernier mot d'esprit : « *Je vous crois volontiers car sur un sentier battu ne pousse point d'herbe* ».[10]

Des récits protéiformes, faussement naïfs, fourmillent de traits d'esprit qu'on se passait ensuite de bouche à oreille et en pouffant de rire.

Le roman populaire de Renart(d) de plusieurs auteurs anonymes entre 1170 et 1250 est un modèle de sous-entendus, dans une interférence subtile et contre toute logique du temps entre l'espèce des hommes et l'espèce animale, estimée inférieure, tout juste bonne à servir.

Il fut composé à la fin XIIe ou au début XIIIe siècle et connut un vif succès.

Des acteurs à deux et à quatre pattes y apparaissent dans une vision taxonomique, déguisés sous des habits appropriés à leur rang et à leur rôle, avec des passions et des aventures humaines cocasses.

Cette parodie de la littérature épique, des chansons de geste de l'époque féodale fait découvrir, sous une double appartenance, sujet de rire grinçant, de singuliers compères, identifiables par leurs pelages, leurs aventures, leurs mœurs qui amusaient les lecteurs. On remarque au hasard d'historiettes réparties en contes ou *branches* plus ou moins homogènes, localisées en Ile-de-France et dans le Bessin normand, la cour du roi ou la gent vulgaire des poulaillers : dom Belin le mouton, Brun l'ours en évêque, sire Chanteclerc le coq en notable rural et ses épouses Pinte qui pond de gros œufs et dame Copée, Grimbert le blaireau en abbé sur sa mule, Tibert le chat, Tiercelin le corbeau, Frobert le grillon, la truie Salaura qui reçoit un baiser de paix.

Les principaux héros sont deux rivaux : le brimé Ysengrin le loup, dont la louve Hersent eut une relation amoureuse avec Renart et qui est promis au trépas, et surtout Renart, le goupil, le vaurien, en héros de *gabets* (de mauvais tours) sans scrupule qui se moque, avec perfidie, des autres.

Les animaux humanisés s'y livrent, sous la caricature de leur *estat*, à une fine parodie de la société du temps. Profitant de la crédulité des hommes, ils jouent un rôle héroï-comique tantôt épique, tantôt fantastique, souvent parodique, amoral, scatologique même de prédateurs rusés, cyniques, violeurs, meurtriers à l'image des individus qu'ils incarnent dans une société féodale brutale et injuste. L'intrusion des roturiers dans le monde des grands, renard et le loup dans le puits, goupil qui séduit l'épouse de Noble absent ou à la pêche qui trempe sa queue dans un étang gelé, le siège de Maupertuis par Noble, le procès du goupil avec ses rebondissements, ce sont autant des thèmes *renardiens* dignes des fables.[11]

Animaliser un humain pour provoquer le rire sert davantage à le ridiculiser qu'à le mettre en valeur, témoin cette intrigue.

10- Extrait de J. de Condé, dans *Contes à rire du Nord de la France*, op. cit. p.143-144.

11- *Le roman de Renart*, publication de J. Dufournet et d'A. Meline, Paris, Flammarion, 1985 (2 volumes)- M. Roques, *Le roman de Renart,* Paris, Honoré Champion, 1963- R. Bellon, « La parodie épique dans les premières branches du roman de renart » p.71-94. *Épopée animale*, fable, fabliau, éd. De G.Bianciotto et de M. Salvat, Actes du IVe Colloque de la Société Internationale Renardienne, Évreux, parus dans *Cahiers d'études médiévales* P.U.F. n°2 et 3, Paris 1981.

Dans une pièce de Jazme Oliou, un auteur avignonnais des environs de 1470, une femme, maîtresse du curé, au doux nom de Mallensenhée, châtie son époux Martin, un laboureur, si paresseux qu'il refuse de travailler et d'accomplir son devoir conjugal, en lui accrochant, pendant sa sieste prolongée une queue et des oreilles d'âne et lui fait croire à sa métamorphose en bête de somme, harnachée et chargée de tracter la charrette, moyennant un picotin de foin ! Tout est dans cette farce : le *genin* ou sot, au nom prédestiné, qu'on fait tourner en bourrique, la vengeance d'une femme insatisfaite avec le mari qui refuse de labourer dans les deux sens du mot, l'éternel curé disponible. [12]

Les recueils *d'exempla* sont utilisés par ces fins professionnels de la prédication que sont les mendiants, dominicains, franciscains et carmes qui s'en servent couramment et *s'esgayent* volontiers, d'un trait d'humour subtil, voire subversif, d'une gouaillerie, d'un jeu de dupes, d'une satire ou d'une parodie, habilement dissimulée. Le petit récit qui suit est un modèle du genre : « *Une femme querelleuse avait la manie de chercher noise à son mari qui était un bon et brave homme. Lui, toutes les fois qu'elle commençait tournait le dos, comme devant un chien qui aboie et ne répondait rien. Un de ses amis lui demanda pourquoi, il gardait ainsi le silence. Je ne sais pas me disputer, répondit-il. Si vous voulez qu'elle se taise, reprit l'autre, je connais un moyen : cherchez une autre femme, aussi criarde, louez-la à prix d'argent et faites la disputer pour vous. Et il lui indiqua une très experte en ce métier* ». La première sollicitée refuse avec indignation. Une autre vomit tant d'injures qu'elle est aussitôt recrutée : *« je n'en trouverai une qui vous vaille, ni qui ait à la fois plus de talent et plus de bonne volonté* ». [13]

Cette dernière forme d'humour débouche vite sur les propos d'un moqueur qui distille le venin au sein d'un ménage, d'un groupe, parodie des attitudes, des plaisirs, les défauts, les vices des contemporains, les faiblesses des époux qui ont « *le nez mangé de mites* » ou le « *cul tout rompu* » de la farce « *le Torcheur de maris* ».

Témoin aussi, cet autre récit.

Une pauvre femme, battue sans cesse par son mari, fit courir le bruit que son époux était un brave homme à condition qu'il reçoive une bonne correction car il ne voulait rien faire ! Un prince le fait enlever pour qu'il retire une arête plantée dans le gosier de sa fille et applique la méthode recommandée.

12- « S'ensuit une farce à quatre personnages et premièrement le Fol, le Mari, la Fame et le Curé », extrait de B.Faivre, répertoire des farces p. 166-167 et 424-425.

13- A. Lecoy de la Marche, *Le rire du prédicateur,* op. cit. 135, 136.

Le persiflage des « fablels » égrillards

Le comique de mots tourne vite au persiflage, véritable arme au service d'un moqueur qui distille le venin au sein d'un groupe restreint de rieurs, pour parodier des attitudes, des plaisirs, des défauts, des vices des contemporains

Peut-on se permettre de tout dire ? La dérision n'est pas sans danger pour le lecteur et pour l'auteur.

Un rire qui feint de respecter les interdits, les usages, la pyramide sociale pour mieux fustiger, pour rabaisser l'Autre, l'Homme ou la Femme, finit par déformer la vérité, à laisser entendre que la société est misogyne, que les femmes aguicheuses sont dominées par leur appétit sexuel et que les clercs sont tous des dépravés et des ignorants. Une vision fausse de la réalité a longtemps pesé sur les descriptions et sur jugements portés sur l'Église de l'époque de la guerre de Cent ans, en oubliant que les cas litigieux restent l'exception dans les diocèses. Un autre danger existe. À force de prêcher la morale et de décrire le vice, à fortes doses de fulmination, de marmonner contre ses semblables, l'auteur d'une satire machiste finit par soulever une curiosité malsaine chez ses lecteurs et nous pensons plus précisément au troubadour Guilhem de Berguedan de Cerdagne dont les mœurs relâchées n'interdisaient pas la critique et la médisance. C'est ruser par énonciation que d'habiller de trop d'indécence, d'excès et d'outrances ce qui est décrit, de dissimuler, en quelque sorte, la nudité sous le tulle ! Des esprits frondeurs s'amusent, sous des pseudonymes, à avancer des contrevérités, des pronostics drolatiques dont Rabelais fera la *Pantagruéline prognostication.*

À une époque où tourner en dérision le souverain, les officiers, l'élite de la nation, les limites du blasphème sont vite atteintes et peuvent mener tout droit à la potence, à moins que de singuliers personnages, les fous officiels d'un roi ou d'un prince, un *Nemo* par exemple, un quidam, des poètes bien en cour ne se permettent de tout dire et de rire de tout, y compris du sacré, de la maladie ou de la vieillesse ! Quand des hommes et des femmes sont envoyés au bûcher pour sorcellerie, pour relents de catharisme ou de valdéisme, d'autres tournent en dérision de fausses reliques vénérées dans leur église, un ossement d'un prétendu martyr, son *chef* (sa tête) retrouvé simultanément dans plusieurs églises, le cheveu, l'ongle ou une fiole de sang qui se liquéfie à certaines occasions.

Le haut de gamme des *« feintes, subtilitez, rebuffades »* d'un humour farcesque est constitué par les traits d'esprit des boute-en-train, de l'amuseur public, du (faux) sot, de Triboulet le fou du roi. Leurs saillies, calculées ou improvisées, sans retenue, reposent sur un épais substrat de feinte bonhomie ou de sarcasme, de la plaisanterie sans conséquence à l'occasion d'un banquet ou d'un mariage à une remise en question, plus grotesque que profonde, des valeurs établies, de la hiérarchie, des tabous moraux. Elle peut se muer en manifestation de dénigrement systématique, d'un cynisme grinçant et humiliant d'un bouffon, de l'obscénité d'une fille de joie, d'un goliard, d'un frère Tappecoue ou Tapecouille, d'un Balletreu (bouche-trou) pour déconcerter et provoquer.

Ce genre d'humour déstabilisant accompagne la plupart des fêtes, des plus solennelles aux manifestations de joie les plus vulgaires, des feux de la Saint-Jean au carnaval qui est la fête par excellence du peuple, des bouffes pantagruéliques, des beuveries de joyeux compères aux fêtes temporaires de la moisson ou aux rencontres de quartier.

Le vocabulaire employé, les traits humoristiques ne s'embarrassent pas des fioritures d'un divertissement de cour ou de fausses pudeurs. Les mots plus ou moins argotiques et souvent tardifs, les interjections *merde ou bran, con* qui frôlent peut-être la vulgarité quand ils désignent l'excrément ou l'organe sexuel, sont tout à fait banals dans le quotidien.

> *Catin* désigne encore une fille de la campagne. *Couillaud et Deconnaude* ne sont que des amants pleins de dynamisme. Une *dévergondée* est simplement une femme sans vergogne ou sans fausse honte ! Bordel indique initialement un lieu isolé, une ferme ou une simple cabane avant de devenir un lieu de prostitution. *Pute* ou putain met davantage l'accent sur le côté puant de la personne qui en est affublée.

Tous les fabliaux ne sont pas drôles ou construits sur une solide intrigue. Pour reprendre une définition, certains sont *« de la bassesse qui rit et de la laideur qui grimace »* ou sont l'émanation d'un « *esprit à quatre pattes, avec un groin dans l'auge* ».

*

Le rire plus grinçant et plus cruel encore

Il s'agit d'un rire parodique, fait de ragots et de perfidies, un rire digne de mégères, de valets nommés Ragot ou de chambrières, de diseuses de mauvaise aventure, colportant des horreurs sur leurs employeurs. Il s'agit aussi d'un persiflage de personnages communs ou allégoriques qui « *tortille l'embrouille* », méprisant pour une humanité contemporaine soumise à ses pulsions, à ses ardeurs amoureuses éteintes avec la vieillesse, ne sachant que « *de joyr a leur desir* ». Laissons Sébastien Brant souligner la contrepartie du conte humoristique.

« Certain parfois prend du plaisir
À tortiller l'embrouille,
À pêcher en eau trouble,
À mettre entre amis la brouille,
À parler des gens dans leur dos.»
……
« *On ne tient pas pour cœur droit*
Qui porte son coup dans le dos
Et qui frappe sans crier gare
L'homme qui este sans défense.
Calomnier, médire en traître
Compte parmi les coups de maître
Qui laissent l'autre sans réplique ! » (S. Brant)

La farce dont l'acteur principal est Mince de Quaire ou le désargenté met en scène, devant une fontaine, un galant et deux chambrières délurées, Bietrix et Fricquette. Tout le propos de ce récit burlesque n'est qu'une succession d'injures, de ragots, de méchancetés de poissardes sous couvert d'amuser la galerie et de déverser des banalités de bas-étage.

Le débat verbal et la médisance

Le rire caustique, dicté par la méchanceté ou par la vertu offensée est d'une autre portée que le précédent de nature plutôt impersonnelle. L'ironie dictée par la *vilénie* fait mouche à coup sûr, appartient à une fiction d'exclusion d'autrui sous diverses accusations, mord, rabaisse et condamne à une honte durable un individu, une famille, un voisin, un rival. [14]

Très commune à la cour, dans les salons, dans la rue, à la fontaine est l'humiliation morale et physique, suite à un *desbat.* C'est un des ressorts favoris d'un comique mordant, né d'une prise de bec et d'un échange de taloches, d'une volonté délibérée de rabaisser, qui oppose volontiers le

14- Sébastien Brant, *La Nef des Fous: des brandons de la discorde*, op. cit. p. 57, 317,318 - C. Casagrande et S. Vecchio ont abordé le problème dans leur ouvrage sur les péchés de la langue, Paris, Cerf, 1991 avec notamment les chapitres intitulés Iactantia, ironia, derisio.

bon au méchant, le beau ou la belle à la chevelure blonde ou rousse étincelante à la vieille noiraude, sale et déguenillée, le *genin* (sot) au finaud, le faible au fort, le juif ou le sarrasin au bon chrétien, le maître appelé Tout Ménage à sa servante Besogne Faite. Une mauvaise posture fournit une abondante matière qui peut d'ailleurs interférer avec l'humour verbal. Savoir tirer parti d'une situation imprévue, de la position inconfortable dans laquelle se trouve un prêtre galant mis dans un *lardier* ou dans un *retrait* (cabinets), pour dénoncer le délit de cuissage d'un confesseur sur une paroissienne n'exige pas une profonde réflexion et beaucoup de farce en usent communément.

Les plaisanteries faciles et de mauvais goût du farceur Gautier Garguille

Certaines plaisanteries d'un goût douteux, dignes de successions ou d'imbrications d' intrigues, de banalités camouflées en joyeusetés et de chansons grivoises sont à classer dans la liste infinie des outrances de situation dont profite le roi des plaisantins, un dénommé Gautier Garguille de la farce *Colin, fils de Thévot Le Maire.*

Un forgeron d'une bourgade du Nord *« avait déposé, devant la forge, un fer chaud à l'intention* (de tromper) *des benêts et des gogos qu'il dupait fréquemment ainsi ».* C'est le départ insignifiant, de l'intrigue d'un conte à rire de Jean Bodel, *le vilain de Farbus.* Tout Chartres se gausse en 1396 des exploits de deux adolescents demeurés qui ont exhibé leurs attributs pour savoir « *lequel d'eulx avoit les plus belles couilles et les plus beaux génitoires* ». Il est courant de se moquer des vieilles filles, des rosières et des putains. On signale à Troyes en 1462 « *un mai auquel pendoit gallice viez, savates et souliers, coquilles d'œufs à la porte d'une fille, avec ordures et inscriptions* ».

> Des scènes de pugilat assorties de paires de claques et d'injures deviennent une délectation pour les badauds et précipitent les spectateurs aux fenêtres. Dans l'intrigue, appelée *les trois dames de Paris*, des mégères commencent par faire un festin de tripes arrosé de vin d'Arbois, de Saint-Émilion et de grenache. Soûles comme des grives, elles se mettent toutes nues puis dansent sur le pavé avant de tomber ivres-mortes. Les maris alertés les croient décédées et les enterrent vivantes au cimetière des Saints-Innocents. À minuit, elles émergent de leurs trous respectifs, amas de chairs indécentes, diablesses couvertes de terre et de vers mais toujours aussi voraces et assoiffées. Les maris ne savent plus où cacher leur honte. La morale de cette histoire est que des épouses trop libres peuvent commettre les pires excès. La nudité est une invite à l'érotisme, le corps souillé de boue et de vers est la préfiguration de la mort des charniers et des danses macabres !

Représenter un individu entrain de racler un pot de tripes, de se gratter le dos ou le *groin* (le visage), de mâchonner de la crotte, de se livrer à un concours de pets et de dégager une odeur infecte n'offusque personne.

Certains thèmes copulatoires, exploités dans les farces, dans les contes, quelquefois dans les sermons ne sont drôles que s'ils sortent de l'ordinaire et s'ils sont racontés à grand renfort d'expressions argotiques. La nudité n'amuse que si elle est cause de scandale ou si elle décrit la situation précaire d'un ecclésiastique surpris en plein exercice par le retour du mari. Le sexe n'a rien de comique en soi ; la vulgarité est apparue du mot après coup. C'est dans une situation particulière qu'il prend tout son intérêt humoristique ou dans les explications données sur son usage. Telle farce sur *les deux maris et leurs deux femmes* cherche une explication « scientifique » aux rapports difficiles entre l'homme et la femme. L'attitude rabroueuse de cette dernière est déterminée par une variation de chaleur interne qui doit être évacuée par le haut quand le tête bouillonne ou par le bas par la satisfaction des *ardeurs* nécessitant parfois plusieurs interventions ! Un conte de Douai baptisé par des pudibonds *le souhait insensé* s'appelait jadis *la foire aux couilles* ! L'association insolite des deux mots, un lieu commercial et un organe, fait déjà sourire en soi mais l'amoralité donne tout le sel au récit.

> Une épouse accueille avec joie son époux absent du domicile conjugal depuis trois mois. Elle le soigne d'autant mieux qu'elle attend une contrepartie, « *toute prête qu'elle était à la besogne* ». Son lourdaud de mari n'a pas la forme et s'endort à peine couché : « *Ah !* dit-elle, *il se conduit comme un vilain sale et puant, car il devrait être en éveil et il dort* !» La dame fait alors un bien étrange rêve. Elle se trouve transportée à une foire de vits. « *Rien que des couilles et des vits ; mais de cette marchandise abondance démesurée ! Maisons, chambres et greniers en étaient pleins, et continuellement arrivaient des porteurs chargés de vits, de toutes parts, par charrettes et chars… Pour trente sous on avait un maître vit, et pour vingt sous un vit élégant et beau ; il y avait aussi des vits de misère et l'on pouvait trouver son bonheur dans un petit à dix sous, neuf ou huit. On vendait en gros et en détail ; les meilleurs étaient les plus gros, les plus chers et les mieux gardés* ». Autant dire que le lecteur ou l'auditeur de ces mots était mort de rire ! [15]

L'habitude de traiter de sujets insolites, de s'en prendre à des catégories sociales et professionnelles particulières, les usuriers, les juifs, les femmes, les maris gueulards mais frappés de cécité, les clercs paillards, de se livrer

---

15- Extrait de Jean Bodel de la confrérie ds jongleurs d'Arras (1165-1210) Le souhait insensé, dans *contes à rire du Nord de la France,* op. cit. p. 31-34.

à l'autodérision comme le faisait Saint Louis d'après Joinville, ou de se moquer de courtisans permet de livrer des situations qui amusent le populaire. La flatterie du *losengier* qui enjolive les paroles comme le ferait un accompagnement de musique de viole qui a laissé le nom de flageoleur, soulève l'hilarité par les affrontements physiques et verbaux, l'exagération des propos et les mensonges qu'elle engendre. Le chevalier de la Tour-Landry raconte cette histoire : le duc de Normandie essaie d'atteindre des chapons à coups de flèches, devant une foule d'admirateurs. L'un déclare « *Monseigneur a bien visé* ». Le second ajoute « *Sainte Marie, comme Monseigneur a visé droit* ! ». Le troisième d'ajouter : « *Ah !Je n'aurais pas aimé être armé, car il m'aurait blessé* ! » Le fin du fin est d'avoir un sens de la répartie qui facilite des rapprochements insolites, des équivoques ! [16]

D'aucuns « se pâment méchamment de rire »

La moquerie sans indulgence que révèlent les contes à sourire ou à rire se nourrit des tares physiques et morales, étalées avec complaisance, des échecs et des mésaventures d'autrui. Cette forme d'humour paraît ignorer la charité mais apprécie le réconfort de la punition immédiate qui sanctionne la faute, l'erreur. On se moque des coups que reçoit le curé concupiscent ou le galant surpris par le mari cocu et vindicatif, une pierre à deux coups dans ce second cas avec l'humiliation et l'exercice de la vengeance. Le lecteur passionné, resté enfantin comme les Lyonnais au théâtre de marionettes, adore les situations invraisemblables, la sanction expéditive avec la *chaude colle* ou le bâton, le larron ou le gendarme frappé, la brutalité du mari, les querelles entre commères accompagnées d'un flot d'imprécations fort peu académiques et de *battures (le Vilain Mire*). Les situations troubles ne perturbent pas outre mesure un public averti. On a vu, dans un comique de coups et blessures, une cervelle de prêtre voler sous la frappe ou des batailles féroces à coups de tisons Même le thème de la mort ne saurait faire reculer un humoriste, prêt à tourner en ridicule un supplice, la tâche d'un croque-mort et la présence d'un corps encombrant.

Les mauvaises langues se moquent, dans des termes crus, du physique des gros « *cras et fessus* », des maigres et décharnés, des sales et déguenillés,

16- M.Vincent-Cassy, « Flatter, louer ou comment communiquer à Paris à la fin du Moyen Âge », dans La ville et la cour, sous la direction de D. Romagnoli , Paris Fayard 1995, p. 127

des laids pareils au *Pardonneur*, le marchand de reliques d'une farce, un charlatan au visage comme « *un groin du pourceau de Saint Antoine* ». Les spectateurs ou les lecteurs rient des vieux au visage comme une pomme pourrie, des infirmes, de tous ceux à l'égard de qui ils éprouvent sans doute un malaise psychologique, une inquiétude, une hostilité, une forme d'exorcisme. Ils tournent en ridicule certaines professions qui ont mauvaise réputation : celle de camelot qui propose des objets fabuleux, des reliques, celle d'arracheur de dents. Les auteurs, sans pitié, font ample usage de mots d'origine animale, évoquent une *laide hure*, un *musel* à la place du visage, la *panse* pour le ventre bien rebondi, la caboce pour la tête déformée, la *gueule* pour la bouche. Inutile de les juger avec nos critères remplis de commisération, tant qu'il n'y a rien à débourser. Pour évoquer la pauvre femme âgée elle devient, sous leur plume ou dans une citation, une « *felonesse, moult amère, bossue, laide et hideuse* », digne *« d'un prestre qui ot mère à force* ».

Le mot français d'origine, *bacon* ou *jambon,* n'a rien de particulier en soi sauf s'il désigne les cuisses d'une femme rondelette ou s'il se décompose en *bas con.* Un rite d'accueil usuel veut qu'un visiteur soit baigné dans la maison de ses hôtes par l'épouse et la servante ou que les soins hygiéniques se fassent à plusieurs en même temps ou en public, une occasion comme une autre de se rencontrer, de deviser, de consommer une boisson. La moquerie commence quand la nudité est associée à la présence d'un prêtre dévergondé, ou d'un amant surpris dans le cuveau d'une belle ou si la situation donne l'occasion d'évoquer a contrario, la saleté naturelle d'un rustre.

Plus la situation paraît cocasse, voire déstructurante, plus la scène prend une orientation grivoise, plus les plaisanteries maintes fois ressassées et les lazzis fusent. On voit même des spectateurs de farces se pâmer de rire devant une sévère distribution de horions à de malheureux bougres pleurnichant. Des pièces offrent un véritable festival de coups et blessures, d'agapes de tripes et chaudrons de bouillon renversés, de ruses, fruit d'une imagination débordante, de tromperies, de feintes, de substitutions de personnes, de mystifications, à la limite du tolérable avec le *Vilain Mire* qu'on oblige à remplir le rôle de guérisseur par tous les moyens.

Le tout Paris des années 1420 a beaucoup apprécié le tournoi des quatre aveugles qui consistait à munir de bâtons quatre pauvres bougres à charge d'assommer un cochon ; incapables de voir, «*ils se donnèrent tant de grans copz que depiz leur en fut quand cuidoient* (ils croyaient) *frapper le pourcel* ! ». Dans le conte intitulé *les trois bossus*, l'auteur, Durand de Douai, se moque d'un pauvre hère difforme : «*Dans cette ville* (de Douai) *il y avait un bossu ; jamais je n'ai vu pareil mufle ; pour la tête il était bien servi ! Nature avait, je crois bien, mis toute son attention à la lui façonner ! Il était aux antipodes de tout être normal. Tout à fait difforme, il avait une tête énorme, avec une laide hure, le cou engoncé dans de grosses épaules en portemanteau. Folle entreprise aussi que de vouloir décrire tout son aspect ; il était bien trop laid* ». L'ironie permet à l'auteur de la satire de dépeindre l'infirme qui n'a que deux atouts convoités : sa richesse et sa belle femme. Jérôme Bosch s'est complu à représenter des êtres hybrides, mi-humains, mi-animaux, grimaçant, hurlant, se contorsionnant, des images infernales qui contribuent à véhiculer une somme d'angoisses.

Le comique cruel des modèles peints ou sculptés et des surnoms

Les rapprochements d'enseignes amusent le chaland et introduisent volontiers le calembour-rébus. Des sculptures sur bois qui véhiculent un grand nombre de représentations de scènes de la vie de tous les jours ou des miséricordes de stalles dans les cathédrales, des miniatures, des dessins sur des missels sont d'une telle fantaisie imaginative ou si crues qu'elles laissent deviner les sentiments de l'artiste et de son commanditaire. Certaines frisent la vulgarité et la laideur expressive avec ce cul nu, de la maison d'Adam à Angers, en train de faire ses besoins sur les passants.[17] On s'écarte souvent, par des contorsions, des déhanchements et des grimaces, de la valorisation esthétique du corps humain tel que le veut l'art gothique dans ses représentations du Christ, d'Adam, des martyrs quand la nudité est symbole de beauté et d'innocence. Bruegel n'a-t-il pas montré au XVIe siècle un fou occupé à se soulager sur une représentation de la terre avec cette légende : *« il se fout du monde et l'emmerde* ». Le *combat pour la culotte*, fréquemment, sculpté permet de deviner qui commande dans le ménage. À un niveau supérieur de l'humour, sculpter sur la stalle d'un chanoine détesté, une tête de singe, de renard, d'ivrogne ou de demeuré pour représenter un individu, atteint sur le coup, au summum de l'ironie ou de l'indécence.

Les surnoms d'un imaginaire débridé provoquent aussi l'hilarité comme le bourgeois *Punge asinum* ou Poins-l'Asne, riche bourgeois de Paris, cité en exemple comme savant docteur en théologie, Lourdaud ou Tart Abille pour des valets grossiers et paresseux, ou Martin Galeux en souvenir de la maladie qui le frappa étant jeune, avant qu'il ne s'enrichisse comme usurier et ne devienne Monseigneur, maître ou sire Martin dans la capitale.

17- C.Gaignebet et J.D. Lajoux, *Art profane et religion populaire au Moyen Âge*, Paris, PUF, 1985 - D. et H. Krauss, *Le monde caché des miséricordes,* Osny, édition de l'Amateur 1986.

Rire pour humilier, enlaidir pour se moquer

L'humiliation morale, physique est donc un des ressorts essentiels du comique de sketches, et vise les membres de la haute société, le maître autant que les valets, le riche autant que les gueux ou les simplets.

Des propos irrévérencieux frappent de plein fouet les officiers trop puissants, les hommes de loi sentencieux ou corrompus, le magistrat qui perçoit des *épices* ou des pots de vin, le percepteur d'impôts. Ils dénoncent aussi le marchand âpre au gain, le maître moralisateur trop empressé auprès de sa servante et peu soucieux de la morale, le clerc frustré amateur de jeunettes, les individus dont la sexualité est ambiguë, les cocus notoires ou les hommes battus, les femmes acariâtres ou tout bonnement les jeunes mariés. Il n'y a pas d'autocensure comme on l'a prétendu parfois puisque on arrêta à Rouen l'abbé des sots qui se moquait des parlementaires. Malheur aux victimes qui osent protester. L'humilié, le ridiculisé, en face d'un parterre de rieurs, fait alors semblant d'oublier. La mariée méchamment « *mise en boîte* » se cache sous sa naïveté ou s'esclaffe, *« hennit »*, précise le texte. Le rire se nourrit de la vision d'une justice expéditive, de mauvais traitements, de servantes brimées, de la perte des attributs de la virilité des maris ou des galants, de fanfarons, brodeurs de faits d'armes en paroles mais qui ne trompent personne sur leur courage.

> Une jeune étourdie d'Angers préfère chanter à tue-tête devant l'église paroissiale et perturbe les offices. Aucune admonestation ne calme l'impertinente. « *Mais, voilà qu'un jour, au moment où elle entonnait son chant, elle fut saisie par un démon et couverte subitement d'une quantité de pustules, que son corps paraissait tout enflé, tout empesté, tout pourri. Ses amis, désolés, la conduisirent de pèlerinage en pèlerinage pour obtenir sa guérison ; mais elle n'en rapporta aucun soulagement* ». Elle n'est guérie qu'après avoir confessé sa faute. Tout est sujet à rire, y compris les pires maladies.

La vérité impose de dire que cette méchanceté n'est pas appréciée par tous. Dans un petit livre donné en étrennes par Anne de Beaujeu, fille de Louis XI, à sa fille Suzanne, âgée de quinze ans, et qui va se marier au connétable Charles de Bourbon, un auteur dénonce les *mocqueresses* et montre de la compréhension pour les victimes. Il écrit en particulier : « *or advient souvent que ceulx de qui on se moque sont meilleurs et plus vertueulx que ceux qui s'en mocquent ; et saichez, ma fille, que les parfaitz et vertueux sont ceulx qui plus se doivent garder de faillir et doivent excuser la simplesse des ignorants* ».[18]

*

18- A. Hentsch, *De la littérature didactique du Moyen Âge s'adressant spécialement aus femmes*, Slatkine Reprints, Genève, 1903. op. cit. p. 199-201.

Le caquet polyglotte des joyeuses commères

La méchanceté des bavards et des blagueurs n'est pas du goût de tout le monde même si les victimes consentantes se rencontrent fréquemment. On vu des curés, fustigeant en chaire dans leurs sermons un auditoire féminin jugé trop émancipé, être applaudis par leurs victimes, persuadées qu'il visait seulement leur voisine ! Les bourgeois, moqués par les étudiants aux cris « *les cocus au balcon* », en redemandent un jour de carnaval.

Dans ce long débat entre hommes et femmes, modèle classique de rire farcesque, les secondes, trop longtemps cantonnées dans un rôle d'auxiliaire, trouvent parfois matière à caricaturer les ébats amoureux, le savoir des clercs dans la farce « *des femmes qui apprennent à parler latin* » et finissent par l'ânonner comme des *clergesses* devenues *artiennes* bardées de faux titres universitaires et imbues d'une science teintée d'obscénités ! Les plus acides sont ces « *vieilles juments* »(sic) avilies par les ans dont la décrépitude physique s'accompagne d'un regain de méchanceté, longtemps retenue, contre un mari devenu jouisseur.

La vengeance féminine, un pivot du rire

Les femmes, trop souvent sur la sellette, utilisent comme arme favorite la dérision contre les maris ingénus, trop ardents ou affabulateurs, devenus leurs souffre-douleur. Rire des maris dominateurs mais fanfarons, des bravaches dans le ménage, de leurs attributs, de leurs comportements fait partie de la panoplie d'un comique domestique qui change de victime.

L'âge autorise une vieille matrone à dire ses quatre vérités à un maître ou à un prêtre. Jacques de Vitry raconte cette anecdote. Un curé demande à une paroissienne pourquoi elle pleure et la brave dame de répondre : « *Sire, je suis la malheureuse dont l'âne a été dévoré l'autre jour par le loup, et quand je vous entends chanter, la voix de mon pauvre âne me revient à la mémoire* ».

Une compilation de six matrones flamandes, qualifiées par leurs détracteurs de sorcières, *les Évangiles des Quenouilles,* s'amuse d'un anti-conformisme qui se veut réhabiliter le sexe faible outragé par les diffamations masculines. Ces langues affilées « déshabillent » volontiers des maris trop souvent absents ou peu empressés ! Elles soupèsent la virilité de la gent masculine, comparent ses prouesses sexuelles à l'ardeur de leurs coqs de maris, dénoncent les *mols* dont les *aiguillettes* sont nouées, énoncent des formules abracadabrantes pour *maléficiés*.

La pire est Ysengrine du Glay, la cheftaine. Mais toutes sont des femmes intelligentes, cultivées, douées pour la magie, voire hérétiques comme cette Savoyarde Sebile des Mares venue d'un pays *« dont premiers vindrent les Vaudois, de laquelle science elle avoit beaucoup retenu »*. Les commères répondent, du tac au tac, cultivent l'absurde, utilisent, pour rire, des arguments qui paraissent leur être défavorables pour mieux se gausser de la prétendue supériorité masculine.

Ainsi, comme il est admis que le père détermine le sexe de l'enfant, elles en tirent les conséquences : *« quand un homme couche avec sa femme ou s'amie ayant les piez ors (sales) et puans et il avient qu'il engendre un filz, il aura puante et mauvaise alaine ; et se c'est une fille, elle l'aura puante par derrière »*.

C'est avec un plaisir, mal dissimulé, que *les Évangiles des Quenouilles* rapportent les stupidités émises par les clercs à propos de la virginité : « *Pour aussi vray que l'Évangile, je vous dy que quant un jeune homme pucel espouse une fille pucelle, le premier enfant qu'ils ont est par coustume fol* » et de citer un exemple connu de pauvre innocent fruit des amours de deux puceaux ! [19]

Pauvres hommes, souffre-douleur !

« Tel est pris qui croyait prendre ». Les souffre-douleur de la société médiévale, trop souvent injuste et violente avec les faibles, se gaussent aussi de leurs persécuteurs, de leurs rivaux, de leurs clients. Le maître « *ymagier* » sur bois s'est parfois moqué cruellement de ses semblables. Une tête de fou sur une miséricorde qu'on sait occupée par un chanoine détesté fait savoir aux fidèles que l'usager est bête. On représentera sous forme de figures grotesques, monstrueuses ou allégoriques, un bavard, un dormeur, un être réputé lubrique. Sculpter un animal sur un siège peut être fort irrévérencieux pour l'occupant quand on sait qu'une tortue incarne l'avarice, un ours la colère, un bouc ou un singe la luxure, un chien tenant un os l'envie, une sirène un être diabolique. Représenter un miroir ou un peigne, accessoire de la coquetterie et de la prostitution, n'est pas sans arrière-pensée.

L'humour consiste aussi à se moquer des passants qui regardent une maison à travers des thèmes imagés, des motifs allégoriques, sculptés sur les pigeâtres, sur les sablières ou sur un poteau cornier. Un logis à Saint-Antonin dans le Tarn-et-Garonne est décoré d'une tête de monstre qui tire la langue. Un effronté, le Bonhomme Morlaix, fait le même geste irrévérencieux à la maison dite faussement de la reine Anne, à l'angle de

19- M. Greilsammer, *L'envers du tableau, mariage et maternité en Flandre méridionale,* Paris, Armand colin 1990, p. 256-263

la Grande Rue de la cité léonarde., Rien n'est plus drôle que de montrer un fou grimaçant, coiffé d'un bonnet d'âne à longues oreilles, un bouffon ventripotent, un individu, les jambes en l'air, offrant aux curieux un postérieur proéminent. Chez l'apothicaire de la maison Mellet à Nantes, une femme de petite vertu fait ses besoins au vu et au su de tous.

Très drôles aussi comme accessoires au service du rire sont les enseignes des étuves et des maisons closes. Une scène osée a été sculptée au Faou sur la sablière de l'étage de l'ancienne auberge du Lion d'or. Des pudibonds l'ont fait gratter plus tard. Dieu merci, un voyageur l'a repérée en 1830 et en donne une savoureuse description : « *Le propriétaire de cette maison dut être un libidineux personnage. Son écusson qui tenait le milieu de la frise était soutenu par deux femmes entièrement nues qui avaient dans une main des guirlandes de fleurs et dont l'autre se trouvait placée, à la première, sur les fesses, à la seconde sur les parties génératives (sic) ; les guirlandes de fleurs se prolongeaient ; elles étaient attachées à des têtes de boucs, symbole expressif de la lubricité. Aux deux extrémités se voyaient deux hommes accroupis dont les cuisses étaient relevées et les jambes écartées ; leurs figures qui exprimaient tous les désirs d'un satyre, se dressaient au dessus des parties génitales qui étaient fortement prononcées (sic) ».*[20]

Les graffitis, les dessins accompagnés ou non d'injures, n'étaient pas inconnus dans le monde romain (Pompéi) et Suétone y fait allusion un moment. Le graffito peut être plaisant, plein d'humour selon la circonstance, cruel même quand un juif du ghetto de Varsovie se demande pourquoi Iahvé n'a pas choisi un autre peuple élu ! Mais trop de ces expressions, offertes à la vue, ne sont que des ramassis d'obscénités d'obsédés sexuels ou des proclamations gratuites de politiciens de bas niveau. Représenter un fou avec des clochettes accrochées à son bonnet contemplant dans un coin de feuillet la Vierge ou une sainte femme, montrer un singe se moquant des Mages ou contemplant le D majuscule de *Deus* paraissent surréalistes. On entraperçoit aussi dans certains ouvrages un foisonnement de monstres, de singeries, voire des images crues de phallus et de cons, de sodomie ou de fellation. Les livres d'heures, les romans arthuriens sensés donner des leçons de courtoisie, la Quête du Saint-Graal, voire des psautiers anglais, loin de la pruderie qu'on est en droit d'attendre d'eux, renferment de tout, y compris des représentations scatologiques de défécation (M. Camille).

20- D. Leloup, *Maisons à pans de bois en Bretagne,* Rennes, Ouest-France, 2002, p. 51-53.

Médire, dénoncer dans un écrit public et anonymement son voisin, son parent était une arme politique chez les Athéniens, les Vénitiens qui savaient aussi faire des confidences aux murs. Elle le deviendra aussi dans les régimes autoritaires et aucune période n'est épargnée par ce fléau causé par les « honnêtes gens », les détenteurs de vérités, les jaloux et les aigris. On dénonçait aussi quelquefois au Moyen Âge, du temps de la guerre civile entre Armagnacs et Bourguignons, dans les affaires de sorcellerie, d'empoisonnements. Les lépreux, les avorteuses et leurs clientes, les incestueux, les hérétiques, les zoophiles en furent les principales victimes, menacées du bûcher. Pour qu'un prosateur frappe juste et fort, il importe qu'il soit crédible, qu'il apporte des « preuves » irréfutables ou fasse état de la *« fama »*, du *« bruyct »*, de la rumeur. Nous n'avons, pour notre part, retrouvé dans les archives de Bretagne qu'un exemple précis d'une dénonciation d'une mère et de sa fille coupables de pratiques abortives.

*

Bref, le gros rire, accompagné ou non de mimiques, d'échanges de coups, d'injures éructées de rage, vise un vaste champ d'action qui s'étend des situations loufoques ou scabreuses, des problèmes conjugaux, des rapports difficiles entre voisins, aux simples maladresses qui provoquent des surprises, des trémolos dans la voix.

Le rire s'analyse donc avec difficulté. Rien n'est plus différent que le sourire, à peine esquissé d'un gisant, le rire voilé et entendu d'un intellectuel, le rire communicatif qui fait pouffer les auditeurs avertis, les exclamations pleines « *d'alaigresse* » d'un amateur de clairet, de tripes ou d'andouilles. Même à l'intérieur des catégories esquissées dans ce chapitre, des nuances répondent aux buts recherchés : faire rire une galerie ou humilier un adversaire ou un faible. On peut sculpter pour se moquer d'une figure connue de la ville, publier de faux mandements d'allure comique ou une lettre « *procurative* » des émissaires de Lucifer dans une Passion d'Auvergne, livrer des pronostics erronés pour rire, multiplier les diableries.

Si beaucoup de mots pour décrire l'amour courtois et les usages de la courtoisie dans un monde élitiste relèvent de l'amour passionnel, de la *bealté* (beauté), *du bel et du gentil* et contribuent à *embeleter* (enjoliver) la parole et l'écrit, un tout autre vocabulaire, celui de l'obscénité, livre l'atmosphère de la rue et de l'atelier. Ce sont ces pâtés de langue, qui s'écartent de la noblesse et de la magnificence, qu'il convient d'examiner dans le chapitre suivant.

Chapitre 5

De la gaudriole au rire du bas-ventre

À côté de jeux de mots, des subtilités qui se veulent encore joviales, des quolibets efficaces, des moqueries narquoises à la limite du tolérable, il existe des métaphores de lourdauds, des équivoques grivoises, des propos franchement cochons, dignes de la *Truffa* ou de l'histoire pour rire de Raimon de Cornet. Ces « *méchantes denrées* » qu'on n'osait publier jadis, qui se prétendent humoristiques, proviennent de partout, du palais à la fosse d'aisances collective. Le duc et poète Guillaume IX d'Aquitaine, passé maître en amphibologie grivoise, n'hésite pas à en écrire. Les *goliards*, les poètes méridionaux, auteurs de *cansons*, les auteurs de fabliaux, de farces les multiplient à l'infini, se délectent de querelles, de grossièretés, jusqu'à s'amuser, par exemple, de la moutarde sur le vit dans le jeu de la feuillée d'Adam de Brême au XIIIe siècle ou d'avoir coiffé un sergent d'un pot de poix ou de bran. [21]

Si le mot sexe et ses dérivés actuels de sexuel ou de sexualité n'apparaissent pas dans les écrits que nous utilisons, le vocabulaire réservé aux *génitoires* ou à la *nature* de *doulce dame* qui aime qu'on la *besoigne* peut s'avérer d'une richesse étonnante, sans pour autant être d'un emploi constant comme on le disait parfois jadis. Cette réserve a son importance. Le thème des querelles, des actes et des attitudes grivoises et même sadiques quand on enferme une victime dans un sac pour la précipiter ensuite dans une fosse d'aisances dans la farce *le savetier, le sergent et la laitière*, de la copulation n'est pas systématique dans ces chefs-d'œuvre que constituent les actions théâtrales ou les contes à rire, caricatures de la vie. Des auteurs se passent de la verve sordide de tortionnaires ou préfèrent lui substituer des termes codés, à charge pour chacun de comprendre ce qu'il voudra et de traduire.

Dans l'emploi d'un vocabulaire qui n'a pas épuisé tout son potentiel d'agressivité, de misogynie, réelle ou supposée, la *vergoigne*, la *pudor*, ne retiennent pas la plupart des auteurs qui trouvent normal d'utiliser des mots ou des images que le commun mortel emploie mais qu'un prédicateur ou une dame de la haute société ne serait assez hardi « *qui nomer l'ose* ». Une analyse permet de distinguer, dans la panoplie des polissonneries, des expressions qui ont perduré dans leur écriture ancienne ou avec de notables modifications. [22]

*

Une forme de joyeuse culture

Les blagues sans trop de *vilénie*, les amourettes ou les chansonnettes d'amour de *gaudisseurs*, qui évoluent de la truculence et de l'outrance du propos aux «*raides obscénités*», quelquefois des danses lascives d'une farce joyeuse à plusieurs personnages, provoquaient tantôt une réaction négative à faire lever le cœur, tantôt un éclat de rire, à gorge déployée, « *assourdissant* » selon l'expression de Michael Bakhtine. Ce comique, plein d'amoralité et de fourberie, dans une écriture vivace et pittoresque, est fait de mots crus ou équivoques, de quiproquos, de situations inextricables. Il vise, de préférence, les couples, le mari honteux et la femme infidèle, mais n'épargne aucun des éléments sociaux, nobles, clercs ou vilains, dont il dénonce les passions, les brutalités et les turpitudes. Un sermon d'Olivier Maillard déclare au détour de sa phraséologie habituelle : « *La chanson du cocu était dans toutes les mémoires et avait tellement rempli le monde qu'elle était arrivée jusqu'à la cour du Pape* » !

Le peuple aime profiter des rares moments de rire. Il accourt entendre ou voir de joyeux sermons, des représentations théâtrales, la lecture publique de contes et d'historiettes qui lui donnent l'occasion de s'amuser des propos, des attitudes et des gestes de personnages grotesques ou libérés de toute contrainte.

Gardons-nous cependant de taxer trop cette culture de populaire et de vulgaire dans le sens qu'ont les mots latins *vulgus* et *populus*. Tout le monde l'apprécie, riches comme pauvres, *nobles personnes et commun*. Des

21- Deux poètes occitans du XIVe siècle, natifs du Rouergue portent le même nom, Raimon de Cornet, le père qui fut un chevalier, le fils devenu chartreux. Ils ont laissé des chants, des *sirvetes,* des *cansos*, exalté l'amour, critiqué la politique des rois de France.

22- J. Berlioz, « Renart, le rire du pornographe », L'Histoire, décembre 1998 n°227- R. Nell, *L'érotique des troubadours*, Toulouse, éd. Privat 1963. - N. Elias, *La civilisation des mœurs*, Paris, Calmann-Lévy, 1973.

aristocrates financent de telles distractions, protègent les auteurs, les reçoivent dans leurs résidences. Un Charles VI et ses courtisans n'avaient pas la réputation d'être raffinés et se conduisaient comme les pires représentants d'un monde qu'ils méprisaient et leurs grossièretés n'avaient rien à envier à celles des rustres vils et puants !

Verve de frappe-culs et de carême-prenants

Bannissons de notre vocabulaire les mots contemporains de perversité ou pornographie pour n'y voir qu'une verve sans restrictions, proche de la nature, dans un contexte sans pitié pour les faibles, pour les marginaux, pour les pucelles, les femmes mariées et leurs époux. Les principaux ressorts sont la duplicité, la fausse sottise ou l'absurdité, poussée dans ses extrêmes.

« *Saint Acaire que Dieu chia*
Donne-moi suffisamment de pois cassés
Car je suis, tu le vois, un fou déclaré ».

C'est un exemple parmi d'autres du rire du bas-corporel, montrant jusqu'où l'humour eschatologique de mots, d'attitude et de manière allait, à propos du sexe ou de ce qu'on a surnommé les *batilles de culs*. Les décors n'y échappent pas, au théâtre sur les sculptures ou sur les marges de manuscrits multipliant les dessins de fesses et les organes génitaux pour mieux faire rire. On a souvent comparé ce rire aux éclats égrillards, aux sonorités vulgaires, aux propos discourtois qui résonnent à la porte de la taverne, aux fenêtres des étuves. Un tel « humour », en supposant que le mot convienne, est l'expression d'une humanité grossière qui veut provoquer et offusquer le chaland. La fin du Moyen Âge a encouragé des représentations qui ont choqué les consciences de certains moralistes attachés aux anciennes valeurs mais beaucoup amusé les disciples et les amateurs d'un saint Phallus !

Le *sermon joyeux de saint Billouard* ne saurait être plus explicite dans la mesure où il prend tout à l'envers !

« Le cul en haut, la tête en bas,
En toute honnêteté, sans rien d'infâme
Les hommes sur les femmes
Disent pour toute prière à voix basse :
Dieu s'est introduit dans les génitoires ». [23]

Le rire d'un tas de faux ou de frappe-culs secoue les tripes et les parties honteuses du corps, soulage la panse. Les moralistes et les esprits chagrins l'ont diabolisé ; mais il a permis à des auteurs à la réputation sulfureuse et à des bouffons de tout crin d'exprimer toute leur verve, leur dérision.

La *tenso(n)* obscène du jongleur Montan († vers 1270) est considérée comme un modèle de défoulement aristocratique avec une écriture courtoise mêlée à une « *effronterie débridée* ».[24]

« *Je viens à vous Seigneur, jupe levée*
Car j'ai entendu dire que vous aviez pour nom sire Montan
Jamais de foutre je ne fus assouvie
Et j'y ai occupé pendant deux ans un chapelain
Ses clercs et toute sa masnada (suite).
J'ai le cul large, épais et frétillant
Et le plus grand con qu'eût jamais femme au monde ».

« *Et moi, je viens à vous la culotte baissée*
Avec un vit plus gros qu'un âne en chaleur ;
Je vous baiserai avec une ardeur telle
Que vous devrez nettoyer les draps le lendemain
Parce qu'ils auront besoin, dire-vous, d'aller à la lessive ;
Et nous partirons d'ici, ni moi ni mes grosses couilles
Sans vous avoir si bien foutue
Que vous en resterez gisante et pâmée ».

Les *joyeusetés de langage*, fruit d'un rire purement récréatif, sans grande recherche intellectuelle, revêtent des formes différentes que reflètent les titres de farces et de fabliaux scabreux ou à double sens : « *De la dame qui aveine demandoit pour Morel sa provende avoir* », « *de la demoiselle qui ne pooit oüir parler de foutre* », « *le prestre qui abeveter* ». [25]

S'il est exact que les plaisanteries, salaces sur le sexe, sur les fonctions naturelles, constituent des sources inépuisables, elles sont loin de représenter la totalité des thèmes d'un corpus littéraire qui sait utiliser un vocabulaire d'une infinie richesse.

23- J. Koopmans, *Recueil de sermons joyeux*, Genève, Droz, 1994, p.19-24.
24- P. Bec, *Burlesque et obscénités chez les troubadours*, Paris, Tock, 1984, p.163.
25- Fabliaux érotiques, éd. L.Rossi, Paris, Le livre de poche, Librairie générale française, 1992.

Un rire dérivatif et purgatif ?

Ce rire du bas-ventre serait, diraient les philosophes, une catharsis, une libération contre l'angoisse existentielle. L'idée vient à l'esprit que les humoristes et leurs lecteurs ont manifesté, sous couvert d'un rire de façade, la peur, qui les étreint. On se demande en effet si l'humour ne masque pas la crainte de succomber aux maux qui rongent la société : les maladies anéantissantes, la vieillesse qui affaiblit, la pauvreté qui menace chacun, la bêtise sous-jacente.

Ce serait aussi un moyen de s'exclure d'une société injuste, de s'émanciper des valeurs imposées par l'Église et des règles de morale trop sévères.

L'humour serait dans ces conditions un refuge, une protestation déguisée, une occasion de montrer son désaccord. L'idée vient à l'esprit que les humoristes et leurs lecteurs ont manifesté, sous couvert d'un rire de façade, l'angoisse, qui les étreint. La raillerie perdrait alors son côté futile ou désinvolte pour se transformer en échappatoire, sans doute par crainte. Rire des autres ou même de soi-même en usant de cette autodérision chère aux Anglo-Saxons et aux Juifs, anticipe et désamorce les critiques, permet de se protéger, de souligner sa différence, de se convaincre, si besoin est, qu'on n'est pas celui qui est moqué dans une pièce. La volonté de rire et faire rire de tout et à tout prix, serait-elle la motivation de beaucoup d'humoristes professionnels ou occasionnels à une époque douloureuse de crise et de mort que les contemporains considéraient comme apocalyptique. L'humour grossier serait-il aussi un instrument de vengeance ? Des sujets égratignent les corps constitués, les hiérarchies civile et religieuse, des catégories sociales mal acceptées : les usuriers, les représentants de la justice, les sergents, les percepteurs et les fermiers des impôts, les juifs ou les lépreux. Représenter un juif attaché à une charrette et humilié par les passants passe pour de la drôlerie que justifie, aux yeux de la populace, la profanation d'une hostie. Le comique, dans une pièce sérieuse, émouvante, difficile à suivre des heures durant, même entrecoupée de chansons et d'intermèdes scéniques, constitue une pose dans un étalage de vices et de vertus, du genre les *sept péchés mortels*. Mais quel intérêt ont les metteurs en scène, les artistes, les acteurs bénévoles à se moquer des travers des hommes, du monde des riches, des édiles, des clercs qui sont, dans la plupart des cas, leurs commanditaires et qui sont présents ? Quel intérêt peut-il y avoir à mettre l'accent sur une sexualité représentée comme débridée dans des pièces qui ne sont pas forcément toutes anti-féminines, mais contribuent au contraire à valoriser les intéressées, plus subtiles que leurs lourdauds de maris ?

Rire de l'enfer et des supplices infernaux par le feu et par les glaces, des tortures multipliées sur les peintures murales des églises, des représentations de fous assimilés au Diable, ridiculiser Satan et ses suppôts ou paraître s'intéresser à leurs manifestations sont autant de moyens d'exorciser, par l'écrit d'une farce ou d'un poème satirique, par la parodie, des craintes profondes, ancrées dans les esprits. Le revers de la médaille se produit quand le public est tellement accaparé par le sujet qu'il s'en prend à l'acteur masqué, jouant le méchant et dont les moqueries ont fini par déplaire ! Des pièces de théâtre, un carnaval ont parfois dégénéré en pugilat ou en meurtre ! Le vieillard n'est pas épargné et devient sous la plume de certains un être débile, sale, vicieux, ridicule. Il n'y a pas pires détracteurs que Villon dans son Testament où il se gausse des malheureuses, sur le retour d'âge, qui regrettent leur beauté envolée avec les ans, jalousent les jeunettes, se rappellent les noms de leurs soupirants du temps où elles étaient belles comme le soleil (sic). La vieille femme ridée et fanée est dépeinte comme une *viellète* fielleuse, laide et hideuse. Ridiculiser, sans le nommer, un concurrent, un noble ou un juge redouté est un moyen de s'en protéger. Dénoncer la mésentente puis la tromperie dans le ménage, s'en gausser, sont un moyen d'échapper, par un éclat de rire nerveux ou grinçant, à la peur d'être soi-même la première victime. « *Voir et imaginer faire ce qu'on n'a pas le droit de faire, c'est une façon de se dédoubler pour réaliser son désir et le doublement, qui est une prise de distance par rapport à la réalité vécue, est une source de comique* ». [26]

Une autre interprétation est suggérée par des scènes de dédoublement. Ce que le lecteur prend pour de l'humour cache en réalité de la mélancolie, une profonde détresse au point d'associer la peur, les larmes, le ricanement et l'éclat de rire. Déjà au XIIe siècle, ces courtes chansons méridionales, ces *cansons,* ces *sirventès* dont les strophes sont de véritables merveilles de raffinement métrique, montrent, sous couvert de grossièreté et de cruauté, beaucoup de sensibilité, un profond pessimisme qui laisse une impression de dérision tragi-comique. La même impression

26- G. Minois, *Le rire* op. cit. p.174.

se dégage des œuvres d'auteurs de farces, dont les propos révèlent en fin de compte un malaise, un mal de vivre qui se comprend bien à l'époque douloureuse de la guerre de Cent ans, des fléaux, des visions de morts épouvantables. Les humains baignent dans le macabre, voient mourir leurs proches, défiler les convois mortuaires. Le rire bruyant, cacophonique est une réaction nerveuse au malheur, un moyen de fuir et d'oublier la réalité. C'est aussi une forme de bravade ou d'agressivité, une expression d'enfants ou d'êtres primitifs qui rient et pleurent quasi en même temps, d'individus instables qui ne savent même pas parfois pour quelles raisons ils s'esclaffent ! La crainte de la venue de l'Antéchrist, de la fin du monde a multiplié à la fois les discours angoissés sur l'apparition prochaine d'événements surnaturels, les ricanements et un rire moqueur qui exorcisent la peur de l'apparition de comètes dans le ciel, d'une inondation, d'un tremblement de terre, d'une peste. [27]

Le sobriquet forme inattendue de gauloiseries

Le surnom est également révélateur d'un sens de l'humour particulier d'une farce récréative, de l'équivoque, qui vise aussi bien les grands que le commun. La palette est immense, du jeu de mots anodin à la gaillardise. Un humour irrévérencieux inspire aussi les artistes, les peintres, les sculpteurs, les auteurs de graffitis, inspirés par un sens symbolique profond.

Des expressions visent, dans leur dérision, un pauvre, un ivrogne, un être laid ou difforme, au visage barbouillé et aux attributs ridicules, pareils à une cuillère et à un pot de chambre !

> On parle couramment de la Goulue, du Rifflart qui riffle les bons morceaux, de Rifflandouille, de Grattelard, de Trostole le « vieux bossu » de Francisquine et de Fritelin, du Degousté, du Malingre à qui rien ne profite, du marquis de Beau Croc pour un édenté, de Torchepot pour un apprenti cuisinier, de Saute-au-Lard, de Marpas (goinfre), de Ventre pelé, de *clérjastre* ou l'équivalent de triste sire, de Turlupin.

Des surnoms font des emprunts au registre animal, sans qu'on sache toujours pourquoi et de pauvres bêtes supportent une injuste réputation : les ânes, les crapauds, les loups, les oies et les jars ou les *pirons* en Anjou, les chiens, les coucous. Les petites gens, les domestiques, les servantes portent des surnoms en rapport avec leur physique, leur caractère, leurs défauts. Les plus parlants sont Bérengier au Long Cul d'un fabliau et roman breton, Badin, Proserpine l'épouse parfaite, Peu-File alias Puoc-

File, une commère qui ne fait rien, la nonne sœur Fessue, le galant Raide-y-met ou Rédimet, Dépite-Dieu, l'aveugle et ivrogne Thonnault, Goulpharin ou Maraud les valets, Binette la femme du bateleur, Bon Payeur.

Les habitants d'une paroisse, d'un quartier, d'une rue sont affublés collectivement de qualificatifs piquants qui trahissent une imagination débordante, beaucoup de malice, parfois de la cruauté. Le *maignen* ou *chauldronnier* est souvent moqué, autant qu'un chef de gare contemporain, sous prétexte qu'il frappe pour réparer le cul du chaudron, associé un derrière féminin, et qu'il est appelé à en boucher les trous ! Si la femme demande l'aide de cet artisan c'est parce que le mari a laissé l'ustensile de ménage se rouiller ! Trois raisons de rire en jouant sur les mots et l'ambiguïté de la situation. Le fondeur de cloche peut tenir un rôle aussi s'il promet de refondre et « *d'affiner* » les hommes fatigués, de les rajeunir à la forge et en maniant le soufflet et de leur redonner une ardeur amoureuse de vingt ans !

> Deux *rembourreurs de bas*, associés jusque dans leur nom, Espoir et Le Mieux, en fait des gigolos, besognent à la demande des femmes qui espèrent toujours mieux de leurs hommes. La métaphore prend, en effet, tout son sel quand on sait qu'ils opèrent au bâton, que le bas est à la fois la chausse féminine et la culotte que les femmes portent sous leur cotte !. [28]

Certains sobriquets identifient une communauté ou toute une ville. Il existe dans l'agglomération rouennaise un secteur Sotteville habité, disait-on, par des « *sottes gens, belles maisons et rien dedans* ». Les bourgeois de Villedieu-les-Poêles, connus comme *clochiers,* sont appelés les *sourdins* car beaucoup sont devenus sourds à force de marteler le cuivre. Les Savoyards de l'ubac sont considérés, avec la finesse qui caractérise ceux de l'adret, comme des innocents parce qu'ils ne bénéficient pas des rayons de soleil ! Les chroniqueurs comme Froissart, issus des milieux privilégiés, considèrent les petites gens comme de la *piétaille*, de la *cochonnaille,* de la *villenaille,* de la *chienaille ou* de la *merdaille*.

*

27- R. Nelli, *Écrivains anticonformistes,* op. cit. p.89 - P. Bec, *Burlesque et obscénités* op. cit. p.138-139

28- Les femmes qui font écurer leurs chaudrons, les femmes et le maignen, les femmes qui font refondre leurs maris, les femmes qui font rembourrer leurs bas.

« *Le coquin d'amour* », « *Le coquin d'amour* » «*Ce coquin d'amour* » selon une formule de René d'Anjou !

« *Affaire de cœur, affaire de cul* » disent, en substance, les précurseurs de Rabelais, mettant l'accent sur l'attirance sexuelle troublante qui fait le piment d'activités et de scènes que résume la phrase qui suit : *« Besogner, bagouler ou polissonner les baiasses, les bachelettes ou les bagasses »* (les jeunettes), *béluter* les femmes mariées. Ce sont autant d'expressions imagées, friponnes, qui révèlent des *gables ou gaberies* (railleries), des diableries doublées de moqueries cruelles qui font la joie des citadins et des villageois.

Le mot *bélutage*, construit sur le verbe *béluter* qui, de tamiser la farine d'un geste significatif ou secouer les draps a débouché sur l'acte sexuel, est reprise par les moralistes et par des poètes, auteurs de poésies satiriques ou les *estribots,* en des termes mieux choisis pour aboutir à la même opération.

Une habitude fort prisée de trousser ou béluter les donzelles et les servantes

L'acte appartient au répertoire comique de nos ancêtres peu regardants sur la morale. Les farces en font d'ailleurs un thème familier, ne serait-ce qu'à travers les chambrières papouillées, bécotées dans les coins par des hommes excités, à deux doigts de l'apoplexie et *les queues troussées* !

« Par Dieu, encore fusse escolier
Se j'eusse mon vit d'Orliens » regrette Eustache Deschamps.

Même en tenant compte des exagérations propres à un genre littéraire, des réalités quotidiennes émergent des sources judiciaires, des plaintes, des enquêtes, des procès. Les méchantes langues prétendent que seuls les aveugles sont incapables d'avoir le coup de foudre !

Fillettes amoureuses, servantes, épouses, pucelles… toutes étaient-elles menacées alors « *d'y passer* » pour reprendre une formule contemporaine ? Cibler puis livrer en pâture à l'opinion publique et railler (bagouler) les femmes supposées de petite vertu, utiliser un vocabulaire de charretier pour mieux les flétrir ont leur place dans l'éternelle trivialité des farces, des poésies assaisonnées de mots crus, des *jeux-partis* ou successions de questions et de réponses. Rien n'est masqué, des simples effleurements jusqu'à la description précise de la partie de jambes-en-l'air et du *baston à un bout* pour mieux se gausser de la situation : l'apparence aguichante, le parler provocateur et ordurier, l'habit qui indique la professionnelle, d'autres nuances plus subtiles. On rit moins quand il s'agit d'une pucelle de bonne famille ou d'une bourgeoise, connue et respectée, que quand les chambrières Musarde et Babille sont les héroïnes d'un échange de grossièretés. Car rire en rapport avec les désirs, atteint vite les limites autorisées dans les chansons d'amour vénal.

Les fredaines et les blagues d'étudiants indécrottables, de pauvres diables teigneux, de ménestrels dégénèrent d'autant plus vite que beaucoup d'Artiens sont encore jeunes, peu préoccupés de leurs études, nécessiteux et vite dissipés. Affaires judiciaires ou suppliques de condamnés montrent que des *scolares* d'Orléans, de Paris ou de Toulouse font partie de bandes qui s'en prennent aussi bien aux femmes mariées qu'aux filles. Un auteur surnommé Sathan a bien résumé la situation dans le *Livre de la Deabierie* :

« Quant ilz auront tres bien disné
ilz yront voir les bacheliettes
Les jeunes femmes, les fillettes,
Pour passer temps, pour eulx esbattre,
Pour ung peu enemy et combattre
Bref, pour mon compte expédier
Ilz s'en yront estudier ». [29]

Trop de tendrons, de servantes ou de femmes mûres étaient jadis à la merci de patrons de métiers, de *bélistres* (des fripouilles), de pervers et des étudiants ou de célibataires à la chasse au gibier féminin, prêt à le *besogner*. Les cas de *force*, les viols, les enlèvements sont trop souvent cachés pour que les statistiques dressées à partir des affaires dévoilées et jugées soient remises en question. Mais différents cas se présentent dans les archives : la fille livrée à la prostitution par sa mère, l'épouse violée « *oultre son gré* », « *l'efforcement après ravissement* », l'agression par des individus « *à visaiges*

29- C.Vulliez, « une étape privilégiée dans l'entrée dans la vie : le temps des études universitaires à travers l'exemple orléanais des derniers siècles du Moyen Age » dans les entrées dans la vie. Initiations et apprentissages, P.U., Nancy, 1982 p.149-181 - J. Rossiaud, « Fraternités de jeunesse et niveaux de culture dans les villes du Sud-Est », Cahiers d'Histoire n°21, 1976, p.88-93.

couvers » etc. Plusieurs bacheliers es-arts ou es -lois d'Orléans sont passibles des tribunaux en 1404 pour avoir pris d'assaut des hôtels particuliers et s'être attaqués à des filles.

> Catherine Hamon de Guingamp est exécutée le 11 septembre 1470, en même temps que son mari et des complices pour *« avoir fortraict (débauché) sa jeune cousine puis pour l'avoir attirée chez elle où elle fut forcée ».*[30]

Le ménage à trois : les protagonistes

L'adultère, déjà suggéré dans le second chapitre sur la fragilité du couple reproducteur, est couramment pratiqué à cette époque, thème favori de monuments littéraires souvent subversifs ou qualifiés d'érotiques, fruits d'une anthologie redécouverte.[31]

Le ménage à trois ou le triangle habituel est un des sujets favoris des conversations entre compères, entre femmes au lavoir ou à la fontaine, un thème repris par les poésies lyriques dont les *albas* languedociennes ou chansons d'aube, des chants amoureux plaintifs qui regrettent la venue de l'aube et le départ de l'amant. « *Quant je vois l'aube arriver, il n'est rien que je déteste autant car elle éloigne de moi mon ami que j'aime d'amour* ».[32]

Le ressort principal de ces « *machines à rire* » que sont les chansons triviales de troubadours, marqués par les genres poétiques cultivés par les Arabes d'Espagne, les fabliaux et Ies farces, est la tromperie, le contraire de la fidélité exaltée par l'Église à tout mariage. L'aventure sentimentale s'achevait par une connotation charnelle, loin de l'amour platonique qui prônait du moins un certain temps, la continence et pouvait paraître contradictoire dans la mesure où l'amour signifiait désir et qu'en l'assouvissant, il pouvait disparaître !

Il est tout à faire normal que le ménage à trois ait inspiré les gens d'esprit, suscité le rire de spectateurs qui ne sont pas eux-mêmes à l'abri de la ruse déloyale, de rebuffades et d'humiliations. Il y a toujours un témoin, un voisin complaisant appelé Ragot qui voit tout par un trou de la cloison, un écrivain graveleux pour *cancaner* et livrer des noms, pour véroler l'atmosphère d'une famille ou d'un quartier. À défaut du harcèlement épistolaire de *corbeaunautes* méconnus, la parole dans toute son extension, le « *pâté de langue* » produisent le même effet que la lette anonyme d'un passé récent et le courriel du net actuel. L'odeur de la fumée sans feu qui livre le secret des alcôves, déshabille les partenaires, répand partout, à domicile ou dans la rue, le doux parfum de la délation.

Le premier côté du triangle amoureux d'une parade sentimentale est occupé par le benêt, le *veau* ou le *soupçonneux* qui a perdu sa *Jehanette*, le mari ridiculisé qui ne soupçonne pas son infortune, vit dans la sérénité de sa réussite mais culpabilise une fois informé ou devient vindicatif, méchant, brutal et plus laid que jamais.

Le cocu est souvent un bourgeois, quelquefois un nobliau, un paysan aisé devenu un vilain *mire* (guérisseur), le boutiquier ou l'aubergiste du coin, un citadin ou un villageois. Le cas de figure le plus courant dans le premier cas est le marchand de draps, de bestiaux, d'ânes, l'usurier décrié, le mercier trop occupé, absent pour affaires ou trop soucieux de son bien-être hédoniste. Le niais ou le naïf va jusqu'à introduire le loup dans la bergerie, sous l'aspect d'un familier, d'un hôte, d'un prêtre. Gros *goddron* devient même ridicule dans le conte pour rire quand, pressé par une ardeur maritale imprévue, il s'excite à vouloir honorer *« son téton, sa poupée, sa rosée, sa doulce conne »* qui prétexte la fatigue ou les règles pour s'esquisser et recevoir son amant. C'est le thème de *la belle Sadinette* et *Dorellot aux Femmes qui en a la chemise Bertrand* » Avoir *la chemise Bertrand* est synonyme de se faire avoir ! Dans un défilé diversifié de personnages, on constate que le milieu citadin est largement représenté et l'atmosphère souvent typiquement urbaine. (A. D. Mikhailov).

Plusieurs situations se présentent dans l'adultère dont les motivations sont la bêtise, l'incapacité à satisfaire, le cynisme, la vengeance, la version féminine de la loi du talion. Il existe même la tromperie à l'insu de l'intéressé, dans l'obscurité d'un lit qui héberge un invité, etc. [33]

30- AD. Côtes d'Armor E 907, compte de 1469-1470 f°50.

31- Ch. Alaux-Saint-Cernin, *La femme au pays de l'amour courtois,* collection connaissance de l'Occitanie n°6, Montpellier 1983- M. Camille, *L'Art de l'amour au Moyen Âge,* Hongrie, Könemann 2000- G. Duby et M. Perrot (dir.), *Histoire des femmes, II, Le Moyen Âge*, Paris, 1991- J.L. Flandrin, *Le sexe et l'Occident, Évolution des attitudes et des comportements,* Paris 1981- J.Verdon, *Les Françaises pendant la guerre de Cent ans*, Paris, Perrin 1991. - M.Zink « un nouvel art d'aimer », dans *L'Art d'aimer au Moyen Age*, Paris 1997, p.7-90

32- Texte de Gace Brulé, cité par Y. Bellenger, *La poésie. Littérature,* Paris, collection Grand Amphi, Bréal, Rosny 1999 p.61. Gace Brulé ou de Burelé est un champenois (1159-vers 1212) qui vécut dans l'entourage de la comtesse Marie de Champagne. Il visita d'autres lieux comme chansonnier et composa plus de 100 poèmes lyriques.

33- A.D. Mikailov, « Genèse de la satire antibourgeoise dans les fabliaux », dans l'*Épopée animale.* Fable, Fabliau, Actes du IVe colloque de la société internationale Renardienne, Evreux 1981, Cahiers d'Études médiévales, P.U.F. 1984 p.355-363.

L'épouse, la fine mouche, la friponne, l'aguicheuse au sourire pervers et au déhanchement typique de la représentation du gothique finissant, la rouée est la seconde composante, après avoir été un moment réservée et réticente. C'est la *dame désirée*, la jeune beauté idéalisée en Italie, l'idole coopérative ou le gibier, la *bête féminine* ou la *belle biche* du Fauconnier champêtre d'une farce, exaltée et responsable d'un abandon passionné.

C'est la niaise, la drôlesse ou la repentie sur le retour d'âge, l'hypocrite après des promesses de fidélité et la dévergondée, qui feint de s'offusquer ou consent tout de go, *la (na) Dezirada* de Bernart Mari, la dame infidèle ou l'amie qui a des atouts, des loisirs et des désirs.

L'amoureuse, que décrivent les poètes, un Guillaume de Machaut (†1377) dans *le Voir Dit*, est belle comme le jour, mignonne, délicate, svelte ou bien potelée, le visage gracile et gracieux quelquefois trop *sucré* ou blanc à force d'être fardé, l'œil pétillant ou enflammé, la bouche vermeille. Les récits parlent aussi de sa sensualité inaccessible au premier venu, à l'admirateur âgé, qui se borne à regarder, de sa langue vite grasse et scabreuse, de sa « faim » insatiable, de son besoin impérieux de se faire *« housser les conduits »*, de « *ramoner la cheminée* », de « *trousser les queues* » (des robes). Son ardeur érotique, cause d'embrasement, et le feu insatisfait deviennent une obsession, un refoulement, une souffrance à en mourir... de langueur, à plus forte raison si la belle est lointaine, masquée par le vitrage de sa fenêtre !

Un jongleur misogyne, nommé Marcabu, s'est moqué dès 1150 de la cautèle, de la fourberie des nobles dames déloyales, incarnation de l'érotisme débridé, pressées par la lubricité et par le désir de vengeance, et qui trompent leurs maris brutaux, débauchés, pingres et *cornards* ou barbons cacochymes, en oubliant les règles de la courtoisie. Son principal poème, *la pute*, est plus désobligeant pour ces « honnêtes femmes » que pour les prostituées. [34]

« Soudoyers par qui est Jeunesse Maintenue, ainsi que la Joy
Entendez les raisons perverses

34- Marcabru le jongleur († 1150), dans La puta 1.49.
Ce poète, au service du comte de Poitiers Guillaume VIII puis du roi Alphonse VII de Castille, d'humble origine, hostile à la courtoisie, est talentueux. Mais sa poésie peut paraître au lecteur abrupte, réaliste, volontiers désabusée ou anxieuse. Son œuvre a été publiée par J.-L .Dejeanne à Toulouse en 1909, plusieurs fois analysée.

De ces chaudes putains menteuses ! En une pute qui se prie
Est un homme trahi :
Pauvre fou, il croit qu'elle lui sourit, Et elle le bafoue !
Salomon s'en porte garant :
Douce à l'abord comme piment (une boisson au miel)
Dit-il, mais au départir plus cuisante,
Amère et cruelle qu'aspic !
Elle sait tant de tricherie la pécheresse
Que celui qui s'unit à elle
S'en sépare marri ».

Tant que la dame reste fidèle à un unique amant, elle est acceptée par les troubadours qui, comme Raimon de Miraval, louent sa beauté et sa douceur. Ses *méchants artifices* déplaisent quand la déloyale monnaie ses charmes, réclame « *un bien misérable salaire* », s'offre pour de l'argent à plusieurs et ne se contente pas d'apprécier les *cansons* de son amoureux en titre.

Un curé, mielleux, « *prêt à faire Dieu* », transformé en diable dans l'historiette *Martin de Cambrai* cocufie un mari, sans fausse honte, dans la farce *Georges et le veau.* Frère Frappart, un moine, n'hésite pas à se servir de la bigoterie d'un mari laboureur et d'un sermon biblique, sur la fille de Loth changée en statue de sel, dans « *la femme qui fut dérobée à son mari en sa hotte*», pour parvenir à ses fins.

Le troisième côté du triangle, le moins moqué, sans doute parce qu'il a le beau rôle, est l'Amoureux ou l'Aventureux, ainsi surnommé dans les farces, le Vert-Galant, le soupirant, le dragueur « *vif et agile* », le godelureau, l'amant, l'artisan armé d'un gros *baston* et prêt à s'en servir pour *besoigner*, celui qui sert la soupe, *Balletreu* (Bouchetrou)… venu de l'extérieur, dont les prouesses sont indubitables. « *Voir* » une femme est généralement synonyme de coucher avec elle !

Un évêque sensuel quelquefois, plutôt des prêtres, dotés d'un pouvoir de séduction irrésistible, de jeunes clercs au joli minois et beaux parleurs, des moinillons en rupture de cellule batifolent sous les fenêtres ou dans les salons, rêvent de conquêtes féminines faciles, draguent les jeunes filles innocentes sans vergogne, tiennent la conversation, en langage raffiné, avec la maîtresse de maison et recueillent les confidences des *damoiselles.* Un dominicain cultivé, très apprécié des dames, ou un franciscain, est toujours à la disposition des âmes… et prêt à être cajolé, à festoyer et à monter au lit, sans pour autant renoncer, après exercice, aux douceurs conventuelles et à la table du réfectoire. Tout dévouement a un prix : une pinte de *clairet*, un chapon rôti, un jambon aux lentilles, un morceau d'oie à la sauce verte ou la cuisinière.

L'amant, épicurien et amateur de bonne chère, clerc ou laïque, chevalier, bourgeois aisé de préférence, qui fréquente le jardin d'amour est toujours plus jeune, plus svelte, plus apte à conclure qu'un vieux barbon de quarante ans, à moins que ce dernier n'obtienne ce qu'il veut « *de force, oultre le gré de l'épouse* ». Un riche homme de loi peut s'attirer les grâces d'une femme mariée dans le besoin, en lui garantissant un mieux-vivre « *par la grâce de Dieu* » ! Une femme, surnommée dans une farce Convoitise, vénale comme son nom le suggère, est sensible aussi aux revenus de l'Ardent, mais refuse les avances des désargentés. Elle se préoccupe aussi des performances de l'amant dans *les chevauchées sans selle*, accepte volontiers le galant surnommé Galop mais récuse le *molasson* (sic).[35]

Une intrigue à double effet, de la séduction et de la tromperie, se forme sous les yeux de la domesticité, à l'occasion *garde-cul*, payée à espionner la *borjoise* par le mari jaloux. Les pièces permettent d'entrevoir des valets rusés, vicieux ou simplets assimilés à des *badins*, des chambrières accortes qui épient et essaient de rentabiliser les menus services qu'ils rendent aux galants et des voisins, plus vite avertis que *l'encorné*.

Le comportement du bafoué déconfit, change souvent d'attitude au fil des différents sketchs. Il finit par *ochoisoner* (accuser), dénoncer une idylle de *« soignantage »* ou d'adultère, admonester les coupables et se venge en distribuant généreusement les coups à l'amant de sa femme ou en inventant les plus cruels châtiments : l'étranglement, la castration ou la crucifixion dans le cas de *Connebert*.

Le prélude à l'intrigue sensuelle : un sujet de « comic climax » disent les Anglo-Saxons

La grande dame, la *Borjoise d'Orléans*, souvenir d'un titre de farce, la veuve, la célibataire, la demoiselle ont un point commun avec la femme du vilain ; elles souffrent d'*une sexualité luxuriante,* faite d'envies, d'exigences qui la font brûler de désirs inassouvis et que décrit, dans seize chansons et une satire, Arnaut Daniel de Ribérac avant 1150, surnommé *le grand maître d'amour*. L'institution du mariage est, pour cette femme troublante qui s'écarte des figures traditionnelles d'Eve et de Marie, une prison et, pour le couple, un marché de dupes. Les risques que provoquent les aiguillons du désir contribuent à augmenter le piment de la jouissance.

« *Vous parlez trop au comte Matthieu*
Et votre mari est chagriné.
Il en ressent de la douleur, je vous l'affirme.
Cessez cela, je vous en prie.
Je vous en blâme belle Yolande » dit un anonyme dans une chanson dite de toile en langue d'oïl, dédiée à « une *malmariée Bele Yolanz en chambre koie.* » [36]

Pour une femme, désabusée dès la nuit de noces, devenue incisive avec la lutte des sexes pour la domination dans son ménage, pour une épouse dominatrice qui se voudrait « libérée », pour utiliser une formule actuelle, le véritable amour, inspiré par le petit Cupidon, le seul qui compte dans la vie, ne saurait qu'être adultère. Il surgit au hasard d'une dénonciation d'un voisin qui épie et qui *chauffe la cire* (ou témoin d'un rapport amoureux), d'une confession à un prêtre bavard, d'un ragot de taverne et se manifeste avec l'amant qu'elle a choisi, sous son toit et dans le lit de son époux absent ou veule. La farce frondeuse exploite volontiers l'ambiguïté des situations matrimoniales et aborde avec délectation les problèmes de morale privée, partant du principe élémentaire que le mari est fou de quitter son domicile pour travailler ou de passer son temps à la taverne et qu'une épouse ne doit jamais être laissée seule, surtout la nuit !

L'épouse, incriminée, qu'il s'agisse de Madame X…, de la dame Y…, de la Z… ou de la vulgaire Goulue (à Vannes vers 1450), est généralement plus jeune que le mari qui s'est marié vers la trentaine. La jeune épousée, à peine sortie de l'adolescence, a plus le loisir de s'ennuyer dans le monde qui se veut raffiné de la bourgeoisie que dans la saleté d'une ferme ou d'un atelier. Ses occupations quotidiennes se limitent à

35- La farce « Colin qui loue et despite Dieu en ung moment à cause de sa femme ». -R.Colliot, *Le prêtre séducteur dans les fabliaux et dans un remaniement épique du XVe siècle,* Valetin et Orson, Cahiers d'études médiévales, op.cit. p.142-155. - Erwin Panofsky, *Essais d'iconologie. Les thèmes humanistes dans l'art de la Renaissance*, nrf, Paris, édit. Gallimard, 1967, *l'amour aveugle*, p.151-203
36- Y. Bellenger (dir.), *La poésie*, éd. Bréal, Rosny, 1999 p.76.

surveiller les domestiques, à faire le feu ou préparer le bain, à tenir la quenouille ou à jouer de la harpe, à recevoir et à minauder. Elle a le temps d'observer à sa fenêtre le passage du livreur d'*oublies* (gâteaux), du porteur d'eau bien musclé, du chapelain aussi affairé qu'un merle dans un jardin. Des habitudes se prennent, des coups d'œil s'échangent, des regards se croisent dont on a des échos dans des récits aussi pittoresques que le conte humoristique *de celle qui fit entendre à son mari qu'elle rêvait ou la farce nouvelle, très bonne et très joyeuse de la Cornette* de Jehan d'Abondance qui décrit l'idylle d'une jeune épouse avec le valet de la maison, nommé Finet.

Un comique de situation, de soupirs puis de la gestuelle naît de la trahison, de la mystification du mari, devenu un coucou qui sonne comme cocu ou cogneur, un naïf qui croit sur parole sa pie d'épouse, sa Finette d'une farce, l'écoute trop au point d' oublier le proverbe : « *qui mieux croit sa fame que lui, souvent l'en vient honte et anui* ». Son retour impromptu ouvre les yeux et la porte à l'algarade, à l'ouragan de la jalousie, à l'effroi momentané, à la situation inconfortable de l'amant obligé de se cacher n'importe où, sous le lit, sous les couvertures, dans une cuve, dans les cabinets.

> Le conte du clerc caché derrière le coffre résume une situation classique qui met en scène le manège d'une coquette. L'essentiel est ainsi résumé : « *Dans une ville du Hainaut vivait une très accorte personne, vouée aux jeux de la volupté, car l'Amour la tenait dans ses filets… Mariée, elle était belle et appétissante, et, remplie d'un vif entrain, se montrait encline à l'amour. Un jour se trouvait avec elle dans sa chambre un charmant et joli clerc ; ils mangeaient et buvaient car ils avaient à volonté vin et nourriture. Ils tenaient maints propos ayant trait à l'amour et avaient tout loisir de s'enlacer et de se donner des baisers ; je ne sais s'il y eut d'autres ébats* ». [37]

Des circonstances favorables, déterminées par « *la bone volenté ki vient soudainement de la racine de notre cœur* » offrent, à l'épouse *mal enseignée* l'occasion de transgresser les règles et de devenir, sans honte ni pudeur, une *dévergondée* doublée d'une obstinée dans la faute, le contraire d'une *vergonde* timide et qui se sent coupable.

Des textes, plus moqueurs que moralisateurs, dignes de ce *comic climax* dont parle T. D. Cooke, décrivent alors *l'amie*, qu'on nommera plus tard

37- Extrait de Jean de Condé, dans les *Contes à rire* op cit. p.139-141. Le ménestrel Jean de Condé (1275-1345), originaire de la région de Valenciennes, auteur attitré de la cour de Hainaut, a laissé une immense œuvre : des dits à caractère moral, des contes ou recors, des fabliaux frivoles, des lais.

T. D. Cooke, *The Old French and Chaucerian Fabliaux. A Study of their Comic Climax,* Columbia, 1978.

la maîtresse. Ils évoquent volontiers le départ attendu du mari en voyage d'affaires ou son sommeil profond après un repas trop arrosé et… le lit assez grand pour accueillir des invités ! L'éthique amoureuse autorise, au mieux, un plaisir délicat, codifié, se décomposant en plusieurs phases que rappellent les *brunettes* ou chansons galantes de la Langue d'oc ou d'oïl, comme *l'art d'aimer comme il faut* (vers 1180) du parisien André le Chapelain, le *Bréviaire d'amour de* Matfre Ermengaud, les œuvres de Pierre de Blois et d'autres récits au fait du discours séducteur. Mais le monument de l'expression amoureuse dévorante reste, pour le Moyen Âge, le *Roman de la Rose* dans la version courtoise de Guillaume de Lorris (vers 1220) poursuivi de manière plus sensuelle par Jehan de Meung vers 1270. Tous les éléments constitutifs se trouvent confrontés dans ce long texte placé sous la métaphore de la rose : l'éveil de la passion, la part du rêve et de l'intimité, l'élan érotique (dans la seconde partie), les obstacles dressés sur la route de l'amant, les lamentations.

Une intrigue, née de la trahison, grandit selon un rituel immuable et, à condition que le jeu en vaille la peine, *une garce osera aimer un roi* . Le désir qui embrase comme le feu auquel il est associé, est accompagné de l'œillade. *Les feux de Vénus*, divinité de l'Amour, épouse du dieu forgeron Vulcain, les flèches de leur fils Cupidon, provoquent ce coup de foudre décrit dans les récits tirés de la littérature médiévale. « *Là où est l'amour, aussi est l'œil* ! » Le sentiment amoureux qui s'ébauche, est décrit comme « *une passion naturelle, née de la vue de la beauté de l'autre sexe et de la pensée obsédante de cette beauté* ».

Au premier coup d'œil, succède bientôt le regard qui s'éternise, qui colle à sa proie. « *Il n'a d'yeux que pour sa maîtresse »* dans « *Le prêtre qui eut une mère malgré lui* ». L'œil communique la flamme de l'amour au cœur ; la parole l'entretient, ou provoque un indescriptible malaise si la timidité crée une barrière. *« Amour lui a chauffé un bain qui la brûle et la tourmente* » dit Chrétien de Troyes. La belle dispose des moyens appropriés pour éprouver et attirer son amoureux, sans trop le faire languir. Elle prend plaisir à causer, se sert du *« sens de bien parler* », sait badiner avec lui, feint de le repousser s'il se montre trop empressé, simule la colère s'il cherche à lui donner un baiser. Tout l'art est aussi de savoir faire attendre le soupirant, de l'obliger à accomplir un exploit sportif comme escalader un mur ou atteindre une ouverture haute.

La pulsion du « soignantage »

Une émotion humaine, la plus puissante de toutes les impulsions, mélange de plaisir érotique et d'angoisse, crée une atmosphère vibrionnante dans une maison. Les lois de l'amour, remplies d'artifices, supposent une phase initiale, un raffinement, prélude aux premières caresses, aux premières familiarités que certaines représentations figurées à tendance réaliste ne dédaignent pas de montrer.

L'intrigue amoureuse surprend un homme disponible et une jeune femme, trop jeune mariée, d'un bon rang social, exerçant un ascendant sur un homme et prête à folâtrer. Elle devient amante au terme de préliminaires, d'un essai couronné de succès. L'action diffère du sentiment élevé et nuancé, souvent douloureux et fatal que révéla plus tôt la littérature courtoise, remplie de frustrations amoureuses, de regards échangés, de rayons traversant les deux cœurs. « *En effet, quand un homme voit qu'une femme est aimable et qu'elle convient à son goût, aussitôt il commence à la désirer dans son cœur ; ensuite, plus il pense à elle, plus il brûle d'amour pour elle, et enfin sa pensée est tout envahie par cet amour* » remarque finement André Le Chapelain (M. Camille).[38]

Les protagonistes décrits dans ce qu'on a appelé parfois *les psautiers de l'amour* connaissaient, dans les récits des cycles littéraires et iconographiques gothiques, la situation souvent douloureuse d'une longue attente après un premier regard et le coup de foudre qui a suivi, avant d'atteindre l'ivresse amoureuse. Les prochains amants, victimes en quelque sorte du premier regard jeté, supportent, les temps s'écoulant, comme Fouquet de Marseile, Guillaume de Machaut et bien d'autres amoureux d'une belle, trop lointaine ou inconstante, un *grant estrif* (lutte), une *grevance* (pénibilité), un *tourment*, un désespoir qui en font des convoiteux, des *tristors*, des consumés par le désir, des insatisfaits. Les *cansons* sur l'art d'aimer de Guillaume IX d'Aquitaine et de ses continuateurs, les modèles de la poésie goliardique d'un Baudri de Bourgueil ou d'un Arnaut de Mareuil, la littérature postérieure d'avant la Renaissance décrivent de longs préliminaires qui s'achèvent, dans le meilleur des cas, en *manipulations* (sic) sous la courtine. Ces triomphateurs d'une longue intrigue amoureuse, tout ragaillardis par un exploit presque inattendu, après tant de souffrances, tiennent le plaisir pour une satisfaction incomparable.

« *Seigneur, je vous dis tout net que, selon mon sentiment,*
La plus grande joie que l'on puisse goûter au monde
C'est de pouvoir jouir, nu, avec une noble dame.

Nous n'avons jamais vu personne mourir dans le plaisir,
Par l'effet de l'amour, n'est-il pas vrai
Alors que mille amants sont morts de désirez ».[39]

La belle qui a ressenti aussi le coup de foudre à la vue et au regard du beau passant et qui est victime à son tour d'un désir érotique, répond à la flèche de Cupidon qui l'encoche, tantôt en essayant de masquer des sentiments intériorisés, tantôt sans rien cacher des émotions qui la font frémir, trésaillir, palpiter, se pâmer. Si le désir amoureux suscite généralement la souffrance chez les amants, les écrivains, les enlumineurs, les brodeurs de tapisseries ou les auteurs d'objets sculptés en bois ou en ivoire s'amusent parfois à mettre en évidence, de façon insolite, les traits de la passion. Ils soulignent un regard insistant, subjugué par un corps trop bien proportionné, par des parties génitales à peine masquées, par un désir indiqué par une flèche fichée dans l'œil ou dans le cœur.

Le Moyen Âge a connu ce qu'on a appelé, a posteriori, des coffrets d'amour sur les panneaux desquels se dégageaient en relief des jeux amoureux voyeuristes ou suggérés par une serrure l'emplacement du sexe féminin !

Des endroits facilitent l'ébauche d'une liaison, la ruse, la tromperie dans les bras de l'autre, le début d'une aventure.

La fenêtre en est un, où se fait la rencontre impromptue, la vision furtive, le point de départ de beaucoup d'intrigues. A contrario, la norme bourgeoise invite la femme à vivre plutôt dans l'ombre, à fermer les rideaux ou les volets. La porte ou toute autre ouverture permet de rejoindre, sous l'éclairage parcimonieux et vacillant des braises de la cheminée, la chambre ; elle est également utilisée en cas de sortie précipitée. L'escalier en caracole, les latrines, un gros coffre, la garde-robes permettent l'intimité et servent d'ultime refuge en cas de retour imprévu ou de réveil brutal du cocu. « *J'ai entendu raconter l'histoire d'un prêtre qui avait été accueilli dans la maison d'une brave femme et qui avait amené avec lui sa concubine. La nuit approchant, comme il cherchait où avait été préparé le lit, la maîtresse de maison le conduisit aux latrines. Voici, dit-elle, la place préparée pour vous et votre concubine* ». [39]

38- Récit de Blacatz, un chevalier (1144-1236), seigneur d'Aups près de Draguignan fut à la fois un poète et un protecteur des troubadours - A. Jeanroy, *poésie lyrique des troubadours,* Genève 1973, tome I. - M. Camille, *L'art de l'amour au Moyen Âge,* op. cit. p.29. -J.L. Flandrin, *Le sexe en Occident,* Paris 1981.

39- Jacques de Vitry, Sermon aux gens mariés.

Plutôt que « *d'aller a home* », sans attendre, dit-on d'une femme, ou de faire l'amour sur l'herbette, réservé aux individus trop impulsifs ou aux paysans un jour de moisson, les amants soignent leur confort dans un cadre conventionnel, considéré comme idyllique où ils se préparent à vivre une passion alambiquée. Les rencontres se font, de préférence, au cours d'une promenade dans un parc ou dans un jardin d'amour clos parsemé de fleurs et d'où s'exhalent de douces odeurs coquines, un verger autre espace mythique, au sommet d'une tour de château ou d'enceinte urbaine, au marché où la belle est censée faire des emplettes, près d'une fontaine, aux étuves ce qui est déjà plus scabreux, car les paillards et paillardes ont l'habitude de s'y donner rendez-vous également. Elles sont aisées dans un établissement de bains, à Bourbon-l'Archambaud où se retrouvent Guillaume et Flamenca. L'église, d'un banc à l'autre, le jardin dans *l'Espinette amoureuse* de *Fossiers, l'estuve* publique avec des bains collectifs, la fontaine qualifiée de Jouvence, le pavé où se déroule la danse favorisent les rencontres imprévues. « *Le sacristain la voit si belle qu'il en a un picotement au cœur qui le fait changer de couleur* ». L'eau qui mouille le corps a le pouvoir avec les parfums et les onguents de stimuler l'érotisme.

> L'une des deux sœurs dans le *chat d'Agnès et d'Ermessen* « *me prit sous son manteau et m'emmena jusqu'à sa chambre, près du fourneau* »… *Sachez que cela me plut fort : Ah ! le bon feu ! J'eus grand plaisir à me chauffer aux gros charbons* ».

Un bon repas, un bain sont aussi des préludes aux plaisirs sensuels avant que tout ne se termine sous le baldaquin où l'on *gésit* à l'abri de la courtine.

La chanson sous le balcon, l'échange de doux propos, l'aveu, la rencontre acceptée dans un lieu convenu, la déclaration de l'amoureux, la réponse de la belle, le premier baiser sont autant d'étapes dans la mystification du mari, vite franchies avec des comportements expéditifs. La belle, insatiable, pareille à « *Venus aux fesses inflammables qui propagent le feu* » ou « *dont la source coule toujours et qui n'est jamais pleine* » et son amant, dont la duplicité est sans limites, brûlent d'impatience. Le jeu s'éternise si l'épouse se prétend vertueuse et fidèle ou si elle se révèle être une coquette. « *Car tout cela je le dis à propos d'une dame qui me fait languir à force de belles paroles et d'interminables délais, sans que je sache vraiment pourquoi* » dit le poète Raimbaud d'Orange dans « *un je ne sais quoi* ». Entre surprendre, attirer l'attention, plaire et aimer, il existe un crescendo, nourri d'exemples pris dans la littérature. *« Chacun se cèle et se couvre si bien que ne paraissent ni flammes ni fumées du charbon qui couve sous la cendre. La chaleur n'en est pas moindre. Bien au contraire, elle dure plus longtemps dessous la cendre que dessus »* !

Des obstacles, des échecs possibles

Des obstacles se dressent aussi dans la réalité d'un amour aveugle qui peut aboutir à un constat d'échec.

Au gré des situations, d'un amour qui débouche sur une passion sensuelle illicite, l'intrigue peut tourner court et meurt aussi vite qu'elle est née. Le feu amoureux exige la réciprocité et demande à être entretenu, faute de quoi il s'éteint. La mijaurée se contente d'émoustiller le suppliant condamné à la souffrance et à la langueur faute de devenir un *amant-lige* (agréé) par un doux baiser qui ne fait que sceller un caprice.

La poésie se complait à décrire ses efforts désespérés, son insuccès, ses pleurs d'amoureux éconduit ou éloigné de sa belle. « *Et je, qui en feu et flamme, de grant désir l'attendoie* » dit un moment Charles d'Orléans. L'amour qui a enflammé le cœur n'est en fin de compte qu'un feu de paille éteint aussi vite qu'il est né. Autre drame, les deux amants ne peuvent que se dévorer des yeux !

Les timides s'attardent à la contemplation de l'être désiré, se contentent d'un regard ou d'un « *doux baiser, elle me donne ce qui fait mon bonheur »* dit Bernard Marti. Il reste de la passion, que suggère une symbolique ignée, une brûlure inextinguible, un désir charnel exacerbé, un brasier qui dévore tout, faute de mesure, de contrôle de soi. « *Trop grande ardeur ne peut refroidir »* dit un vieil adage. *« Tout est glacé dans l'univers, moi seul je brûle, bien plus, pour moi c'est dans mon cœur qu'est le brasier. Ce feu est une jeune fille par qui je meure* ». L'amoureux se compare à une bûche de bois vert qui, selon Philippe de Novarre, « *mise au feu, fume sans plus jusqu'à ce qu'elle brûle. Nature fume en enfance et s'allume en jeunesse, et la flamme s'élève alors très haut* ».

Le déclic amoureux doit parfois être stimulé par un aphrodisiaque ou une stimulation verbale pour s'accomplir. L'absorption d'un philtre de circée, fourni par une sorcière ou… par un prêtre (sic), convient alors à l'un des partenaires. *« Quand l'empereur entendit parler du philtre qu'il avait eu plaisir à boire et par lequel Thessalma l'avait ainsi joué, il comprit qu'il n'avait jamais eu joie de sa femme, sinon en songe, mais cette joie était mensonge »*. L'usage exige une occasion ou un cadre propice. Sébastien Brant fait allusion à la méthode en vigueur chez les fous :

« Je le mets au fond du potage
Ceux qui par moi sont mis à mal
Nulle herbe ne peut les guérir ». [40]

Les anciens pénitentiels se faisaient déjà l'écho de cet usage de produits aphrodisiaques, capables de provoquer une hyperexcitation sexuelle, la *satyriasis* chez l'homme, la *nymphomanie* chez la femme. Burchard de Worms dit un moment : « *As-tu agi comme font les femmes ; elles s'agenouillent face contre terre, dénudent leurs flans et font préparer un pain sur leur dos nu ; après avoir cuit ce pain, elles le donnent à manger à leur époux pour qu'il s'enflamme davantage. ?* » ou « *As-tu agi comme les femmes ont coutume de le faire ; elles prennent les glandes génitales des hommes, les brûlent et font absorber les cendres à leurs maris pour les guérir ?* »[41] Au pain dont l'efficacité reste à démontrer et à la cendre de morts que les *physiciens* (pharmaciens) se procurent en soudoyant le bourreau ou le fossoyeur, s'ajoutent d'autres produits connus pour leur action bénéfique. Ils entrent dans la fabrication de philtres et potions d'amour.

> Il s'agit de poudres mystérieuses à base de plantes macérées puis brûlées. La violette, le poireau en raison de son aspect phallique, les feuilles de sauge mélangées à du vin épicé, la corne de cerf (une plante ou de la corne séchée) passent à cette époque pour être tout aussi efficaces que la corne de rhinocéros, l'aileron de requin en Asie aujourd'hui !

Il y a pourtant des limites entre l'intention et la consommation que le duc Guillaume IX rappelle à ses compagnons de plaisirs amoureux : « *Je n'aime guère les cons trop bien gardés, ni les viviers sans poissons, ni les vantardises des mauvais hommes quand on ne les a pas vus à l'œuvre* ».

« Besoigner tout à loisir» ou *« l'amour carnalis »*

Supposons que des signes signifient une réussite toute proche de la passion jugée indigne, indiquée sur une source iconographique par la présence des amoureux dans un jardin fleuri de roses. Des *bestiaires d'amour* soulignent les rapports rationnels entre la présence ou les exploits de certains animaux et l'amour. Le lion, le castor, la licorne, le lapin dont le métabolisme est bien connu, le cerf et la biche, les petits oiseaux roucoulant, le faucon, un Cupidon ailé et les yeux bandés ont la préférence sur les miniatures ou les tapisseries d'une tradition picturale représentant l'allégorie de l'amour dans un paysage conventionnel. Le Roman de la Rose, les Très Riches Heures du duc de Berry, les peintures italiennes, les tapisseries de Flandre, d'Arras, d'Angers, de Lyon sont à cet égard suffisamment expressifs.

Dans l'hypothèse d'un *amor carnalis*, illicite, partagé, inspiré par Eros, et du *coquage* qui en résulte, que fait-on alors du mari quand *« femme arrive à prier homme d'amour»*, à faire « *signe de cul* » et à roucouler dans l'espoir qu'un vert-galant répondra à ses avances ? S'il est consentant, on le garde au lit ou on le fait coucher à côté. Le pire chez une Fine-Mine reste, selon Rutebeuf ou d'autres auteurs d'histoires scabreuses ou remplies de sentences gnomiques, l'usage de la ruse qui pousse par exemple l'épouse à trouver le moyen d'obturer l'œil de son époux borgne avec sa petite main. Un solide degré de perversion entretient l'imagination, pousse aux *errances du cœur* d'une sensualité excessive.

> Une certaine Margot, dont la confession graveleuse est le thème d'une farce, copule avec tous les clercs de sa paroisse au nom de la très sainte charité et son confesseur l'absout d'autant plus aisément qu'il lui donne comme pénitence l'obligation de porter secours aux prêtres, aux moines et même aux ermites du voisinage qu'elle visite régulièrement au lit.

La pire des épouses volages, prise dans les serres d'un Cupidon griffu, est, selon les auteurs les plus ironiques, celle qui couche avec un prêtre pendant que le mari agonise dans *le Meunier de qui le diable emporte l'âme en enfer* ou encore celle qui ne se contente pas d'un mari et d'un *ami* mais les *farcit* (trompe) avec plusieurs ! « *Déloyale* (en amour) *envers l'ami est la dame qui nourrit de son amour trois amants «* disait le troubadour Bernart Marti(n) lo Pintor (le peintre) dans une de ses six *cansons :*

Cela va contre la Loi ! (sic)
Je permets, près du mari
Un amant noble et courtois.
Mais si elle en cherche d'autre
La voilà déshonorée
Et pute avérée » [42]

Quelques séductrices défraient l'imagination et la chronique de leurs exploits galants. Le duc d'Aquitaine, Guillaume IX, surnommé avec humour le *tricheur de femmes* apporte une restriction de poids dans la haute

40- Sébastien Brant, *La Nef des Fous*, op. cit. p 69-70.
41- C. Vogel, *Le pécheur et la pénitence au Moyen Âge*, Paris, éd. du Cerf, 1969 p.108-109.
42- Bernart Marti ou Martin dit le Pintor, auteur de cansons avant 1247, canson p. 59

société quand il réserve l'amour des grandes dames aux seuls chevaliers dans le Chat d'Agnès et d'Ermessen : « *La dame fait un grand péché, un péché mortel quand elle n'aime pas un chevalier loyal. Mais si elle prend pour amant un moine ou un clerc, elle est indéfendable ! On devrait la brûler et ce serait justice sur des tisons ardents* ». Une farce, *les trois galants au cimetière*, a pour thème une femme qui se laisse courtiser par plusieurs amoureux et leur donne un jour rendez-vous au même endroit, sous une croix !

Où se situe le rire dans une vie sentimentale agitée, riche en états d'âme qui risque de déboucher soit sur une souffrance provoquée par le refus, la suspicion, la jalousie, soit sur un exercice érotique qu'une farce qualifiera sans détour de *beste à deux dos* ? Dans un monde qu'on pourrait croire libéré, du moins en apparence, où tout ce qui contribue à berner, à tromper amuse, d'autres situations, d'autres occasions, non moins cocasses, permettent aux auteurs de farces, de développer de surprenantes histoires « *de chaudes putains menteuses* » à la limite de la morale et du sacré. Le public ou le lecteur rit ainsi de la demoiselle qui tombe en pamoison quand on lui parle de foutre, de la rêveuse insatisfaite qui voit des sexes masculins partout, de « *l'evesque qui bénit le con* », du prêtre surpris par le retour du mari et qui prend la position d'une statue du Christ en croix. Combien de particularités physiques, de surnoms appropriés ont provoqué l'hilarité générale, du genre Bérengier-au-long-cul. Le côté provocateur d'une situation, l'étalage des mauvais penchants, des désirs inassouvis, des exploits érotiques amusent aussi un public moins compassé qu'on serait en droit de le supposer dans une société hiérarchisée, inspirée par les préceptes moraux de la religion et par les sermons de ses représentants.

La belle peut-elle tout se permettre, « *se modérer dans la desmesure* », différer la rencontre et l'acte décisif, exaspérer le désir du soupirant, faire durer les préliminaires par toutes sortes de simagrées, avant l'abandon sexuel ? Elle dirige, donne ce qu'elle veut bien donner ; l'amant reçoit ce qu'il attend, au terme d'atermoiements sans fin et au risque d'être obnubilé par plusieurs échecs successifs. Raimbaut d'Orange se plaint, dans ce qu'il nomme une *courtoise sottise*, « *d'une dame qui (le) fait languir à force de belles paroles et d'interminables délais, sans que je sache vraiment pourquoi* ».[43]

43- Rambaud comte d'Orange et seigneur de Courthezon dans le Vaucluse est le plus ancien des troubadours provençaux († 1173). On lui doit un poème curieusement intitulé « Un je ne-sais-quoi ».

Des métaphores sexuelles aux excès « langagiers »

À défaut de mots aussi banals maintenant que baiser, forniquer, coït, accouplement, orgasme, on dit couramment que femme *aoignantée* est entre de bonnes mains, s'abandonne à son amant, mué en franc-archer, tandis que son partenaire l'*espose,* accomplit son *faict.* « *Un couple harmonieux, c'est d'abord un coït réussi* », déclarait crûment un proverbe d'antan.

On se déshabille pour toucher, carresser et *besoigner.* La femme peut exiger, avant de montrer « *son cor en privé* » que son amant se soumette à de petites mortifications ou à des épreuves d'une surenchère érotique.

Arnaut Daniel de Ribérac en mentionne une, en termes fort grivois, dans un *sirventés-canso* composé à l'aube du XIIIe siècle où un soupirant Bernart de Cornil est sommé par sa belle, Ena ou Aima, de lui « *corner dans le derrière* » ! Est-ce une plaisanterie de mauvais goût ou une allusion à un vice contre nature ?

« *Je ne vois pas qu'elle ait parlé grossièrement*
S'en offusquera qui voudra !
Madame Ena, lorsque, portant la main à ses fesses
Et montrant son trou d'en bas à sire Bernart,
Elle lui dit, puisqu'aussi bien
Il était toujours là matin et soir
A l'attaquer avec empressement de fou
Si vous cornez ici gentiment,
Je ferai de vous mon amant, soyez-en assuré
Mais si vous ne voulez pas me rendre cet hommage,
Pour rien d'autre au monde je ne me départirai de ma réserve.
Embouchez donc le cor ! Voyez, je vous le présente ;
Je l'ai fait laver er fourbir
Et vous n'y sentirez aucune odeur ». [44]

La pudeur commande à la majorité des écrivains masculins de ne pas trop s'éterniser sur l'acte sexuel proprement dit, d'éviter de se complaire dans le *déduit* (le plaisir). Chrétien de Troyes respecte les limites de la bienséance dans le *conte du Graal.* Le rire naît plusieurs fois davantage de

---

44- Arnaut Daniel ou Arnautz l'escolier de Ribérac en Dorgnone (1150-1210), Le sirventes de Raimon de Durfort, p. 89- Y. Carré, *Le baiser sur la bouche au Moyen Âge : rites, symboles, mentalités, à travers les textes et les images (XIe-XVe siècles)*, Paris 1992.

l'imagination des auditeurs ou des lecteurs que des propos ou des écrits eux-mêmes : « *il l'a mise gentiment sous la couverture. La demoiselle accepte ses baisers sans qu'il lui en coûte beaucoup ! Ainsi furent-il toute la nuit l'un après l'autre et bouche-à-bouche jusqu'à l'approche du matin* ». [45]

Les femmes peuvent être plus directes dans leur langage et dans leurs rares écrits que les hommes et ne s'embarrassent pas d'une retenue superflue. Musarde et Babille, les deux commères d'une farce, ne laissent pas ignorer la taille des attributs et les performances de leurs clients, en majorité des ecclésiastiques. Au terme d'une phase préparatoire d'observation, elles déclarent leurs intentions sans ambages, pour la plus grande joie des écrivains qui divulguent les secrets d'alcôve.

Les simagrées seraient plutôt l'apanage des filles de joie qui veulent faire monter les prix ! C'est d'ailleurs la femme qui prend l'initiative de la conclusion en fixant le lieu, la date et le déroulement.

« Je voudrais bien tenir un soir
Mon cavalier dans mes bras nus
Et qu'il s'y tienne pour heureux
Si je lui fais comme un coussin
Car je suis plus éprise
Que Flore ne le fut de Blanchefler.
Je lui ai donné mon cœur, mon amour
Mon esprit, mes yeux, ma vie.
Bel ami, gracieux et bon,
Quand je vous tiendrai en mon pouvoir,
Et que je vous donnerai un baiser amoureux,
Sachez le grand plaisir que j'aurai
De vous tenir ainsi en place du mari,
Pourvu que vous promettiez d'abord
De faire tout ce que je voudrai ». [46]

Tout est dit dans le dernier vers de ce *canson* de Béatrix de Die, une *trobairitz*, une femme troubadour, vers 1180.

45- Chrétien de Troyes, *Perceval ou le Roman du Graal*, éd. de J.P. Foucher et d'A. Ortais, Paris, Gallimard, 1974. - A. Fourrier, *Le courant réaliste dans le roman courtois en France au Moyen Âge*, tome I, Paris, A.G. Nizet 1960 p. 111-178.

46- D. Régnier-Bphler, *Voix de femmes au Moyen Âge*, Paris, Robert Laffont 2006, p.25- 29. On pense généralement que Béatrix fut la fille de Guigues V, dauphin de Viennois, épouse de Guillaume Ier de Poitiers, comte de Valentinois († 1188).

Les ébats amoureux entre amants que suscitent l'envie, le feu, l'ardeur dépassent rarement le stade de menues privautés *« à bras nus »*, du baiser, d'une formule à double sens. « *Il s'exerce au jeu que l'amour lui commande »* dans la *borgoise d'Orliens*. Une épouse félicite son mari pour son ardeur, oubliant qu'elle a fait l'amour avec un voyageur de passage (*Gombert et les deux clercs*) ! Les pulsions d'un désir, initiées par le coup de foudre d'où naît l'espoir, se limitent à l'effleurement des corps, à un premier baiser. Les amants peuvent souffrir longtemps avant qu'une bonne occasion ne débouche sur le plaisir sensuel, n'aboutisse à des actes, *faits, surplus*, où la femme a toujours l'initiative.

«*Je suis Vénus au cul de paille*
La première en potée aux fous
Mon charme attire tous les sots
Et je cocufie qui je veux ». [47]

Le baiser sur la bouche n'est pas forcément apprécié à sa juste valeur. Robert de Blois dans le *chastoîement des dames* estime « *qu'il enflamme les cœurs et mène à mal* ». On le pratique malgré tout.

«*Parce que les baisers lui plaisent,*
elle ouvre tant sa belle bouche
que les deux langues se touchent,
malgré les dents blanches et serrées
qu'amour a desserrées qu'ils ne peuvent se mordre »
dit Jean Renart dans l'Escoufle. [48]

Quand le voile pudique conventionnel se déchire, une fois n'est pas coutume, l'usage de la périphrase cède la place au clin d'œil grivois, à *la main chaude*, à la truculence crue de la *drurie* ! Un même auteur peut très bien se livrer à un raffinement amoureux au début de son récit puis renoncer à la délicatesse et se livrer à l'obscénité d'un assaut fracassant et jouer du « *de profundis* » dans la farce du *mariage de Robin Mouton*. un benêt de fils, marié par sa mère à une sotte nommée Peu Subtile, pour lui éviter de devenir paillard.

47- Robert de Blois, poète courtois du milieu du XIIIe siècle composa plusieurs œuvres dont une *Chanson d'Alors et le Chastoiement des Dames,* un code de convenances mondaines et L'honneur des Dames.

48- Jean Renart, un inconnu du XIIIe siècle, est l'auteur de l'*escoufle* (du nom du milan, un oiseau voleur), éd. F.Sweetser, Genève, Droz 1974. L'auteur raconte les exploits du comte normand Richard de Montivilliers, de son fils Guillaume, amoureux d'Aelis, la fille d'un empereur de Rome.

La littérature provençale ou de Rutebeuf du XIIIe siècle suivie de certaines œuvres des siècles suivants ne connaît guère de limites pour dépeindre *l'ardure* (l'ardeur sexuelle) du *fouteur* ou du dragueur, les *manipulations*, *l'appétit* sexuel de partenaires incapables de se dominer, « *nuz comme des dains* ». Témoin ce court extrait sur la triste destinée de Don Baiseur ! « *Un baiseur qui n'était amoureux d'aucune mais qui voulait baiser, était toujours en érection et désireux de baiser celles qu'il aurait la possibilité de baiser. Il avait tous les jours un tel désir de baiser qu'on l'appelait Don Baiseur, baiseur, hélas ! dolent et malheureux. Il meurt mal, disait-il, et vit pis. Qui ne fout pas celle qu'il aime. Le baiseur était si angoisseux de baiser que, plus fort il baisait, plus il se mourait de tristesse de ne pas baiser davantage. Il aurait baisé pour deux des meilleurs baiseurs de Lombardie. Si bien qu'il disait en baisant : je serai guéri si je baisais. On l'appelait Don Baiseur, baiseur hélas ! dolent et malheureux* ». [49]

Les propos pour rire ne s'embarrassent pas toujours de circonvolutions pour décrire les sexes masculin et féminin, les génitoires, et l'usage que les couples légitimes ou les amants en font dans des postures qui évoquent parfois les dessins de l'art indien. Une abondante littérature salace fait partie des *ribaudies* qui font rire les lecteurs ou les auditeurs des fabliaux et des farces. Une débauche de sensualité donne prétexte à un étalage de détails réalistes où il est question des parties intimes du corps qualifiées de *marchandises* chez les lingères devenues putains Musarde et Babille, et de l'usage qui en est fait. Le passage à l'acte confronte des amants fougueux, des surdoués pour le jeu amoureux et la « *compaignie charnelle* », des brasiers que rien ne saurait éteindre, tant la *besogne* les occupe. «*Faire la noce plusieurs fois la nuit* « est décrit en langage codé et à chacun de traduire la moindre métaphore sur le sexe ! Le narrateur évoque la *génitoire*, *l'onguent sorti d'un tuyau*, *l'andouille qui entre les jambes pendille*, le *sale boyau ou boudin, l'étui à couilles,* le *goupillon,* le *baston au bout rouge.*

Les allusions à double sens aux animaux prennent de l'importance, en la circonstance, puisque le *baudoin* ou le *baucent* désigne à la fois l'âne et le membre viril ; *chevaucher* a la double signification ; « *ratisser le maujoint* » ou le mal-joint avec le rasoir du père qu'une fille reçoit en unique héritage ne nécessite pas d'explication ! La *nature* qu'on essaie de cacher, le *nid et ses œufs*, le *gaillard* « *qui redresse la tête tressault et se remue* », les *tesmoins* figurent sur la liste de ces mots débouchant sur la cochonceté d'un *roi des gueux* nommé Ragot.

Une des farces les plus cruelles que nous connaissons, le *pasté,* narre l'humiliation qu'endure Jehan-Jehennin en constatant que sa femme le trompe avec le curé . Il ne peut rien faire pour se venger et se contente de grommeler, de soliloquer et de « *chauffer la cire* » (notre actuel « *tenir la chandelle)* comme témoin d'un rapport sexuel, où il est question « de *radouber un cuvier fendu* », de boucher la fente.

Les simagrées et la coquetterie des femmes galantes, aguicheuses, ne sont que le prélude à ce que d'aucuns nomment pudiquement des divagations, plus crûment *le feu es sens* ou *la génitence.* Des chansons, des *sirventès* de langue d'oc, celles de Folquet de Marseille évêque de Toulouse (sic) († 1231), de Raimon de Miraval du Cobardès († après 1214), de Pèire Cardenal du Puy-en-Velay († 1271)... ont comme raison d'être d'exhaler des plaintes, de ridiculiser autrui par vengeance ou de manifester de la hargne et du dépit, à travers une méchante moquerie sur les femmes, le sexe et leurs rivaux. Ces petits poèmes, à l'antipode de la courtoisie, évoquent la *belle trahison*, la tromperie, l'amour-propre bafoué, le partage entre «copains» des faveurs d'une ancienne amie. L'un de ces vindicatifs *cornards* (sic), Guilhem de Berguedan en Cerdagne vraisemblablement assassiné en 1196, dénonce la fourberie du marquis Pons de Mataplana ; la jalousie le pousse à formuler des jugements guère flatteurs sur les capacités viriles de son rival.

«Votre membre, je ne l'estime pas une figue.
Il ressemble au rayon d'une roue de char !
Et vous le portez pas bien raide.
Il vous faudrait recourir aux orties !» [50]

« *Le bon euvrier, embrasé d'amor, besognant charnellement se movoit les reins* », avec ardeur, donne l'assaut et conquiert comme un soldat, « *corbe* (ploie sur), *brouille ou braoille* (bouscule,) *restupe* (bouche), *fourbit, pique et martèle, fotit la dame* », bouche les trous du chaudron ou du *bas* qui est à la fois un habit et un sexe féminin ! Ces mots d'un comique douteux évoquent le labeur, la guerre, des situations décrites sans fausse pudeur, comme naturelles. L'amant, « *le dru féru d'amour deprecie le parc* » à la lueur de la

---

49- P. Bec, *Burlesque et obscénités* op. cit. p.168 « le fouteur infatigable », une parodie graveleuse anonyme des divagations. Voir aussi L. Rossi, *Fabliaux érotiques, Lettres Gothiques*, Le livre de poche, 1992 & M. Cailly, J. L. Marteil, A.Roch, *Histoires salées du Moyen Âge*, Paris, La Louve, 2008.

50- Guilhem de Berguedan chevalier troubadour de la région d'Urgel (1160-1200), a laissé une trentaine de poésies dont certaines sont très lestes-

chaude (feu vif) ou « *travaille les guérets d'une pucelle* ». La *drue*, « *en compagnie charnelle* » a « *des rapports de son gré et volonté* », contrairement à la malheureuse « *forcée oultre son gré* ». Comme dans toute situation, l'exploit des amants inspire les fanfarons.

« *Je les foutis, écoutez bien !*
Cent quatre-vingt-huit fois.
J'y pensai rompre mes bretelles
Et mon harnois.
Le mal qui me vint fut si grand
Que je ne saurais vous le dire ».

Des bourgeoises vivent, avec leurs amants, l'amour adultérin, la volupté, sans complexe. Un vocabulaire igné est couramment utilisé pour désigner leur passion. Ces femmes enflammées brûlent, se consument, succombent à un feu ardant. Elles réalisent ce qu'elles ignoraient jusqu'alors avec leur vieux barbon de mari et ont alors des circonstances atténuantes. [51]

Soucieuses de satisfaire leur plaisir né de leur faim (envie sexuelle ici) et d'attouchements réciproques, les dames qu'on ne nomme pas encore maîtresses mais *drues* vont jusqu'à rejeter toute pudeur et considérer leurs partenaires successifs comme de simples objets de leurs désirs, capables de faire une bonne *besogne*. « *Et sachez qu'elle fait à son amy cent chouses, et monstre des secrets d'amours et fait pluseurs petites merencolies que elle n'ouseroit faire ne montrer à son mary ; et aussi son amy lui fera tous les plaisirs qu'il pourra, et lui fera moult de petites bichotteries où elle prendra grant plesir, que nul mary ne sçauroit faire. Et s'il le sçavoit bien davant qu'il fust marié, si l'a il oublié, pource qu'il s'anonchallist (s'amollit) et se abestit à soy quant ad ce ; et aussi ne le vouldroit-il pas faire car il luy sembleroit qu'il le apprendroit à sa femme et que elle ne le scet point. Quant la dame a amy à sa plaisance, et ilz se pouvent trouver ensemble, et est à tart, ilz se font tant de joies que nul ne le pourroit dire, tant que le fait du mary n'est rien prisé. Après lesquelz plaisirs, la dame prent autant de plesirs en l'esbat de son mary, comme ung tasteur de vins d'un petit rippopé (lavasse) après ung bon hypocras ou pineau* ». [52]

Telle insatiable use de métaphores pour demander au ramoneur de venir ramoner le conduit ; telle autre souhaite du cuvier Jacquinot cinq ou six giclées par jour pour récurer son pot !

L'humour veut que le mari, gueulard et vindicatif, revienne contre toute attente et que l'amant soit obligé d'improviser pour se sortir d'une situation délicate. D'autres péripéties interviennent pour corser l'histoire, pour faire disparaître en quelque sorte le corps du délit ! Le dénouement frise le grotesque, bien davantage que les scènes de vaudeville auxquelles nous sommes habitués avec les pièces de théâtre de boulevard.

La fin de la « luxurie » et la pathologie de la jalousie

Chacun pressent que pareille mésaventure peut survenir dans son propre foyer et le rire gras se métamorphose en inquiétude, en angoisse quand l'effet du philtre d'amour s'estompe ou quand pointe la menace de décrépitude. J. C. Payen a parlé de masochisme chez les amants quand la douleur apparaît comme un moteur essentiel de l'intrigue.

La passion adultère naît, s'épanouit et meurt vite, dans l'indifférence ou dans la douleur... sauf si une tendre affection lie durablement les amants. ou que le *soignantage* ne s'achève par la naissance d'un *bastart.* C'est généralement une expérience provocatrice temporaire, vouée à l'échec final, au point de devenir in fine, plus une ascèse et une souffrance qu'une issue heureuse

« *Il dit à voix basse et douce*
Eh quoi, belle et douce,
dites-moi quel est ce tourment
que sont ces plaintes ?
Isolde, le faucon de l'Amour,
Répondit : « L'amer est mon tourment,
L'amer m'oppresse l'âme,
C'est l'amer qui me fait mal » rappelle une version de Tristan et Yseut. [53]

Des expériences amoureuses succombent aux sarcasmes, à la jalousie du mari tyrannique qui bat sa femme comme plâtre, à la dénonciation des voisins, de ces *lauzengiers* ou voyeurs qui épient les ébats, de la difficulté de se rencontrer, de la distance, du retour du bourgeois parti en voyage d'affaires. Elles se heurtent aussi aux normes morales qu'inspirent l'ire divine, la rumeur, le qu'en dira-t-on dans un quartier. Des scénettes

51- P. Nykrog, « L'obscénité des fabliaux » dans les fabliaux, Genève, Nouvelle édition, Droz, 1973 p. 293-294 et J.Scheidegger, « Gros mots, gros rires ? Le comique sémiologique de quelques fabliaux scabreux », *Le rire au Moyen Âge*, Bordeaux 1990, p.311-322.

52- *Le Chat d'Agnès et d'Ermessen* est l'œuvre de Guillaume IX (1071-1127) duc d'Aquitaine, auteur d'histoires pailliardes, considéré comme le premier troubadour.- Ch. Marchello-Nizia, « L'invention du dialogue amoureux : le masque d'une différence » dans *Masques et déguisements* op. cit. p. 227.

53- *Tristan et Yseut* , édition de R. Louis, Paris, Livre de Poche 1972.

soulignent le processus de la jalousie comme la farce *d'un mari jaloux qui veut éprouver sa femme.* Il ne reste bientôt plus qu'un souvenir ou un remord qui nous éloigne du rire de la farce dite de noces.

D'autres gags ont comme raison d'être un *empeschement* qui bloque un des deux partenaires, maintient une jeune mariée courroucée dans un état de pucelle qu'elle déplore comme une abstinence forcée et malgré les preuves matérielles que son époux montre sans vergogne, à la grande satisfaction du public ! L'érotisme des attributs n'est pas seulement suggéré dans le cas précis de la farce du *nouveau marié qui ne peult fournir à l'appoinctement de sa femme*, il est montré dans toutes ses dimensions.

L'âge avec « *l'acidité de l'humeur* » diminue l'efficacité des ardeurs des *fripons* et conduit à l'impuissance, un beau sujet de rigolade et de médisance, pitoyable si l'auteur du ragot est un proche et si la victime se prête au jeu par sottise.

> Un vieux ramoneur des cheminées, titre d'une farce, fait des confidences à son valet moqueur et bavard. Il se plaint de son incapacité au bout de tant d'années de dur labeur à ramoner correctement les cheminées des dames. Sa femme bien placée pour le savoir se moque de lui avec le domestique quand il prétend qu'il est fatigué d'avoir travaillé toute la journée. Tout le quiproquo tient donc à l'allusion, à travers le travail quotidien, aux performances sexuelles et à l'incapacité pour les hommes âgés de soutenir la concurrence des jeunes. Toute réflexion du mari est prise à double sens et contribue à le ridiculiser.

Les domestiques, qualifiés souvent de *badins*, vieux mot, synonyme de joyeux lurons, têtus comme une mule, goulus jusqu'à manger les figues du curé (le titre d'une farce), voleurs, prêts à semer la zizanie, ce qui a donné le badinage en vieux français, ont mauvaise réputation dans les récits humoristiques. Ce sont des benêts, vite paillards, plus bêtes que méchants, qui comprennent tout de travers, racontent ce qu'il faut taire. Ce sont de méchantes langues qui mettent une famille en émoi, des teignes, qui mouchardent sans cesse, calomnient sans honte, sèment la bisbille.

L'épilogue de la belle histoire, sujet de témoignages érotiques dignes de basochiens, s'achève, comme dans la vie quotidienne, en sacrifice, en tragédie, en imprécations ou en gamme de coups. La punition divine prend l'aspect de la folie, d'une humiliation et de la honte, d'une tempête, d'une vengeance, d'un meurtre, d'une punition sacrificielle (les Folies Tristan). La punition tout court a d'autres conséquences.

Dans un fabliau, un amant quittant son amie s'aperçoit qu'elle a gardé ses génitoires. Il essaie de récupérer ses biens, tombe sur la voleuse et cherche à l'étrangler. La belle préfère lui rendre son bien plutôt que de perdre la vie.

On raconte aussi que des sorcières collectionnent les membres virils et vont jusqu'à en détenir une quarantaine conservés dans des nids ou dans des boîtes où ils bougent, vivent et mangent. Le plus beau, digne d'une queue d'écureuil, est, aux dires de la vieille madrée, le vit du curé ! [54]

*

Le faux-rire, une épreuve discordante de mésalliance

Autre *gable* ou *gaberie* dans la liste des nuisances drolatiques, le chahut orchestré, le charivari, inscrit dans l'institution du mariage hors normes et dans les rituels de la sexualité est bien davantage qu'un simple rassemblement et « *esbattement de jeunes gens avides de farces et de chahuts* » mais une forme de jalousie. Ce serait en quelque sorte l'union imaginée de saint Couillebault et de sainte Velue de la farce *un pardonneur, un triacleur et une tavernière,* où les témoins rivalisent de jactance et d'outrance.

Charivari, orthographié plutôt chalivali, quelquefois *calvali, cailvaly* vient du grec *chalibarion.* Il est dénoncé, à plusieurs reprises, dans les archives ecclésiastiques qui donnent au mieux quelques descriptions circonstanciées et est surtout décrit dans le célèbre roman allégorique de Fauvel de l'énigmatique Gervais du Bus.

Sous cette désignation, on distingue en fait trois œuvres : un premier récit de 1226 vers rédigés vers 1310, une continuation des vers 1227 à 3280 datés de 1314 et une version remaniée et interpolée de 1316.

L'ensemble, rempli d'allusions à la morale, aux vices, à la politique, dépeint les vices nés de l'hypocrisie et de la tricherie. Il s'intitule aussi le *Faux Semblant* ou le règne du *Mal déguisé.* [55]

54- Extrait du *Malleus maleficarum* de Jacob Sprenger- Jelle Koopmans, Le théâtre des exclus, op. cit. p.209.

55- Gervais du Bus, *Le roman de Fauvel,* éd. A. Laangfors, Paris SATF 1914-1919- N. Freeman Regalado, « masques réels dans le monde de l'imaginaire ». Le rite et l'écrit dans *le charivri du roman de Fauvel* MS B.N.Fr.146, dans *Masques et déguisements dans la littérature médiévale,* s.d. de M.L. Oilier, P.U. Montréal, 1988 p. 110-126

Le charivari ou chaud rituel des « épousailles » contre nature

Le Roman de Fauvel, l'homme à la tête de cheval, dont le nom est constitué des initiales Félonie, Avarice, Vilenie, Vanité, Envie, Luxure, décrit le charivari organisé par le chevalier Hellequin. « *De la manière et des façons de ce charivari notons quelques beaux traits dans cette histoire qu'ici nous faisons pour mémoire. Déguisés sont de grand'manière. Les uns ont tout devant derrière vêtus et mis leurs vêtements ; les autres ont pris pour parements de gros sacs et des frocs de moines. On les reconnaîtrait à peine, tant ils étaient teints et mal faits. Ils ne pensaient tous qu'à méfaits, l'un tenait une grande poêle, l'autre un crochet, le gril et le pilon, et l'autre un pot de cuivre et tous jouaient à faire l'ivre, l'autre un bassin et tous frappaient si fort que la ville étonnaient. Ils faisaient si grande crierie que jamais telle fut ouïe. Et l'un montrait son cul au vent, et l'autre rompait un auvent. L'un cassait fenêtres et huis, l'autre jetait le sel au puits et l'autre la merde au visage. II y avait un grand géant, qui allait devant en braillant. Vêtu était de brodequin : je crois que c'était Hellequin et tous les autres sa maison le suivant, de rage saisie. C'était épouvantable chose à regarder, le dire j'ose. Nul charivari si parfait, par déguisés, par dits, par faits ne l'égala en toutes choses ; ils n'avaient pas leurs bouches closes pour bien crier et bien braire* ».

> La tradition populaire qui entend « *torchier Fauvel* » décrit un attroupement avec un boucan du diable organisé sous les fenêtres d'une victime, un tintamarre orchestré, un assemblage d'instruments discordants, une anti-musique diabolique, dit J. Verdon, de chaudrons, de bassines, de clochettes, de crécelles, accompagnée de cris, de moqueries et d'épreuves imposées, de paroles qui dénoncent les vices, les mensonges et les dissimulations en introduisant de nouveaux usages dans le rituel des noces. [56]

C'est à la fois une farce de noces digne du récit humoristique *Robinet Badin, la veuve, la commère et l'oncle Michault*, une « *noce à mitaines* » où on échangeait des taloches et des bourrades pour amuser la galerie et une épreuve de « *disjonction matrimoniale* », une dénonciation publique pour dysfonctionnement de l'équilibre familial et social, doublée d'un cérémonial et d'un spectacle à la limite de la décence. Cette pratique qui paraît étrange de nos jours ne remonte pas forcément à la nuit des temps comme le supposait l'ethnologue Arnold Van Gennep qui y voyait un rite de séparation de l'ancien milieu. Ce n'est pas, comme on l'a prétendu, une caricature du mariage par rapt, particulier aux civilisations germaniques ni même un rappel symbolique du conjoint défunt quand un veuf ou une veuve se remarie. Pour l'essentiel ce concert discordant, ce pétard dérisoire, est donné, par des jeunes gens célibataires de la paroisse de la mariée chaque fois que des unions, jugées hors normes ou surprenantes se produisent. Les auteurs des plaisanteries de mauvais goût qui se font passer pour les défenseurs de la morale, de l'équilibre social et domestique suspectent en priorité les rosières qui tardent à se marier, les jeunes veuves trop esseulées à leur goût, les vieilles qui ont dépassé la quarantaine, celles dont la conduite paraît légère ou une ancienne fille de joie. Ils ne tolèrent guère, non plus, comme contre-nature, l'union d'un vilain fortuné avec une jeune noble pauvre dont le père souhaite se libérer ainsi de ses dettes, comme dans le fabliau *le vilain Mire*. Ils dénoncent les mariages avec des étrangers, y compris avec les natifs d'un village voisin, les unions mal assorties, d'un jeunot et d'une vieille, objet de la risée générale, les jeunes filles qui épousent un barbon par intérêt pour être « communs en biens », les unions à la main senestre ou remariages, sans les bans et la bénédiction nuptiale. L'occasion est bonne également de dénoncer, par des cris ou des lazzis, l'épouse brutalisée par un mari jaloux, le mari coureur qui entretient de trop bonnes relations avec sa servante ou, au contraire, la femme dominatrice, car une poule ne saurait chanter devant le coq. Les garnements méprisent, plus que tout, le cocu, le porteur de bois pareil à un cerf, à qui on attribue le sexe d'une poule, le prêtre concubin et sa maîtresse, l'ivrogne notoire.

Dans une paroisse où tout se sait, où chacun envie l'autre, où la course à la dot est le prélude à toute union, les jeunes coqs qui n'ont pas les moyens de se marier et de fonder une famille, sourient jaune à la nouvelle d'une union qui perturbe, à leur avis, la continuité biologique d'une communauté et se montrent volontiers agressifs à l'égard des époux « hors normes ». Leur ressentiment se manifeste le jour de la cérémonie et pendant la nuit de noces et c'est *« de joie prist a rire »* qu'ils répriment *« en toute modestie et joyeuseté »* les atteintes à l'ordre marital ou les déviances.

Le charivari apparaît donc comme le mode d'expression collectif favori de célibataires frustrés, qui, sous prétexte de contrôler l'ordre naturel d'échange de femmes, défendent en réalité un droit de préemption sur les jeunes filles et les jeunes veuves, considèrent la femme comme du gibier. Le mariage les préoccupe d'autant plus que, dans le monde clos de la rue

---

56- C. Gauvard et A.Gokalp, « Les conduites du bruit et leur signification à la fin du Moyen Âge, le charivari, Annales E.S.C. 1974 p.693-705. - J. Le Goff et J.C. Schmitt, *Charivaris au Moyen Âge et à la Renaissance,* École des Hautes Études, Paris, Mouton,1983. -H. Rey-Flaud, *Le charivari, les riruels fondamentaux de la sexualité,* Paris 1985.

et du quartier, dans une société cloisonnée et hiérarchisée, les filles intéressantes sont « des denrées rares », bien connues, souvent attribuées d'avance pour toutes sortes de considérations qui n'ont pas forcément à voir avec le sentiment.

*

Les caricatures de Maugouverne

Tous les récits, aussi pittoresques les uns que les autres, multiplient les caricatures de couples humiliés, de symboles animaliers, ici un cerf pris en chasse, là un cheval incarnant le mal du monde. Les noms chargés de signification comme Faux et Vet ou le Dissimulé, Vaine Gloire, Maugouverne évoquent les auteurs ou les victimes, les bons moments pour *fere chalivalle*, la parodie de cérémonie démoniaque qui se fait d'ailleurs en dehors de toute annonce officielle, sans prêtre pour donner la bénédiction, sans sergents pour encadrer les fêtards.

Le rituel, témoignage de cette forme de culture purement orale à l'origine, est conçu pour dénoncer le mal d'une « mesnie fauveline » connue plus pour ses vices que pour ses vertus. Il commence par la formation d'un cortège de dérision, bruyant, obscène, digne de *« celui qui montrait son cul au vent »*. Les garnements, au nombre d'une cinquantaine, portent des robes découpées dans de gros sacs ou des peaux de bêtes sauvages. Les vêtements poilus et même la nudité donnent l'illusion d'un véritable costume de monstre et de débauché. Ils dissimulent leurs visages sous des masques de morts ou de bêtes grimaçantes à Langres ou à Chaumont, pareilles à celles qu'on trouve dans un monde gouverné par le démon. Le plus représenté de ces *faulx visaiges* est le masque à barbe, une *barboiere* hirsute faite d'étoupe collée avec de la poix, avec de gros poils, de larges oreilles, une gueule horrible et menaçante dans toute son animalité diabolique. « *Tel Maufé* (Satan), *tele barboiere* » disait un écrivain de jadis Gautier de Coincy. Des fesses dénudées donnent également matière à l'incarnation du mal à travers la représentation monstrueuse, où « *trop estoient lès et sauvages* » déclare un texte de Langres de 1404. Le thème du déguisement met en garde le public contre les démons cachés sous le masque de la séduction et de la tentation. [57]

Une fête insolite, grotesque se déroule selon des règles précises pour sanctionner toute mésalliance qui part du principe élémentaire que si un individu peut tout faire pour échapper à sa situation, il restera, malgré tout, un rustre ou un profiteur. C'est une manifestation de suprême désordre, qu'on a parfois comparé à une procession de damnés, digne de la légende ou le lai de la mesnie d'Hellequin. La manifestation se déploie ensuite dans les rues jusqu'au domicile du couple victime. Les stations de ce folklore grinçant sont, dans la réalité, une accumulation de gestes osés, d'épreuves grotesques mais douloureuses pour les victimes, de cris et de hurlements d'animaux sauvages, d'obscénités qui tranchent avec la retenue courante. Les participants font un bruit d'enfer, soufflent dans des cornes, dans des trompettes, frappent des tambours, des cymbales, heurtent des plats, des poêles, des pots, des casseroles. Ils brandissent des maillets, des crochets, et sonnent des cloches de vaches ou s'attachent des grelots aux cuisses et aux fesses. Ils poussent des cris stridents, sifflent, claquent des doigts, font entendre des pets retentissants, font des gestes obscènes ou lancent les pires plaisanteries. Les mieux organisés tirent un chariot dont les roues heurtent des barres de fer, provoquant de sinistres grincements.

> Une quinzaine de compagnons se retrouvent en 1362 à la porte de la maison d'un fiancé d'Harfleur et lui disent que, s'il ne veut pas s'acquitter d'une sorte d'amende, « *ils feroient à la dicte Allps (sa promise) grans chelevalle pour ce qu'elle avoit este deux aultres fois mariée et aussi pour ce qu'il ne l'avoit oncques esté et la vouloit espouser* ».

Les jeunes « coqs de village » sont des adolescents primitifs, des individus grossiers et rustres. Leur vocabulaire est pauvre, les termes crus employés volent bas !

Le rituel de tapage nocturne, s'accompagne d'épreuves, d'obligations, doublées dans certains cas de menaces, « *de grans dommaiges et inconveniens, comme rompre arches (coffres) et fenesttes* ». Les victimes humiliées sont tenues de payer à boire, « d'offrir des tournées » ou de verser une contribution appelée *coullage, coillage, culage folvielle*, de consommer du vin ou tout autre liquide dans un vase de nuit. Les brimades vont du chant grivois, de la danse grotesque à la promenade à califourchon sur le dos d'un âne. Personne n'ose courir le risque de se révolter et d'être déshabillé, ligoté, jeté à l'eau, recouvert d'immondices et de subit les effets des imaginations débridées des persécuteurs.

57- Dans une farce, une veuve hésite à prendre comme époux son jeune et fougueux valet appelé Robinet et demande l'avis de son entourage, de la Commère et de l'oncle Michault. Le comique, matière à plusieurs scènes cocasses, s'achève par une note musicale quand les cloches de l'église se mettent à carillonner « prends ton valet, prends ton valet ».

Les autorités religieuses ou municipales n'aiment guère ces manifestations bruyantes d'exclusion puis de sanction, causes de troubles sur la voie publique, de tensions dans les communautés, de cris perçants, de bagarres. On prétend que les charivaris seraient responsables aussi des désordres de mœurs et même, a contrario, du concubinage de gens qui n'osent plus convoler en justes noces par peur du qu'en dira-t-on. Les gens ridiculisés risquent d'être ostracisés le reste de leur existence, de supporter à tout jamais le poids de la moquerie. À la tolérance du bout des lèvres succède bientôt la condamnation dans les conciles (à Langres en 1404, à Tours en 1431) de cette forme de folie et de contrainte collectives. L'interdiction pure et simple d'une raillerie cruelle et d'une brimade lourde de conséquences se double de fortes amendes et d'une menace d'excommunication.

*

L'adultère dont il a été amplement question dans ce chapitre pouvait être passible des tribunaux et réprimé avec sévérité par une amende, une expulsion prévue par les us et coutumes (Salon-de-Provence) ou des châtiments grotesques et infamants montrant en particulier, sur des miniatures, des amants obligés de défiler dans les rues de la ville avec une chaînette ou une ficelle attachée aux organes génitaux.

Le charivari avec ses *crieries « au trou du cul de Lucifer »* n'est pas toujours apprécié des autorités que les impertinences n'amusent guère. Il y a pourtant pire encore. Des rites grotesques de la fête populaire offrent d'autres exemples dont les origines se perdent dans un lointain passé mais dont l'interprétation reste problématique. Plus on remonte dans le temps, plus étranges, moins connus sont les représentations folkloriques, les activités ludiques, les comportements des acteurs.

Le cycle arthurien évoque la Joie de la Cour, l'aventure du Pont de l'épée, la coutume du Blanc Cerf. Les fêtes débridées de l'âne, des fous, des innocents furent très populaires en leur temps et tolérées comme des exutoires. Cependant les autorités religieuses dénoncent les rites d'inversion, la moquerie de la hiérarchie, l'indécence de mascarades et leur caractère sexuel aggravé dans certaines villes du Nord (R. Muchembled).

Chapitre 6

Le « *ris* » des festivités profanes et religieuses

Avec ce rire polyvalent, on passe insensiblement de l'acte privé, plus ou moins lourd de conséquences et répréhensible, aux *rigolages* et aux défoulements collectifs, où toutes les licences sociales et parfois religieuses sont autorisées. Les manifestations festives, qui scandent le rythme de la vie, expressions, parmi d'autres, d'une culture populaire extravagante et capricieuse, une sorte de contre-courant pour s'évader du monde et dont le déroulement est soumis à un simulacre de rituel, donnent l'occasion, au cours d'une action décrite dans le détail, de rire, de parodier, de se déguiser en sauvages ou en « *bestes estranges* ».

Ces joyeuses festivités font généralement partie d'un cycle annuel qui plonge ses racines dans le passé. Elle sont associées aussi aux amusements imprévus, provoqués par une *grande entrée ou première venue du roi, par* une *joyeuse naissance* à la cour ou par la commémoration d'une victoire, autant d' occasions qui donnent matière à de bons moments, à des jeux, à des danses, à des distributions de boissons, à des fontaines improvisées. Une erreur consiste à confondre les festivités avec les compétitions sportives, sauf si ces dernières débouchent sur des parodies pour rire, des bouffonneries, le port de costumes bariolés. L'élection du *roi de l'espinette*, le dimanche gras, est amusante par l'ambiance et les distractions qui l'accompagnent. On n'en dira pas forcément autant d'une épreuve de jeu de paume, d'une compétition de soule, d'un tournoi sans spectacles appropriés, sans une forêt de pavillons qui peut se terminer mal.

Des *facéties,* capables de provoquer un fou rire, inscrites dans le calendrier chrétien entre la période des douze jours depuis Noël et le cycle de Pâques, sont tolérées du bout des lèvres par les évêques ou jugées licencieuses comme des parodies sacrées et dénoncées. Elles ont donné matière à descriptions dans les contes pour rire, voire dans un traité médical consacré à *l'émotion risifique*, le *Traité du ris* de Laurent Joubert, médecin de Montpellier vers 1560. Le récit de la cavalcade du carnaval de Rouen, appelée aussi les *hauts jours de l'abbé* est connu, dans toute sa fougue et sa verdeur, par un document du XVIe siècle, le « *Triomphe de l'Abbaye des Conards sous le resveur en décimes Fagot abbé des Conards* », daté de 1540 ou de 1587. Le Jeu d'Audigier dans le pays de *Cocuce* (des cocus) réservé au carnaval d'Amiens, la *Facetia Conardorum* d'Évreux avec sa *honteuse assemblée* du 11 juin jour de la Saint-Barnabé, s'identifient bien entendu au comique de dérision ou de situation. Mais des extraits de notre littérature classique, comme Aucassin et Nicolette sur le royaume de Torelore, des articles de statuts confraternels, des extraits de comptes municipaux, des archives provençales, bourguignonnes constituent autant d'ouvertures sur le monde à l'envers, sur la dérision, les dérèglements périodiques. [58]

L'accent sera mis ici sur *les folies* périodiques des jeunes et des adultes à l'occasion des fêtes calendaires. Le carnaval reste, malgré les dérives grotesques et obscènes de carême-prenants, les comportements vulgaires des participants, encore empreint de culture ecclésiastique et marqué par les structures sociales et la hiérarchie d'alors. On y observe aussi d'étranges com-portements qui mêlent les pires loufoqueries, à la dérision et à l'intolérance, au déchaînement de passions refoulées. [59]

*

Les *folies et diableries* libératoires de sociétés parodiques

À côté de fêtes dites épiscopales qui se veulent d'une grande intensité religieuse comme la *feste Dieu* connue depuis le XIIIe siècle à l'initiative de la papauté ou comme les festivités de *Pasques flories,* de Noël, de l'Ascension, de la Pentecôte, d'autres constituent une façon de *bestourner*, de contourner, dans le mauvais sens, les interdits et les contraintes civils et religieux. On ne compte plus les fêtes mariales, les fêtes de la Saint-

Michel, de la Saint-Pierre, de la Saint-Paul, etc. Des manifestations sont organisées par des compagnies humoristiques et rassemblent des gens qui veulent « *faire les fous* ». Certaines réjouissances sont à la limite de la bienséance, avec les compagnies de *la Mère Folle* en Bourgogne.

Ces *esbatements* débridés de jeunes plaisantins des *abbayes de jeunesse* ou de *Peu de Sens* (Arras), ces enjouements passagers *(eutrapelia)*, ces drôleries de *buffones,* riches en figures grotesques, en mimiques, en remarques satiriques et, à l'inverse, en émotions, mêlent le rire gras, le *gab* (la raillerie), les *jacasseries*, la *salacerie,* les gesticulations, les déguisements. Tous répondent à des motivations diverses, connues ou inavouées. Des drôleries qu'on appelle volontiers des *folies,* attirent les foules, des gens de différents horizons, citadins et rurauxde toute condition. Elles sont parodiques et réalistes et remettent en question le fondamental. Chacun y rit spontanément de tout, du sacré comme du profane. Ces moments de défoulement collectif privilégient les individus sarcastiques, les sots à la langue trop bien pendue, « des *leunatiques, joviaux, mélancholiques, saturniques, timbrez, fanatiques, gais, colériques* ».

Les cycles religieux saisonniers du calendrier liturgique et le burlesque

Même les temps forts de la vie spirituelle d'antan avec l'obligation d'assistance à la messe du dimanche et le repos obligatoire, les fêtes religieuses, dites épiscopales, diocésaines, d'obligation ou temporales que rappellent la *Somme des offices ecclésiatiques* de Jean Beleth au XIIe siècle et les coutumiers diocésains, ne sont pas empreints de ce recueillement qui sied en pareille circonstance au sacré. L'abstention d'activités rurales et commerciales n'est pas forcément respectée, malgré les interdits sans cesse renouvelés. Le sévère cortège de la Fête-Dieu est parfois perturbé par des indésirables. Les autorités religieuses n'apprécient pas les débordements, qu'ils nomment souvent *arts magiques*, les danses surtout, qu'ils considèrent, au pire, comme des sortes de saturnales et bacchanales lascives, dignes du passé antique, des *mescreances* que les esprits chagrins

---

58- N. Chesneau, *Traité du ris de Laurent Joubert*, Genève, Slatkine, 1979.

59- Les publications sur les fêtes médiévales se comptent par centaines. Une bibliographie est donnée dans les Actes du 116e congrès des Sociétés Savantes tenu à Chambéry en 1993 sur jeux, sports et divertissements. - N. Crétin, *Fêtes et traditions occidentales*, Paris, Que-sais-Je ? n° 3518, PUF 1999 -J. Heers, *Fêtes, jeux et joutes dans les sociétés d'Occident, à la fin du Moyen Age*, Paris-Montréal, éd. J. Vrin, 1971.

accusent de déshonorer les mœurs et la religion. Des synodes réitèrent une interdiction faite dès 589 à Tolède de danser dans les églises et dans les cimetières, sous peine d'excommunication.

La fréquence des jours chômés et des fêtes a eu tendance à s'accroître mais citadins et villageois sont loin de respecter la sacralité requise, les obligations de silence, les rites des offices traditionnels. Ils bavardent, s'amusent pendant les offices, travestissent la messe, cèdent volontiers aux plaisirs de la danse, des repas bien arrosés et de la chair. « *Il y a des églises où les évêques et les archevêques eux-mêmes jouent dans les cloîtres avec leurs clercs, au point même de s'abaisser jusqu'à jouer à la balle* ». [60]

Le temps pascal, la *Semaine peineuse*, la semaine sainte de *Pasques fleuries*, du *Jeudi absolu,* où l'on donne l'absolution, au lundi suivant, débute encore une nouvelle année administrative, par de singuliers retournements de situation qui oublient toute réserve dans une atmosphère sereine. Le relâchement, les débordements ignorent le recueillement, le souvenir des austérités du Carême encore tout proche. Des danses, des chants jugés licencieux, des flirts s'ébauchent et multiplient les excès dénoncés dans les sermons. De singulières coutumes ont traversé les siècles comme l'enterrement de la Carcasse, le samedi de Pâques, une carcasse de vieille jument à Rouen, la coutume de « *rouler et de toquer* » des œufs colorés en Charolais, les quêtes de poissons salés, de harengs devenus inutiles après le Carême en chantant :

« *Harenguèrs, pessonnières*
Quies (chiez*) a vos gartes* (jarretières)
Il est ennuy samedy
Y sera demin Pasques
J'ay mangé du coquart (coq) pour tuer Carême
A la vielle morte ». [61]

Le jeudi saint, les chanoines de Reims, alignés sur deux files, tirent chacun, au bout d'une ficelle… un hareng ! Le mardi de Pâques à

60- Jean Beleth, *La Somme des offices ecclésiastiques*, texte cité par J. Verdon, rire au Moyen Âge, Paris, éd. Perrin, 2001 p.132-J. Chélini, *le calendrier chrétien,* Paris, Picard 1999. - R.Vaultier, *Le foklore en France pendant la guerre de Cent ans*, Paris, édit. Guénégand, 1967- R. Manselli, *La religion populaire au Moyen Âge,* Paris-Montréal, éd. Vrin, 1975. - P. Walter, *Mythologie chrétienne. Rites et mythes du Moyen Âge,* Paris, éd. Entente, 1992.

61- Cl. Gaignebet, « Le cycle annuel des fêtes à Rouen au milieu du XVIe siècle » dans *les Fêtes de la Renaissance, III,* Paris, CNRS, 1975, p. 573. - J.L. Beaucarnot, *comment vivaient nos ancêtres ?* Paris, Lattès, 2006.

Abbeville, chaque quartier organise un « concours de miss » et se choisit une reine.

« *Voici le joli mois de mai, chaque galant change d'amie* » dit une chanson du Midi. Il s'en passe de drôles en mai, le mois par excellence de l'amour sensuel, de l'amour prénuptial dont on se méfie pourtant : « *noces de mai, noces mortelles* », « *mariages de mai ne fleurissent jamais* ». C'est l'occasion de planter un *mai,* un arbre ou un arbrisseau, devant la maison d'une jeune fille et de faire des méchancetés aux rosières, aux épouses autoritaires qualifiées de mégères ou aux prostituées comme le cadeau empoisonné d'une branche de sureau accompagnée d'un chant picard « *au seur, tu pues* ».

Une action en justice se déroule à Troyes en 1462 contre un individu imaginatif qui avait planté devant le domicile d'une fille, qui l'avait sans doute éconduit, un singulier mai « *auquel pendait gallice, viez savattes des ouliers, coquilles d'euffs* ».

Il est passé aussi dans les usages qu'une *garce,* le féminin de gars, sans connotation péjorative, soit élue la reine du 1er mai et couronnée d'une couronne de fleurs ou d'aubépine. Elle est fouettée, symboliquement, quelques mois plus tard, à Noël. Le 1er mai est aussi l'occasion pour certains de s'asperger d'eau, de déposer du fumier au sommet d'un arbre, de s'exhiber tout nu dans la rosée bienfaisante du matin ou le corps recouvert de végétation. Mais le muguet attendra le XXe siècle pour s'offrir comme porte-bonheur !

Les passions ne sont pas éteintes lors des Rogations où la liturgie et le rituel antique de la fécondité se rejoignent en ce début de printemps annonciateur des belles récoltes. Elles résistent le jour de l'Ascension, à la Pentecôte, à la Saint-Jean, la fête du feu de joie, qui éclipse les puissances du mal et plonge ses racines dans le paganisme, à l'Assomption du 15 août, à la Saint-Martin d'hiver, le 11 novembre. Le gros travail dans les champs pendant les mois d'été n'interdit pas les bitures mémorables et les plaisirs que la morale réprouve,

Les Rouennais chassent le dragon ou la Gargouille le lundi qui précède l'Ascension et il est de tradition de jeter dans la gueule du monstre des poissons, en chantant des chansons spécialement choisies commençant par « *quant je vivoy les vifs pessoyent* ». Des témoins oculaires, le compte-rendu de visites pastorales des évêques racontent des scènes étranges. Ils disent avoir vu des prêtres et des nonnes se dévêtir et danser en public, chanter des chansons paillardes, se déguiser, se moquer des rites liturgiques, aller jusqu'à brûler de vieux cuirs dans les encensoirs.

Ces plaisirs indécents sont qualifiés d'habitudes lubriques et lascives ! Même la procession de la Fête-Dieu peut donner matière à des pitreries de mauvais goût à plus forte raison quand un bouffon, patenté par la municipalité, ouvre le cortège par ses facéties.

Le cycle de Noël apporte des journées de repos, qui se doublent de grandes libertés avec la tradition, de repas pantagruéliques, de jeux où le burlesque perturbe les usages religieux. La Saint-Etienne le 26 décembre, la fête des Saints-Innocents le 28 décembre, célébrée par les enfants de chœur, la nuit du jour de l'an, la Saint-Sylvestre (31 décembre) et le 1er janvier rappelant la Circoncision, l'Épiphanie le 6 janvier voient défiler dans les rues de joyeux fêtards qui brûlent la chandelle par les deux bouts. Ils sont déguisés en sauvages avec des peaux de veau ou de cerf et s'amusent, dans la cathédrale ou dans les églises, à célébrer des parodies liturgiques et à figurer des inversions hiérarchiques.

Les abus bacchiques

On a l'impression que le christianisme a encore du mal à éliminer le souvenir des festivités païennes, des calendes de janvier. Les *Enfans-sans-Soucis* parisiens ou des *Coqueluchiers* rouennais, les *esbahis* de la comédie populaire, plus ou moins éméchés, défilent, en tenue de fous, chaque nouvel an, chantent à tue-tête, font des grimaces et des pitreries aussi stupides les unes que les autres. Ils tiennent des propos irrévérencieux, tambourinent aux portes, font un boucan de tous les diables avec des chaudrons, des casseroles, divers ustensiles de cuisine, sous prétexte de chasser les mauvais esprits. Les autorités s'en sont inquiétées, se sont émues de tels abus bachiques et de grivoiseries, mais ne sont pas toujours en état de sanctionner la licence à laquelle s'adonnent même de jeunes clercs.

Le pire de tout se produit au moment du carnaval, le temps des débordements commis par des jeunes réunis en associations, des excès, de la rupture, avant que la viande ne soit interdite ou enlevée (*carne levare*). Des surprises sont, il est vrai, à attendre, même pendant l'austère Carême, quand le jeûne imposé aux chrétiens rend les individus nerveux. Le premier dimanche de cette période de restrictions ou dimanche de la Quadragésime est l'occasion de se promener avec des torches, d'avoir « *en sa main un brandon ardent* » et de s'en servir pour rire. On allume, le soir venu, des feux, on boit et on danse au son des instruments des *ménestriers* (Melun).

Inutile de trop insister sur la nature libérée de beaucoup de fêtes corporatives ou familiales, voire de simples veillées où les participants sont invités à filer à la quenouille, à deviser, à papoter et à écouter des histoires, aux réunions de confrères. Des pitreries, des farces de mauvais goût donnent lieu à des dérapages. N'est-il pas commun, un jour de mariage, de tacher la robe de la mariée ou d'une rosière avec du jus de pissenlit ou de la moutarde. Inutile d'indiquer ce qu'un triste sire éméché peut faire en conchiant et en pissant sur ses voisins ou en émettant des souffles ! *« En ceste assemblée, beaucoup de maulx et de péchiés sont procédez et commis comme envies, haynes, vengeances, ontentions dans ses luxures »*. Une belle formule lilloise en rapport avec les drôleries qui s'adaptent à tous les genres de festivités.

Les règlements internes des sociétés à but charitable et professionnel font parfois allusion à la discipline, aux interdits, aux abus qualifiés de *folies et extravagances*. On imagine qu'après des semaines de restrictions et de labeur, les participants, les convives peuvent profiter d'une joyeuse occasion, voire d'un repas funèbre pour festoyer et se livrer à des excentricités. Les usages matrimoniaux veulent qu'on *écoute les mariés* depuis un balcon ou une pièce voisine, qu'on se satisfasse de leur *contentement* ou que la grange ou l'étable serve alors à d'autres usages que de coutume. Toute noce comporte un ou plusieurs farceurs patentés, de solides soûlauds, imaginatifs, des experts en grivoiseries qui vident symboliquement des vessies de porc remplies d'eau sur les invités. Ils sont accompagnés d'un *ménestrueux*, le futur *violoneux* de service. Les moines et les frères mendiants de passage, invités pour la circonstance ne sont pas les derniers à s'enivrer et à s'amuser aux tablées familiales. Un couplet drolatique évoque leurs capacités à ingurgiter. [62]

« Boire à la Capucine,
c'est boire pauvrement,
boire à la Célestine,
c'est boire largement,
boire à la Jacobine
c'est chopine en chopine,
mais boire en Cordelier,
c'est vider le cellier ».

62- C.Vincent, *Les confréries médiévales dans le royaume de France,* Paris, Albin Michel, 1994.

…vons vu précédemment que les remariages des veufs et des …onnent matière à des débordements, à des gestes ou des attitudes obsc…es. Des moralistes se disent choqués par l'immoralité ambiante, les appétits épicuriens de jouissance, la frénésie diabolique qui emporte les danseurs, dont ils dénoncent les plaisirs « *deshonnestes* », les hurlements de sauvages.

L'origine de la fête de la moisson se perd dans la nuit de temps puisqu'on la retrouve aussi bien dans les traditions culturelles slaves ou germaniques que dans les communautés rurales occidentales ou dans un *entremet,* spectacle entre deux services. Son déroulement tourne souvent de façon imprévue, brise les interdits, autorise la déraison, au point même de transformer un rire en vexations et en pleurs des victimes. On y danse volontiers, on y joue aux quilles, au palet.

Les entremets des repas pantagruéliques sont effectivement l'occasion de sortir des contraintes habituelles, de donner libre cours à la fantaisie, à la licence, de transformer un rite vénérable, un vœu de croisade, un vœu d'abstinence en moquerie. Si le profane hésite encore à s'encanailler, à se ruer dans le péché de la chair, des fous se chargent vite de mettre de l'ambiance et de créer un monde à l'envers où les valeurs traditionnelles sont momentanément bafouées. Les fêtes de *l'Épinette*, un souvenir tardif des joutes courtoises dans les villes du Nord, à Lille, à Valenciennes sont bien connues pour leurs débordements. On y entrevoit des défilés, des banquets devenus de véritables orgies, des tournois entre bourgeois accoutrés en sauvages. *« Tous iceulx Valenciennois furent acoutrez en hommes sauvaiges portans leurs escus et gros bastons neuqueleux et leurs chevaux furent tous desguisez en beste estrange, les uns revetus de peaulx, les autres de plumes d'oiseaux qui fut chose fort estrange à voir iceulx hommes sauvages furent acoutrez et houvesetz de flocon de roseau »*. On y déplore des abus, des violences. Car des fêtes permises dégénèrent, s'achèvent en drames, en mort de participants. [63]

Personne n'a oublié le bal des Ardents donné le mardi 28 janvier 1393 à l'hôtel Saint-Pol. Ce jour-là, le roi Charles VI, Isabeau de Bavière et sa cour fêtent les noces d'une dame d'honneur. La journée s'est bien passée à boire et à banqueter et le soir venu le bal débute avec l'entrain d'une bande de joyeux drilles un peu éméchés. Six sauvages font, tout d'un coup, irruption au beau milieu des danseurs, des hommes, tous revêtus de costumes collants de plumes, de touffes de lin, d'étoupe, de poix et le visage masqué. Le roi, momentanément soulagé de ses crises de folie, fait partie de la troupe insouciante du danger, entouré de ses favoris. Des torches sont suspendues le long des murs pour éclairer la salle. L'éclairage est faible et chacun aimerait savoir qui est son voisin, occupé à faire la sarabande. L'un des participants commet l'irréparable en s'approchant d'un masque qui prend aussitôt feu. C'est l'horreur totale, narre en ces termes le Religieux de Saint-Denis : « *Le feu pénétra leurs parties intérieures, jusqu'à l'intérieur du nombril. Leurs organes génitaux avec leurs verges viriles qui tombaient par morceaux ensanglantaient le pavé de la ville.* » La mort affreuse épargne le roi mais le spectacle a contribué à le déstabiliser un peu plus encore. Le bon peuple de Paris vit dans cette triste mascarade soit une manifestation de la colère divine et le châtiment d'un mauvais gouvernement, soit un complot ourdi par des membres de l'entourage du roi. L'Église dénonça un scandaleux charivari, un infâme sacrilège, car cacher son visage et son corps sous un masque et sous les traits d'un sauvage est la pire des dépravations. [64]

Les sorties de chantier, les fins de longues journées en atelier avant le couvre-feu, les samedis après-midi, les après-vêpres prêtent aussi à des débordements dans les innombrables tavernes, dans les étuves ou tout simplement dans les tours ou dans les églises désaffectées. Les scènes champêtres de pastoureaux et de pastourelles qu'on imagine se tenir le dimanche après midi ou à l'occasion d'un jour férié ne sont pas toujours « honnêtes ». Il semble qu'on y danse la carole au son des vielles, des cornemuses, des trompettes et des tambourins, qu'on s'y amuse de bons mots et de situations scabreuses que la morale réprouve et que l'Église dénonce comme inspirées par le démon. [65]

Bref, quantité de mascarades sont l'occasion de déguisements à la limite du permis, du port de masques, de manifestations de déraison ou d'inversion. On mêle volontiers le sain et le malsain, l'animal et l'humain, le nain et le géant, le beau et le laid dans des expressions culturelles qui font oublier un instant les contraintes de la vie quotidienne.

*

Les « esbattemens des jeunes des Compagnies folles »

Au nombre des associations urbaines insolites qui ont intéressé les ethnologues au nom des traditions populaires, les anthropologues et les historiens figurent les confréries facétieuses ou *Mères folles* (Dijon), baptisées ailleurs *compagnies*, *abbayes* ou *royaumes*, autorisées et dotées de statuts, de privilèges, d'un patrimoine.

63- Arch. départementales du Nord B7662, 1435- Texte cité par R. Muchembled.

64 - F. Autrand, *Charles VI,* Paris, Fayard, 1986.

65- Le genre poétique des pastourelles, dans un cadre agreste, raconte, en se moquant volontiers, une rencontre amoureuse dans la nature. L'homme est par nature séducteur, la bergère plutôt facile. - J.C.Rivière, *Pastourelles.* Paris-Genève, Droz, 1974-1976.

« Bachelleries » et joyeuses sociétés

On les rencontre de préférence dans les grandes villes qui disposent d'un large potentiel de jeunes qui ont besoin de s'évader et qui ont la possibilité d'enfreindre les usages et les règles morales d'une culture traditionnelle.

Ce sont des confraternités d'adolescents célibataires « *a mariez* » ou de jeunes mariés, des associations confraternelles de *badins,* de *turlupins* (Paris), de bouffons, de sots, de *bacheliers* membres de ces *bachelleries*, omniprésentes à la fin du Moyen Âge, appelées différemment sous d'autres cieux. On les nomme *abbayes de la Jeunesse* ou de *Jovens*, *principautés d'Amour* dans le Midi, *royaumes des Fous, des Sots, des Sans-Souci*, des ânes, confréries ou compagnies de *Connards* en Normandie, de *Turlupins* à Paris, etc. Leurs membres se disent volontiers des *étourdis*, des *coqueluchiers* ou *coqueluchets*, des *confrères de Gaîté ou du Plaisir*, des membres de l'*Infanterie* dijonnaise, de *Malépargne* dans le Nord, de la *Mère Folle* en Bourgogne ou à Lyon, de *Mau-Gouverne* en Poitou dès 1393, des *Hydeulx* à Cambrai, des *Mauvaises Braies* à Laon. Leur prolifération surprend ; leur nombre atteint la quinzaine de bandes à Lyon ou la dizaine à Arras.

Un texte poitevin de 1478 déclare à propos de Saint-Mars-de-la-Réorthe : « *par les paroisses du bas-pays de Poictou, les jeunes compaignons que on appelle bachelliers à marier ont accoustumé tous les ans, à chacune feste de Penthecoustes eulx assembler joyeusement et faire entre eulx par eslection, en chacune paroisse et assemblée, ung roy des bacheliers, qui a la charge, gouvernement et administration du cierge et luminaire desdis bachelliers* ». Ces groupement sont dotés d'une personnalité juridique, reconnue par les pouvoirs public. Ils détiennent des biens meubles et immeubles, une caisse, des archives, un sceau, une bannière. Leur chef, caracolant en tête des manifestations, se nomme le capitaine-bachelier, l'empereur (Montignac), le roi (Bressuire), l'abbé de liesse, ou le prince d'amour, le prince de la jeunesse, des sots, des étourdis, des *pimperlos* à Douai. Le choix se porte toujours sur le plus *sot* dans le sens d'extravagant, sur le « *mieulx disans* » ou le plus éloquent, sur un « *portant haut la trogne* » et montrant sans vergogne « *son bas corporel* », ses *couillons*. On préfère aussi celui qui est connu pour son sens de la répartie, son exhibitionnisme, ses plaisanteries salaces, ses capacités d'absorption et ses exploits sexuels. Une élection de roi donne lieu à des manifestations pittoresques, à des joutes oratoires (Saint-Quentin), à des beuveries ! Cette sorte de magistrat populaire élu pour sa « sottise », ses facilités à péter et à absorber des boissons, est secondé par un état-major de pacotille avec ministres, conseillers, courtisans et capitaines de quartiers. Le chef a la haute main sur les jeux et les divertissements de la cité, exerce une sorte de patronat et de police des mœurs sur les sociétés ludiques, donne son avis sur tout, y compris sur les fréquentations de ses concitoyens. [66]

Une association peut rassembler plusieurs dizaines, voire des centaines de membres, de toute condition ; quelques « royaumes » ont une assise sociale plus marquée que d'autres, les nobles d'un côté, les roturiers de l'autre (Arles), ou une composante socio-professionnelle (marchands, artisans), ou encore un cadre paroissial ou territorial, un quartier, une rue. Tous les membres ont une conscience de corps profonde. L'abbaye rouennaise réunit jusqu'à 2000 *connards* à son siège social : le prieuré des Bonnes Nouvelles dans le faubourg de Saint-Sever. Les membres des ces associations baragouinent le même langage, composent des chants que seuls les affiliés peuvent brailler à tue-tête. Leurs festivités, sur plusieurs jours consécutifs, comportent, en plein air, des courses de vitesse, des *soules* (rugby) entre paroissiens suivies de mémorables bagarres, des défilés costumés dans les rues avec bannières, des danses comme le Branle à Toulon, des concerts d'instruments discordants, des aubades, des sérénades, beaucoup de cris, des coups de sifflet. Ces groupuscules de jeunes ont pour but de maintenir la cohésion paroissiale, l'union entre les membres, de défendre une communauté, ses privilèges et ses usages. Il s'agit surtout de rire le plus possible, de se moquer de tout, y compris de leur responsable, l'abbé de la jeunesse à Forcalquier en 1490, d'organiser des punitions de cocus à dos d'âne, etc. Sous le rapport de la gaîté, le Moyen Âge eut l'imagination débridée !

*

Une miséricorde de Saint-Gervais de Paris : des danseurs masqués et costumés

L'association est reconnue par les autorités qui autorisent les défilés annoncés ou « criés » à son de tambours, de trompes et de fifres, aux principaux carrefours par une cinquantaine de cavaliers, chaque 21 février à Rouen.

66- N.Pellegrin, « Les bachelleries, organisations et fêtes de la jeunesse dans le Centre-Ouest XVe-XVIIIe siècles », *Mémoires de la société des antiquaires de l'Ouest,* 4e série, tome XVI, 1979-82, p.78.

On s'interroge sur la signification de pareilles institutions et de leurs étranges coutumes, généralement intégrées dans la cité, tolérées par les autorités, à moins qu'elles n'aient été suscitées par elles comme l'Epinette de Lille. Sans exclure une fonction ludique, commune à toute société, un petit rôle religieux que peut éventuellement souligner une participation à des manifestations spirituelles, à la fête de la Passion d'Aix-en-Provence ou à la fête de l'Ascension à Forcalquier, elles ont peut-être d'autres fins. Certains pensent qu'elles servent surtout à canaliser l'agressivité, à tempérer ou à ritualiser une violence juvénile capable, sinon, de conduire aux pires excès.

Pourtant certaines manifestations ont un caractère subversif qui les rend suspectes et condamnables. On évoque dans les villes du Centre-Ouest du royaume des outrages, des bagarres entre bacheliers de paroisses rivales, des morts d'hommes, (Epesses en 1478). C'est précisément le cas à la fête des fous et le jour de l'inversion des valeurs du carnaval.

Les fredaines et les mimiques des « innocens »

Ces exubérances de gamins en goguette et les inversions hiérarchiques de folies de clergeons et d'adolescents mettent le monde à l'envers.

L'occasion type de chahuter, de se défouler contre une société traditionnelle, de *gaber* ou de railler *innocenter*, est offerte aux enfants et aux adolescents à certains moments de l'année comme à l'occasion de la fête des fous, des sots ou des saints Innocents, du 1er janvier à l'Épiphanie, à Notre-Dame-de-Paris. L'autorisation est donnée du bout des lèvres. Toute une documentation existe qui va de livres d'usages, de poésies burlesques, de manuscrits anonymes (Besançon au XIIIe siècle) à la Nef des Fous de Sébastien Brant. [67]

• La **fête des Innocents**, la *festum puerorum*, de la folie des jeunes, « *une solempnité avec son evesquiet* », est un exemple d'esprit festif accompagné de dérives jugées sacrilèges par ses détracteurs. Elle est célébrée par les enfants de chœur, entre le 28 décembre et la nuit du jour de l'an. Il s'agit d'un simulacre de rituel, d'une parodie irrévérencieuse d'une cérémonie religieuse par de jeunes clercs, clergeons ou enfants de chœur, chantres, sous-diacres et écoliers, émancipés quelques heures seulement par an. On se moque, de façon grotesque, de la hiérarchie, des rites et des symboles religieux et on ose introduire dans l'église le boire et le manger, la danse, le jeu de dés, les chansons grivoises. Certains même osent venir en habits sales ou déchirés. [68]

Une telle expression du grotesque surprend encore les historiens. Voici des adolescents, auteurs de plaisanteries ritualisées, des jeunes de moins de quatorze ans, dont l'attitude dénote avec l'environnement cultuel et hiérarchique si strict de l'époque, avec la discipline appliquée en temps normal, avec l'éducation des clercs. Pour bien en saisir le sens, imaginons des jeunes pensionnaires, loin de leurs attaches familiales, agités et turbulents comme on l'est aux environs de dix-douze ans, l'esprit en éveil, prompts à se moquer. Ils sont soumis à la dure férule du chanoine scolastique ou du maître du chant, adjoint de l'évêque, obligés de servir une messe, vite répétitive, sauf quand la cérémonie donne l'occasion de rire, de plaisanter, à chaque couac, à chaque cas ou attitude insolite. Toutes les occasions sont bonnes, surtout en cette fin d'année, après Noël, pour perturber une ordonnance devenue mécanique. Ce n'est pas forcément la seule occasion. On raconte que les enfants riaient à la cérémonie des Cendres, à la Toussaint et perturbaient les visites des cimetières. Certains diocèses semblent même favoriser des divertissements sans conséquences. Un chanoine d'Evreux, Guillaume Bouteille, fut un des bienfaiteurs du siège épiscopal au XIIIe siècle. Après son décès vers 1253, les membres des associations pieuses célébrèrent son souvenir en organisant une fête Bouteille devenue ensuite une fête de la bouteille ! [69]

La tradition veut qu'à la fête des saints Innocents, les clergeons chassent le clergé des stalles hautes, inversent les rapports hiérarchiques et transgressent le sacré en célébrant une messe à rebours, en brûlant dans les encensoirs des morceaux de vieilles chaussures et en buvant force rasades de vin. Ils portent leurs vêtements à l'envers, se déguisent, cachent leur visage avec des masques ou sous une épaisse couche de suie. Puis ils désignent l'un d'entre eux comme *évêque des enfants,* l'intronisent par la mitre et la crosse, se rendent en procession à la cathédrale où ils y pratiquent une liturgie de dérision. Le petit évêque, portant une chape en tissu rouge à orfrois, assis sur une chaise d'honneur, officie, entouré de « chanoines », de diacres et de sous-diacres. Il est porté ensuite dans les

---

67- H.Cox, *The Feast of Fools,* Cambridge, 1969, en français, 1976. - F. Caradec, *La farce et le sacré.*

68- J. Heers, *Fêtes des fous et carnaval,* Paris, Fayard, 1983.

69- A. et S. Plaisse, *La vie municipale à Évreux pendant la guerre de Cent Ans*, Publication de la Société Libre de l'Eure, 1978, p.174.

rues de la ville et accomplit des stations devant les églises et chapelles. La municipalité le reçoit et « *pour l'honneur de la ville* » va jusqu'à offrir du vin à ses jeunes visiteurs ou à verser une petite somme « *pour aider à entretenir en folie et faire sa feste* » (Lille, Tournai, Ypres). La farce exubérante n'est pas méchante en soi et ne tire pas à conséquence puisque le lendemain tout rentre dans l'ordre. Ce n'est qu'une inversion hiérarchique momentanée, une image ridicule de la réalité. Ne cherchons pas d'autres explications alambiquées, évitons de parler d' une contestation satirique et licencieuse de l'ordre établi au risque de méconnaître la nature et les capacités de jeunes adolescents qui y voient seulement un jeu, une drôlerie.

Les prélats en fonction ne sont pas toujours aussi tolérants que leurs prédécesseurs grégoriens qui préféraient ne rien dire tant que les manifestations ne dégénéraient pas. On a même vu à Saint-Pol-de-Léon des prêtres participer aux danses. L'archevêque rouennais Eudes Rigaud interdit cette mascarade en 1245, l'évêque d'Évreux à plusieurs reprises en 1395, en 1446, en 1451 et va jusqu'à lancer la clameur coutumière de *haro* ou appel solennel à la justice ducale contre les « *joyeusetés scandaleuses des Innocents* ».

D'autres extravagances bruyantes, colorées, les pires blasphématoires, agitent périodiquement les cités, les quartiers ecclésiastiques. Elles sont à la limite de la bienséance ou mettent le sacré à rude épreuve.

La fête de l'âne. On a souvent confondu la fête de l'âne, le jour de la circoncision, avec celle des saints Innocents. C'est aussi une réjouissance de jeunes écoliers, qui se déroule, avec une autorisation préalable, dans le quartier épiscopal et intéresse des enfants qui se sont choisis un roi, un pape ou un évêque.

Un cérémonial rouennais, *l'ordo processionis asinorum secundum Rothomagensem usum*, mis à la disposition des chanoines et des participants, règle l'ordonnance de la cérémonie burlesque. Les adolescents y font des facéties doublées de jeux de scène et d'une cavalcade et usent d'un langage codifié accompagné de calembours, de discours en mauvais latin. Une caricature de l'âne, animal symbolique par excellence, cité dans des vies de saints, dans celle de saint François, est incarnée par un acteur à genoux. Loin d'être stupide comme le veut la croyance populaire, l'animal est associé à l'histoire sainte, à la vie de Jésus, à la crèche, au transport de la Vierge et de son Fils en Égypte, à l'entrée dans Jérusalem. Ses braiments lancés par un jeune chanteur, des hi-han qui provoquent le rire sont accompagnés par la foule qui crie *Amen, amen itera* et deviennent une sorte d'hymne à la joie. La fête de l'âne est permise mais considérée comme un moment privilégié de divertissement et de drôlerie par les uns, comme le symbole du Christ ou du peuple juif par ses plus sûrs défenseurs.

Le jour des Rois, le 6 janvier, de petits groupes d'enfants, précédés d'une grande étoile, vont de maison en maison, en chantant, psalmodiant et réclamant pour *part de Dieu* ici de l'argent, là du pain, là de la viande, là encore une galette. Ils remercient les donateurs, qui vont parfois jusqu'à offrir une épaule de mouton, par une chansonnette ou une prière drôle en l'honneur d'un saint, saint Léonard à Rouen. La galette des Rois avec la fève existe déjà. Un banquet a lieu le soir présidé par un roi, le Bachelet en Normandie, accompagné de son fou appelé Follet dont la principale fonction est de barbouiller en noir ceux qui commettent une erreur dans le rituel des acclamations et des formules traditionnelles. Des gamins s'amusent aussi comme des fous le jeudi de la quinquagésime qui précède le mardi-Gras, déposent le souverain de l'année précédente, nomment un nouveau *Roy des Escoliers* ou un *Général d'Enfance*, son *alliance* ou son entourage, un premier ministre. Tous défilent « *en beau désordre* », assistent à un simulacre de bagarre entre rois, l'ancien et le moderne, s'amusent jusqu'au plus bas niveau… en décapitant un coq !

Pot-pourri de bêtises

À d'autres moments, ce sont les adultes qui s'émancipent . On a vu des prêtres dévoyés imiter les artistes, s'affubler de chaussures rouges, se trémousser en public, un jour de la Saint-Martin d'hiver (Rouen). Danser ne choque pas si les mouvements ont un caractère liturgique et si la pratique cérémonielle rapproche de Dieu. Les juifs, les chrétiens d'alors dansaient volontiers dans les édifices religieux, à la porte des synagogues ou des églises, à l'occasion de fêtes familiales. D'une autre nature sont les manifestations colorées, les gesticulations, les chahuts d'hommes d'église, les parades de nonnes en habits de ville ou déguisées. Elles sont qualifiées de dépravations sataniques. Bayeux s'amuse beaucoup le jour de la Saint-Étienne, Cherbourg, Rouen la veille de la fête des Saints-Innocents, le 28 décembre et le 11 juin à la Saint-Barnabé. Dieppe a ses *mitouneries* ou cavalcade de la fête de l'Annonciation. Certains diocèses connaissent la fête du renard dont le grand jeu consistait à exciter un goupil, habillé d'un surplis et coiffé d'une mitre, en faisant passer devant lui une volaille.

Les autorités religieuses sont d'habitude réticentes à l'égard des exploits de ces jeunes fous dont elles redoutent les attitudes, les actes et les paroles. Elles ont du mal à les encadrer, à les surveiller, à distinguer le scepticisme et l'incrédulité de meneurs dont « *l'impiété grimace sous la bonhomie* » (G. Minois). L'autorité craint par dessus tout les débordements, le défoulement sous l'effet du relâchement et de la boisson, des festivités de *saouls diacres*, et condamne l'usage de masques, les déguisements en sauvages ou en animaux, des travestissements qui camouflent ou changent le sexe, les moqueries sur le pape, les évêques, laissant deviner une influence satanique. Les facéties des jeunes juristes d'Évreux se transforment en provocations le jour de la Saint-Barnabé. Voici ce qu'en dit un témoignage critique :

« l'an 1425, les juges et advocats, procureurs, sergents et autres ministres de la justice au bailliage d'Évreux ayant choisy l'Apostre saint Barnabé pour leur patron, la cérémonie commença par l'abjuration et renonciation que fit le corps de justice d'une assemblée honteuse où Dieu estoit méconnu par dérision et mommerie d'un abbé des conars qui attiroit après soy la corruption des mœurs par un débordement d'insolences et d'actions déshonnestes que permettoit la licence d'un jeu qu'ils appeloient desfois ».[70]

Mais ces étranges débordements temporaires, ces mommeries accompagnées de comportements grotesques de badins, doivent être jugées avec le recul qui s'impose. Les pratiques festives du monde à l'envers contribuent, dans une certaine mesure, à canaliser, à des moments précis des débordements qui pourraient être infiniment plus dangereux sans un contrôle épiscopal et canonial. Elles contribuent à renforcer la cohésion d'un groupe (les enfants de chœur), d'un quartier, d'une communauté. Elles ont enfin une dualité marquée : encore un côté religieux, respectueux des usages et des privilèges, et une bouffonnerie à la limite du tolérable qui caricature la hiérarchie, le rituel ou tout simplement, à travers les masques en usage courant, l'image de l'homme fabriquée par Dieu.

Les exploits de l'âge bête

Le pire est à attendre dans d'autres circonstances où se manifeste cette fois un déchaînement d'agressivité et d'érotisme digne de *soufflaculs*, sans

70- A. et S. Plaisse, Évreux op. cit. p.216-229. - G. Minois, *Histoire de l'athéisme,* Paris, Fayard, 1998, p.89.

commune mesure avec ce qui vient d'être décrit. Les blagues, les *béjaunies* ou bizutages d'artiens font partie des débordements d'une jeunesse incontrôlée. [71]

Le niveau d'instruction des adolescents appartenant à la faculté des arts ne les met pas à l'abri de la grossiereté. D'humeur rieuse et farceuse, ces *escholiers* n'ont pas leur pareil pour provoquer le sergent chargé de la police et le bourgeois, déchaîner l'hilarité aux dépens de leurs victimes, se livrer à des jeux interdits et à des plaisanteries de mauvais goût.

Beaucoup de jeunes étudiants pauvres sont à la fois victimes d'une société qui ne les comprend pas et ne les épargne guère et auteurs de délits que François Villon a immortalisés.

Les *martinets* vivent en association, officielle sous la tutelle d'un professeur, matérielle s'ils ont des ressources et sont logés en pensionnat conçu pour boursiers, le collège, ou hébergés à plusieurs dans des galetas. Le côté sentimentale se manifeste par tranche d'âge ou par « pays d'origine ». Leurs rangs sont grossis d'éléments douteux, de marginaux qui ne survivent qu'avec de petits métiers (serviteurs, précepteurs, figurants d'enterrement) ou qu'à coups d'expédients et de la charité publique. Le soir venu, le passant découvre, au coin des rues, des personnages inquiétants, hirsutes, affamés, faméliques, transis de froid, prêts à « *coquiner* », à commettre un larcin.

Quelques uns font des sottises qui ne sont pas du tout du goût des bourgeois. Les plus indisciplinés participent à des expéditions punitives, règlent leurs comptes à coups d'un bâton, appelé *martin,* avec les sergents, chargés du maintien de l'ordre dans les seigneuries, rossent les gens du guet, insultent les soldats en les traitant de *coquinailles, chiennnailles, traitres, filz de putes,* en criant *« tuez, tuez ».* Bref, on les retrouve dans les virées nocturnes pendant lesquelles « *l'on fait noises, batures et aultres grandes violences par nuyt* ». Des bandes se forment par affinités de pays ou d'études, jettent des cailloux contre les volets des maisons endormies, intervertissent les enseignes. A l'occasion de la Saint-Nicolas 1452, jour de la fête patronale, les étudiants de Dijon, exercent leurs facultés vocales et instrumentales devant la maison du recteur de l'université trop sévère, brisent des portes aux cris de « *savate, bru, bras* ».

71- R. Muchembled, *Culture populaire et culture des élites dans la Frane moderne* (XVe-XVIIIe siècle), Paris 1978.

De gais lurons, plus ou moins dévoyés, passent leur temps, à la tombée de la nuit ou les jours de fête, à inventer des tours pendables. Tirer les bourgeois de leur sommeil par de violents coups portés à leurs huis ou par des cris stridents, uriner sur les passants, se moquer des mauvais coucheurs, des propriétaires irascibles, des professeurs trop sévères, des *claustrières* ou patronnes des *bordelages* sont à la portée du commun. Repérer les bourgeoises volages, les chambrières prêtes à se prostituer, propager des rumeurs coquines exigent de l'imagination. Le point de ralliement de tous les facétieux était, à Paris, le Pet-au-Diable, un nom donné à une grande pierre, de forme expressive, située près de Saint-Jean-en-Grève et qui faisait la gloire d'un hôtel particulier. Chacun se livrait dessus à des plaisanteries que la morale réprouve. Une belle nuit de 1451 les étudiants déménagèrent la pierre en question, baptisée la Vesse, pour l'amener sur la montagne Sainte-Geneviève, rue du mont Saint-Hilaire. On frisa un instant l'émeute quand les propriétaires réclamèrent leur bien. Une autre pierre, cette fois à Poitiers, subit le même sort !

D'autres moments « folkloriques » sont restés gravés dans les mémoires de ceux qui les ont vécus ou qui les ont vus au point de considérer les mimiques et les parodies comme de véritables atteintes à la société et à la dignité humaine. Que dire de cette fête nantaise, le lendemain de Pâques, dénoncée par un concile en 1431, à laquelle participent des clercs ? *« Les prêtres des églises et quelques aures personnes se répandent dans les maisons de la ville, entrent dans les chambres, saisissent ceux qui sont couchés dans leur lit, les emmènent tout nus dans les rues et sur les places publiques. Ils les conduisent ensuite, poussant de grands cris dans les églises, les placent sur l'autel et ailleurs, et jettent de l'eau sur eux, ce qui trouble l'office divin, occasionne des accidents, comme des lésions et quelquefois des mutilations de membres »*. Cette étrange manifestation s'observe à Angers, sous l'appellation de *prisio*.

La fête des étudiants parisiens, le 12 juin, qui se déroulait sur le champ de foire du Lendit à Saint-Denis était l'occasion de défiler, de se déguiser et surtout de boire. Elle dégénérait en amusements indécents, en chansons licencieuses et en actes de vandalisme. L'arrivée des « bleus », des *becs jaunes* en université, réputés être des rustres indécrottables, donnait lieu à une cérémonie initiatique de purgation et d'intégration ou *béjaunie* accompagnée de toute une symbolique qui les faisait passer de l'état de sauvage à celui d'être civilisé urbanisé. Le bizutage avec défilés dans la rue et cérémonies est obligatoire sous peine de sanctions. Le rite initiatique ne brille pas forcément par sa finesse, quand les anciens se moquent de l'odeur de fauve, de la laideur physique, des dents, des oreilles, du regard, des vices supposés du nouveau tout dépaysé, quand on l'oblige à asperger les passants ou à badigeonner d'excréments les bancs de la salle de classe et la chaise du professeur. C'est aussi l'occasion de donner des représentations théâtrales « *deshonnestes* », censurées par les autorités.

Ce petit monde de farceurs qui boit, rit et chahute volontiers, s'adonne à tous les plaisirs tolérés ou interdits au cours de sorties nocturnes : aux jeux de hasard, à la prostitution, aux « *lècheries* » en tavernes et, bien sûr, à toutes les filouteries possibles. Ce sont ces individus que la bourgeoisie doit supporter à l'occasion du carnaval et que les sergents du prévôt royal arrêtent pour bagarres ou infractions.

*

Folies carnavalesques ou les festivités « *crotestyllonnées* »

Le carnaval, le Jour Gras ou le Gras Temps, avant les restrictions du Carême, le temps fort des basochiens, annonce la fin d'une hibernation, la fin des veillées au coin du feu, et marque l'ouverture printanière avant le cycle pascal, ses fêtes et ses réjouissances. Cette folie collective est plus urbaine que rurale, du moins dans la connaissance que nous en avons. C'est une fête cyclique à date variable qui se situe traditionnellement quarante jours avant la pleine lune de Pâques.

Le Mardi-gras des chartes bachiques, le paroxysme de trois jours de festivités et de débordements avant la rupture symbolique du mercredi des Cendres, relève du domaine de la sexualité et de la fécondité, des aventures amoureuses, des fiançailles et des prochains mariages. Les cocus, les *cornards,* les *cornadotes*, les initiés se forment en cortège licencieux et s'adonnent à ses mascarades. Ils accordent une place de choix au mimétisme masqué, à la parodie, au grostesque, à l'obscène, à la scatalogie.

C'est sans doute une des réjouissances qui a le plus opposé les chercheurs, sur ses origines antiques, sur la notion de culture populaire, sur le sens profond du divertissement, sur sa symbolique. On a même parlé d'une mascarade, d'inspiration diabolique, héritée du paganisme ancien, récupérée ensuite, dès le haut Moyen Âge, par les chrétiens. Nous dirons que c'est surtout l'occasion pour les jeunes participants de rire des travers des bourgeois, de se moquer, dans une parodie bouffonne, de l'autorité, de la richesse, de l'infortune sentimentale, d'un comportement autoritaire. [72]

Les archives ecclésiastiques ou municipales, des fabliaux comme *La bataille de Caresme et de Charnaige*, *la Nef des fous* de Sébastien Brant (1494), *la Satyre Ménippée* et *la Friquassée Crotestyllonnée* de Rouen vers 1550, des comptines, des *sotties* de *turlupins* contiennent d'abondantes informations sur les manifestations carnavalesques. On peut y ajouter, à l'occasion, des achats ou des subventions dans les comptes municipaux (Lille), des contrats notariés comme celui du 25 novembre 1464 à Sarlat sur la fourniture de matériel pour un jeu appelé *colhage*. Des artistes osent se moquer des figurants ou des spectateurs ; des peintures (Bruegel) décrivent des manifestations comiques gestuelles, accompagnées de rires, de cris, de violences verbales. On y perçoit une transgression des normes morales élémentaires, des manquements de respect à Dieu, à la Vierge, aux saints, au roi ou à la hiérarchie sociale, aux notables. La fête devient une parodie destructrice, ne serait-ce que par le mannequin brûlé en fin de parcours.

La liturgie drôlatique d'un monde tout « bestourné »

Les joyeusetés carnavalesques, avant l'annonce du printemps, sont la manifestation souvent licencieuse d'un autre monde où les repères habituels et les normes morales sont inversés, un moment de débauche festive, au cours duquel le rire atteint son éclat permis ou déjà des extrémités dévastatrices. Les discours licencieux disent que leurs auteurs « *montent au Paradis en s'écorchant le cul* » !

On discute des origines du Gras Temps avant les abstinences du Carême, des associations burlesques, des *liesses* (Arras), des *folies* de Dijon, d'Avignon, de Viviers et d'ailleurs. Ce temps fort de la vie urbaine est inséparable de cette fête du passé, connue sous l'appellation de Jeudi Gras ou le Jeudi-Jeudiot, liée à un rite cyclique de passage et de rupture du temps. C'était alors la fête du changement de saison, annonciateur du printemps.

Des anthropologues ont rattaché les manifestations carnavalesques et leurs fatrasies à des rites païens, aux survivances des Saturnales ou des Lupercales, elles-mêmes associées au renouveau des forces de la nature. Les chrétiens les ont insérées dans leur calendrier liturgique et en ont fait une sorte d'anti-Carême pour mieux souligner ensuite, par une pénitence, l'idéal de la vie du croyant. D'autres chercheurs sociologues et psychologues ont mis l'accent sur un défoulement collectif d'adolescents et de moins jeunes. Ce serait le rire forcé d'une jeunesse en mal de vivre, un oubli momentané, l'ivresse de « *gens de bas estat* » confrontés aux misères du temps ou la manifestation des aigreurs, une jouissance malsaine dans la gouaille et la causticité.

De là à parler d'un rejet de la société, de l'autorité civile et religieuse, une parodie de la hiérarchie, des valeurs imposées, de la morale conventionnelle voire une fascination pour l'irrationnel, c'est anticiper et juger avec nos critères contemporains !

Chaque localité a, « *en toute modestie et joyeuseté* », ses usages carnavalesques propres, sa cavalcade, ses spectacles colorés, ses mariages ou ses unions parodiques, ses paroles satiriques et outrancières. Les usages en vigueur en Lorraine résument bien les festivités qui précédent le Carême : *« Le dimanche des Bordes ou le Lundi Gras de Metz, un géant, aux cheveux crépus, au nez camus, aux gros yeux, à l'allure effrayante et armé d'un gros baton, autrement dit un géant sauvage, est promené dans la ville. Le jour de Mardi Gras, une géante l'accompagne dans un tour de ville qui les mène devant l'église où ils sont mariés par un vrai prêtre ou un abbé de jeunesse. Il est habillé en fol et fait un discours pour rire. Après quoi, le cortège des déguisés conduit les géants jusqu'à leur chambre nuptiale où ils devront faire des jeunes ».*[73] Tout se trouve dans ce passage : le cycle festif païen christianisé, les géants, le vilain sauvage, le mariage parodique, le rituel de la fécondité.

Le monde festif caricature dans des fatrasies et monologues la hiérarchie officielle de l'époque, raille les grands, se moque de la puissance et de la richesse, veut mettre de l'ordre dans le désordre. Il organise finalement une parodie qui paraît de prime abord aux antipodes d'une société hiérarchisée régentée par des règles morales strictes et par une autorité incarnée par les prévôts et les sergents, chargés de la police au nom du roi, d'un prince ou d'un seigneur. Les limites entre le tolérable et l'interdit sont vite atteintes par une satire cruelle, la bouffonnerie et des comportements collectifs débridés. Des contre-discours vont jusqu'à exalter la paresse, la gloutonnerie, l'ivrognerie, la bêtise.

Sa Majesté Carnaval, un joyeux viveur appelé le *Roi des Fous ou des Sots*, le *prince* ou *l'abbé du pays de Cocagne*, un personnage fabriqué en osier et en chiffon, haut en couleur, crossé, enchapeauté d'un bonnet à cornes

---

72- J. Caro Baroja, *Le carnaval*, Paris, Gallimard,1979. - J.Heers, *Fête des fous et carnaval*, Paris, Fayard, 1983. - G.Gaignebet et J.D. Lajoux, *le carnaval, essai de mythologie populaire*, Paris, 1974. - M. Grinberg, « Carnaval et société urbaine XIVe-XVIe siècle : le royaume dans la ville », Ethnologie française n°1 et 2, 1974.

73- Plilippe de Vigneulles (1473-1525), Chroniques, édition de Charles Bruneau, Société d'Histoire et d'Archéologie de Lorraie et de l'université de Nancy, 1932- Publication de Cl. Gaignebet et de D. Lajoux *Art profane et religion populaire au Moyen Âge* op. cit. p.158.

comme un fou, à califourchon sur une perche ou sur un âne, préside la fête. On le surnomme encore, dans les représentations, « *prince des fouteux et des ribaulx fornicateurs* ». C'est ici un géant, aux yeux globuleux et mobiles, à l'allure monstrueuse pour faire peur aux petits enfants, là un prince ou un prélat, portant anneau et robe de damas rouge, monté sur un char tiré par ses sujets et brandissant une bouteille ou un jambon (Évreux). Le « *grandissime, magnifiquissime et potentissime* » monarque rouennais comparé à un *Souldan de Babylone*, à un *roy des Perses*, est « *remply de l'esprit bachique* », il arbore un grand costume de parade, une mitre étincelante, des bijoux. Il jouit avec son entourage de privilèges énormes, comme celui de révéler les scandales de la ville. Rabelais le décrit ainsi :

> « *Cestoit une effigie monstrueuse, ridicule, hydeuse et terrible aux petiz enfans, avec les œilz plus grands que le ventre et la teste plus grosse que tout le reste du corps, avecques amples, larges et horrificques maschouères bien endentelée tant au dessus comme au-dessoubs, lesquelles, avecques l'engin d'une petite corde cachée dedans le baston doré, l'on faisoit l'une contre l'autre terrificquement clicquetter, comme à Metz l'on faict du dragon de sainct Clemens* ».

> Le personage central est accompagné de son épouse la Grosse, la Géante (Metz), la Maschecroute à Lyon. Des dignitaires, des suppôts, une noblesse de cour, des archers et des pages forment la suite. Le *gras Conseil* du carnaval de Rouen, réuni chaque 24 février, forme, dit-on ici, un concile ou un conclave ! La parodie de la société et de la hiérarchie laïque et ecclésiastique, est poussée au maximum. On entrevoit des cardinaux, la tête couverte de larges chapeaux, des robes en damas rouge « *à queue de taffetas vert et de la longueur de cinq pieds et demie* » et portant les noms de Malalaise, de l'Étrille et de Maucomble, de Loyauté, des évêques appelés Platte-Bourse, Bas-de-Poil, des abbés de Rien-ne-sait et de Nid-de-Quien. Plus loin apparaissent des princes comme le Prince de Mal Espargne, des ducs comme ceux du Rouvraie, du Vert Buisson, du Lyon d'Argent, de Frappecul et de Muflegros, des amiraux de la Renelle et de Robec (ruisseaux de Rouen), des gouverneurs de bordels, des baillis, des vicomtes, des procureurs, des sergents. Il y a un patriarche, celui des « Verrollez ». Le cortège a invité le monarque de l'année précédente, le *Roi-dépouillé*, privé de ses attributs, devenu le *roi des pouilles* (des poulles) par un vilain jeu de mots.

L'encadrement est même prévu sous forme de messagers bachiques, sortes de meneur du jeu, aux savoureux diminutifs de Petit Vit, Trotemenu, Trompette, de caricatures de sergents et de hérauts, d'un bourreau dont on ne saurait se passer !

Un orchestre conduit les sujets du Maugouverne, la folie en délire, accompagné à l'occasion d'un engin qui lance des flammes, met de l'ambiance et utilise de préférence les tambourins et des instruments à vent, les *turelures,* une variété de cornemuse symbole de la a

Chacun chante, danse sous la direction du prince d'amour (
prie pour le saint Patron burlesque, saint Pichon ou saint Fra
exemple, fait du bruit avec des chaudrons, des crécelles et des *sou* ou clochettes, organise des concerts discordants, des charivaris.

Le triomphe d'une abbaye de connards : l'exemple rouennais

« Car n'avale pour toute hostie
Que bière où cherche son salut.
On fait tapage par les rues,
Masqué, comme pour les abeilles » (Sébastien Brant p. 359)

Le défilé du « *gras temps* » a donné matière à des témoignages érotiques, vilipendés par l'Eglise, ou à des discours facétieux dont le plus détaillé est rouennais avec le « *Triomphe de l'Abbaye des Conards* » et sa déambulation dans toute l'agglomération depuis Saint-Sever déjà cité. D'autres manifestations bouffonnes sont soulignées par des cris et des rires, par des déguisements, le port de clochettes et d'un chapeau, le coqueluchon et par un cortège licencieux de personnages montés sur des chars ou des charrettes. Elles existent dans beaucoup d'endroits : à Nice dès 1294, à Besançon, à Evreux, à Amiens, dans les villes du Sud-Est, à Metz le dimanche de Bordes ou le lundi gras, au Mans, à Auxerre.

Une joyeuse cavalcade de sots, de connards se forme donc à Rouen, le jour du spectacle, dans la plaine du prieuré Saint-Julien sur la rive gauche de la Seine. Cet attroupement est constitué pour l'essentiel de jeunes énergumènes déguisés, prêts à faire des bêtises, à asséner des volées de coups. Ils portent, par souci d'inversion ou de provocation, des habits mis à l'envers ou du sexe opposé et étranges où se mêlent les plumes et les fourrures d'animaux exotiques, des mousselines de soie, des voiles transparents de Maures ou de Turcs, des rubans multicolores où dominent ces quatre couleurs associées aux activités ludiques que sont le rouge vif, le vert *gai*, le bleu *turquin* et le jaune cru. Ces costumes de fous, bariolés de rayures, de losanges, de carreaux multicolores, les *chaperons* bicolores, les coiffures pointues, munies de cornes et de grelots, les chaussures de longueur démesurée des uns tranchent avec la nudité, tout aussi choquante, des autres, devenus, par mimétisme sous un corps d'emprunt illusoire, des sauvages couverts de poils foisonnants ou de feuillages. Le port du masque, comme tout travestissement, d'ailleurs est indispensable pour faire rire par le côté grotesque, pour se fondre par prudence dans l'anonymat et pour singer un personnage connu, un animal, le diable en personne ! Le pire est un maquillage fécal ou *l'emmerdement* digne de la farce du *retrait* qui ne brille guère par sa pudeur !

Un amoureux s'est caché dans la cuve d'un *retrait,* un cabinet, au retour impromptu du mari de sa belle. Il commet l'erreur fatidique de passer la tête dans la lunette pour éviter qu'une quinte de toux ne le fasse repérer, se coince la tête dans la lunette du conduit et récupère, au passage, de quoi avoir un masque excrémenteux, digne de la fête dont il est question précédemment !

Le masque est dénoncé par l'Église qui compare le visage travesti à celui du démon. Toute cavalcade comporte des insignes carnavalesques : des bannières, un pot de terre percé et une pièce de bois peinte aux armes de l'Angleterre et qui est solennellement détruite pour rappeler la fin d'une occupation récente à Sarlat en 1464.

Un repas, destiné à créer l'ambiance, symbolise le combat de carnaval et de carême, thème parodique d'un fabliau appelé *La Bataille de Caresme et de Charnaige* où deux chevaliers de ce nom s'affrontent, à coups de jambons et de louches de sauce. Chaque astucieux lourdaud, rejetant le modèle d'abstinence cité dans les vies de saints et dans les sermons, s'adonne sans vergogne au péché de gourmandise. On consomme force fèves, raves, choux, oignons canonisés pour la circonstance en *saint Ongnon,* du brouet, des tripes et *boyelles*, de gros boudins enflés. C'est une cuisine roborative pour les raisons qu'on peut deviner et chaque convive se baffre sans retenue de plats gras et peu ragoûtants pour nos estomacs : des abats, de la queue ou de la tête de porc, du boudin à la symbolique couleur rouge du bourreau nommé d'ailleurs Tailleboudin, du gras double, de la fraise de veau, de la cervelle. Des tonneaux sont mis en perce sur les lieux de rassemblement et aux principaux carrefours. La fête prend vite une tournure scatologique que provoquent une abondante « *circulation et concours de souffles* » ! Le vin, consommé sans retenue, échauffe les esprits, stimule l'énergie, crée l'ambiance d'une orgie confraternelle où tout est permis, où les normes seront transgressées, où la morale sera enfreinte. On y a même fait des parodies de procès publics au cours desquels des femmes engagent une procédure contre un mari qu'elles accusent d'incapacité au lit ou d'infidélité ! L'enjeu, au terme d'une plaidoirie salace, est le port d'une couronne constituée d'une paire de cornes.

La troupe orgiaque de pouilleux, de morveux, de teigneux, la Bacchanale ambulante, l'estomac rempli de vin, se met ensuite en route, tant bien que mal, par un itinéraire précis qui, à Rouen, part de Saint-Sever, entre en ville close, poursuit son chemin jusqu'au Pont de Robec. S'y mêlent, dans le plus total désordre et dans l'agitation qui ira crescendo, des adolescents, des « *enfants de la ville* », des moins jeunes. Des nains, des êtres contrefaits, des infirmes, des *folastres* et des « *frénétiques* » (dans le sens actuel de fous), des diablotins se mêlent au défilé et y introduisent un concert de cris et de hurlements. Les uns se querellent avec un voisin. D'autres se grattent, se contorsionnent, miment des combats.

La volonté de chacun est de dépasser la mesure, ce que suggèrent les surnoms de Pinselardon, de Tirevin, de Humebrouet, de Gastevin, de Rifflart, de Tostarrivé. Il s'agit pour bien faire de heurter les sens et les esprits des spectateurs, de parodier, de provoquer. Tout est conçu pour libérer des instincts refoulés. Les couleur sont crues, heurtées. Le tintamarre jugé indispensable se transforme en une *mélodie diablesse* de roulements de tambour, de cris, de chants, de coups de sifflets de terre et de bois, de crécelles qui font plus de bruit « *que l'artillerie des Grecs à la prince de Troie* « dit un témoin. [74]

Tout devient outrancier, provocateur, de mauvais goût. Les acteurs et les spectateurs frappent des mains, tapent le sol avec les pieds, multiplient les gestes destinés à rompre les convenances, les sarabandes échevelées, les gesticulations, les mimiques, les simulacres. Des mimes et des histrions chantent au son d'instruments variés. Les inscriptions sarcastiques ou obscènes sont d'autant plus surprenantes que nous sommes à une époque où la dénonciation de la luxure et du péché de chair est le thème favori des sermons des frères Mendiants et des prêtres. De tels déchaînements scatologiques ventripotents ou, à l'inverse, de brusques arrêts suivis d'une surprenante impassibilité sont destinés à impressionner, à fasciner, à entretenir le trouble et la peur.

> Le jour du carnaval 1234, les étudiants d'Angers se livrent à de joyeux ébats. Ils commencent par boire d'abondance dans une taverne du faubourg Saint-Marceau et refusent de payer.
>
> L'aubergiste proteste, est roué de coups, la maréchaussée accourue est à son tour tabassée. La force reste aux sergents du maintien de l'ordre. Le lendemain, la basoche revient pour se venger, brise la porte de la taverne, s'attaque à la cave où

74- J-P. Gutton, *Bruits et sons dans notre histoire,* Paris, PUF, 2000.

elle défonce les futailles, vide les bouteilles. Les jeunes, complétement ivres, se répandent dans les rues, distribuent horions et coups de bâton aux passants, en viennent aux mains avec les soldats. Il y a finalement deux tués et plusieurs blessés parmi les éudiants. La municipalité furieuse demande l'aide du prieur de Saint-Marceau, d' un légat pontifical de passage et même de la reine Blanche de Castille, mère de Saint Louis.

Ces festivités, réparties en jeux, en harangues, en *colhage* à Sarlat, qui peuvent s'éterniser plusieurs jours s'accompagnent d'autres joyeusetés. Les Rouennais ont la possibilité de festoyer soit au bordel à l'enseigne du Lion dans le faubourg Saint-Hilaire de Rouen, soit sous la halle aux draps, place de la Vieille Tour, capable d'accueillir 400 convives. A chaque fois, les invités en profitent pour faire des farces ou chanter des « *litanies de Conards* » à la gloire des prostituées, de l'amour vénal, de la boisson, du cul et des matières fécales.

L'une de ces litanies a survécu sous forme d'un poème mêlant le français et le latin ;

« De asino bono nostro
Meliores et optimo
Debemus faire fête.
En revenant de Gravinaria,
Un gros chardon reperit in via,
Il lui coupa la tête.
Vir monachus in mense Julio
Egressus est e monasterio
C'est dom de la Bucaille ;
Egressus est sine licentia
Pour aller voir dona Venissia
Et faire la ripaille.» [75]

Le comique se cache sous les noms : la Bucaille étant le prieur de l'abbaye Saint-Taurin, Venisse l'abbesse de Saint-Sauveur, accusés de relations coupables !

Un bûcher final achève la mascarade carnavalesque. L'effigie royale, le Géant, sont livrés aux flammes. C'est encore un de ces moments

75- Texte cité par F. Thénard-Duvivier, Grotesque et satire au Moyen Âge, Mémoire de maîtrise sous la direction de Ph. Lardin, Université de Rouen, 1998 p.130.

outranciers d'un cycle festif dont le déroulement obéit à une mise en scène et à un cérémonial complexes et riches de signification destinés à exorciser ou à se libérer des contraintes et des démons.

Les victimes d'un délire licencieux.

« Je sais maints fous de carnaval
Qui persistent dans leur bonnet.
Avant le temps du saint Carême
Dérangent tous les braves gens » (S. Brant p. 359)

Les spectateurs qui crient « *vive le roi* », « *vive enfance et son alliance et le roi aussi* » sont victimes consentantes ou soumises de lazzis, raillés pour leur côté ridicule de bourgeois nantis, aspergés avec de l'eau (Saint-Lô). « *Aux Cornards est permis de tout dire* » et de tout faire. Le rire de cette page de vie est d'une cruauté à peine croyable. Chacun vit Son carnaval comme un plaisir ou comme un supplice.

Car le carnaval se nourrit du potin, de la dénonciation des cocus, de la rumeur et tout est prétexte au déballage de la vie intime des citadins au point de se transformer en une véritable atteinte à l'équilibre social. Des litanies, *satyres*, *pasquils* (bouffonneries), rébus, quolibets, dizains poétiques deviennent dans la bouche des sots des saillies provocantes, des propos caustiques, méchants, formulés dans un langage grossier, fait pour choquer, ou rempli d'avertissements sous-entendus. Les apothicaires et les médecins sont victimes de la dérision, accusés de mettre « *assez* (de drogues) *pour faire mourir un homme* ». Il est fréquent qu'un cocu, choisi au sein du contingent de l'année, soit promené sur un âne à rebours, traîné dans toute une ville par un proche qui crie : *« ce n'est pas moi, c'est mon voisin ».* Cette coutume humiliante se nomme *l'asouade.* Les « miroirs socratiques » d'une prétendue déraison ont laissé de cruelles blessures aux victimes de la provocation publique. Outrager en public, brimer, le riche plus que le pauvre, même si le miséreux ou l'être difforme n'est pas épargné, déverser le fiel à travers des plaisanteries grasses à tout venant, se moquer des mœurs, de la vie privée d'autrui figurent, de tous temps et en tous lieux, dans la tradition carnavalesque.

> Les connards de Rouen, devenus censeurs des mœurs, fustigent la conduite, l'orgueil du parvenu, l'avarice, la luxure, l'ivrognerie. Les propos irrévérencieux frappent de plein fouet les officiers trop puissants, les hommes de loi sentencieux ou corrompus, le magistrat qui perçoit des *épices* ou pots de vin, le percepteur d'impôts, les marchands âpres au gain ou trop entreprenants avec leurs servantes.

Ils visent aussi des notables peu soucieux de la morale, les femmes de petite vertu ou les rosières, les chanoines trop gras, des clercs frustrés amateurs de jeunettes, les individus dont la sexualité est ambiguë, les cocus notoires ou des hommes battus, les femmes acariâtres ou tout bonnement les jeunes mariés. Il n'y a pas d'autocensure comme on l'a prétendu puisqu'en 1541; l'abbé des sots rouennais qui se moquait des parlementaires est jeté en prison.

Malheur aux victimes qui osent protester contre de telles insolences, contre le verdict facétieux du roi des sots et des parodies de jugements des « *Grands Jours* ». On les tourne plus encore en dérision et on va jusqu'à improviser une farce, remplie de sarcasmes, pour que tout un chacun en comprenne le sens et se moque davantage. Les humiliés préfèrent adopter un profil bas et oublier plutôt que d'esquisser une protestation ou une résistance aux plaisanteries grasses de gens masqués, sûrs de leur impunité ! Un prix humiliant est même décerné au bourgeois réputé le plus sot de la ville (Evreux). [76]

Ces jours de carnaval laissent poindre l'existence d'un monde rempli d'excréments puisque des initiés et les spectateurs sont baptisés dans un baquet rempli d'urine ou aspergés au carnaval d'Amiens au XVe siècle, tandis que des sauvages d'une saleté repoussante, s'adonnent à un concert de pets et de rots.

Les pièces montées pour rire

Des tableaux grotesques, montés sur chariots, sont associés au défilé. Ils sont dans la tradition d'un théâtre ambulant, rencontré dans toute l'Europe.

Cet ensemble *de ludi theatrales* que dénoncent les moralistes, est une succession de tableaux allégoriques montés sur des chars, accompagnés de chants, de farces pour amuser le public.

A Rouen, où Dame Folie apparaît dans toute la richesse imaginative des connards, un premier char narre l'enterrement du Commerce, la « *pompe funèbre de la marchandise morte* », allusion aux avatars des affaires, à la fiscalité trop lourde, à la misère généralisée dans une ville qui fut jadis très riche. Une série de personnages sinistres, loqueteux animent une saynète représentant un vieillard qui « *sembloit un fantôme* », des individus lugubres comme Alcrofribas qui tient une tête de mort, un boiteux, une

---

76- A.Corvisier, « Une société ludique aux XIIIe-XVIe siècles : l'Abbaye des Connards de Rouen », *Annales de Normandie*, 1977, p.179-19 3.

cinquantaine de miséreux en haillons agitant des clochettes et qui incarnent la misère populaire, des orphelins un cierge à la main et tout habillés de noir. Le char funéraire de couleur noire, tiré par deux chevaux, est couvert de larmes blanches. Tout autour caracolent des cavaliers, portant chacun une bannière qui rappelle leur fonction : la noblesse, une église renversée, un personnage nommé Labeur tenant un fléau, un autre le Crédit avec à ses pieds plusieurs bourses. Viennent ensuite les *pensionnaires de la Maison de Marchandise*, costumés et portant des inscriptions significatives : *Perte et Peine, Soucy, Profict, Hazard, Rapine, Entreprinse, Défiance, Tromperie, Ruine, Désespoir, Infidélité.*

Le second véhicule est occupé par un personnage moins tragique, nommé Espoir, au masque plus souriant. Il est accompagné de quatre éléments : Terre, Air, Feu et Eau.

Le troisième s'avance, tiré par six chevaux, avec des enfants à son bord portant le deuil. Il précède l'Attente qui conclut la pompe funèbre. Suivent les *verrollez* avec à leur tête un patriarche et une cinquantaine d'individus grimés en éclopés, défigurés, difformes. La vision de cette cour des miracles est cruelle : « *les uns avoyent un œil enflé, les autres perdu, les autres mangé, et des plus sauvages fronts que l'on vist onc, les joues percées a cleres voix, les nez percez à jour, bras portez à l'escharpe, des cols cordez avec ce qu'il n'y avoir pas beaucoup de jambes unies, les unes menues, les autres grosses* » (manuscrit de 1540).

La Buée ou Laissive de l'Abbé est l'occasion de régler des comptes avec les injustices sociales. L'Église, la noblesse, l'ordre établi sont tournés en dérision par des personnages symboliques armés des battoirs à lessive. La Religion, habillée en religieuse, coud du linge devant une cuve où l'Église est vêtue d'une longue robe blanche, *l'eschange*. Foy et Vérité sont occupées à tordre le tissu. Simonie prend deux paniers de linge et les donne à Ambition. Avarice, qui porte une énorme bourse, allume le feu d'une chaudière pour bouillir l'eau de la lessive tandis *qu'Hipocrisie*, costumée à l'italienne (une critique des Italiens nombreux à Rouen), « *masquée de masque soubsriante* » tient d'une main « *une grosse patenostre qu'elle barbetoit* » en mimant le signe de croix d'une main (critique des faux dévots) et en prenant de l'eau bouillante de la chaudière pour la verser de l'autre dans une cuve pleine de lingeries.

Faveur sur le cinquième tableau porte un costume mauresque et est coiffée « *à la tudesque* » ; elle lave dans un baquet secondée par Richesse dont le chapeau est couvert de pierreries. La Noblesse, l'épée au côté, bat les draps et Pauvreté mal habillée d'une robe déchirée, une écuelle pendue en sa ceinture les étend sur des cordes. *Folle Amor* vêtue d'une cotte de velours vert, la couleur des fous, fait sécher le linge devant le feu. Derrière lui, Dame Justice, une balance à sa droite, une épée à sa gauche, le plie. Chacun est à même de comprendre les sous-entendus, les accusations sous-jacentes, les règlements de comptes. Non moins significatif est le jeu du pot cassé, porté sur un char orné de tapisseries, qui succède à la lessive. On y voit quatre personnages habillés en Pape, en Empereur, en Roi, en Fou personnage plus sympathique et plus lucide que les autres (ici François 1er) qui se lancent un globe représentant l'univers. La critique vise cette fois la politique des puissants qui jouent au ballon avec la terre.

La procession n'est pas terminée et se poursuit encore par des évocations aussi sinistres que *Le Père en fosse* (parodie d'un enterrement), ou des saynètes représentant des ecclésiastiques, des femmes, un ermite, un aveugle sous leurs plus mauvais jours.

Pareilles cavalcades ne sont pas du goût de tout le monde, des victimes, de certains hommes d'Église qui n'y voient qu'un étalage de paillardises, de débordements, d'obscénités d'une nature humaine pervertie, diabolique, qui s'écarte alors de la piété et du sacré. Olivier Maillard fustige dans une dénonciation du Carême de Nantes « *ces misérables chrétiens hébétés d'esprit et de corps qui, pendant trois jours, se gorgent de nourriture, se vautrent dans la débauche, l'ivresse et autres bestialités* ».

« Seuls les fous ont pu inventer
Des réjouissances en Carême
Quand il faut songer au salut » conclut Sébastien Brant (p. 359).

*

Autres expressions d'un rire bête et méchant

Terminons sur des usages locaux qui perdurent durant des siècles et ne sont pas toujours remis à leur juste place en dehors de la Bretagne où le vieil ouvrage, de l'abbé Guillotin de Corson, mérite d'être connu et utilisé.

Se divertir aux dépens d'autrui, du monde animal, des humains, donne matière à une série d'autres divertissements, du même niveau que ceux qui sont servis à la taverne par un soûlard appelé Fin-Verjus ou Pattes-Ointes et par des mégères dont il est difficile de rabaisser le caquet et de contenir l'imagination.

La caricature de droits seigneuriaux

Les quintaines sont signalées dans plusieurs régions de France, dans le Berry, en Sologne, dans le Poitou, en Bourgogne, dans les villes du Centre-Ouest. Une miniature du Livre d'heures de la duchesse de Bourgogne, conservé au musée Condé à Chantilly, montre une quintaine sur l'eau : une barque manœuvrée par des bateliers transporte un joueur chargé de briser une perche contre un écu planté sur un poteau au milieu d'une rivière. La foule massée sur les rives est manifestement joyeuse, applaudit les succès, rit des échecs. Ce même jeu est pratiqué à Châteauneuf-sur-Cher le lendemain de la Pentecôte.

Dans la tradition médiévale des balourdises d'un goût plus que douteux figure le bouchon de paille placé au cul et qu'on enflamme à la joie des spectateur. Des exigences seigneuriales sont devenues des divertissements fort prisés qui utilisent le feu (comme l'eau) pour provoquer le rire. Les célèbres *quintaines* bretonnes sont ainsi transformées en mascarades à grand spectacle dont l'originalité est donnée dans un passage du livre-rentier de Malestroit : « *Item est deu audict seigneur, par chacun an, ung devoir de quintaine sur les nouveaux mariez en ladite ville et forsbourg dudict Malestroit et en la paroisse de Tréal, queulx nouveaux mariez doibvent comparoir en la rue de Baudet le lendemain de Nouel, en laquelle rue, Gillette Rouxel est detemptère à présent de la maison qui fut autrefoiz à Guillaume Pressart, doybvent sur lypothecque dicelle plantir une planche jouxte laquelle est l'étendart et lesdits nouveaux mariez doibvent courir a cheval une lance au poing, et si aulcun deulx ne ront sadite lance a troys courses, il doibt lamande. Et au cas quil tomberoict dessus son cheval, Jehan Chaignart, à présent détempteur de la maison qui fut autreffoiz Jehan Denyaulx doibt sur lypothecque de ladite maison fournir le feu et paille pour bruller le cul de celuy qui tombera* ». [77]

Le *brullement* des lins vise une profession bien représentée au Moyen Âge, les *texiers* . Il est de tradition dans des seigneuries bretonnes, comme celle de Bécherel, de livrer à la vindicte populaire les noms des ouvriers tisserands paresseux qui ont pas été capables de broyer et de préparer pour Pâques les fibres de lin et de chanvre nécessaires à leur art. Chacun feint de les fustiger publiquement au cours d'une fête et on les oblige à livrer leur stock inachevé qui sert à allumer un feu de joie.

77- A.D.L.A.B, 1966, (Malestroit 1470) B 2093 (Bécherel)- Abbé Guillotin de Corson, Usages et droits féodaux en Bretagne, Rennes, 1902, p.30-34.

L'origine du feu de paille allumé au derrière de sauteurs, de l'agitation de brandons sous les arbres fruitiers pour chasser les insectes, des danses ou des courses effrénées de jeunes gens et de jeunes filles en brandissant des branches de sapin enflammées, le tout accompagné de cris stridents, de prières incantatoires, de chants se perd aussi dans le tréfonds de nos mémoires collectives. On retrouve cette source d'amusements criards dans la *farce de Robinet Badin* et dans le patrimoine folklorique décrit dans les quatre manuels d'A. Van Gennep et dans ceux de ses continuateurs. [78]

Le retour à l'animalité

La bouffonnerie est à certains moments un retour à l'animalité. On rit abondamment, comme pour masquer sa propre peur, à l'exécution d'un mauvais sujet, d'une sorcière. Des hommes déguisés en femmes se moquent de celles qui sont enceintes.

Le monde animal n'a pas la place qu'il occupe de nos jours dans l'affection des humains à l'exception du cheval, l'auxiliaire indispensable du chevalier, du *beuf* ou *buef* la bête de somme nécessaire au laboureur, le porc et les volailles pour l'alimentation, la blanche colombe du *sainct-Esperit* dans le bestiaire christologique.

Des bêtes sont méprisées, détestées, martyrisées à commencer par le coq et le canard, décapités à certaines occasions. D'autres entrent dans la taxinomie décorative pour leur symbolisme démonologique (le *crapout* ou crapaud, le serpent, le dragon) ou dans la littérature et les vies de saints. Les chiens et les chats qui peuvent être si nombreux que certaines villes comme Douai paient un *tuekien* pour éliminer les errants ne bénéficient guère d'une hyper-affectivité comme de nos jours. Des collectivités, des individus se singularisent même, à des occasions festives par des pratiques que notre morale sensible réprouve rétrospectivement. On rit des mimiques d'un ours obligé de gesticuler sur une plaque de métal brûlante. *Ociser, destruire, gébinner* (torturer), *brusler* l'animal, le clouer sur une porte de grange par superstition (les chouettes, les chauves-souris), amusent beaucoup le public. Il est dans les traditions également de l'associer à la mort d'un humain, d'une sorcière (un chat), de le transformer en

78- A. Van Gennep, *Manuel de folklore contemporain*, Paris, Picard, Tome I 1949. - La farce de Robinet Badin, de la veuve, de la commère et de l'oncle Michault (p.389).

instrument en torture en enfermant des chats furieux dans un sac avec un condamné à la noyade, de le juger, de le châtier. On a pendu, on a brûlé, on a découpé vivant des porcs accusés du meurtre d'un enfant.

Stupide aussi est la décollation d'une oie ou d'un coq, enterrée dans le sable jusqu'à la tête, avec une faulx tenue par un aveugle ou un individu masqué. Stupides sont ces combats de coqs qui se déroulent dans les villes du nord et dont le vainqueur reçoit des dons et le titre de « roi » (Abbeville).

*

Au terme de ce chapitre sur la vie festive et le triomphe collectif citadin, il convient de souligner l'immense richesse de cette expression culturelle populaire d'antan qui donne à l'individu un bref moment de fantaisie imaginative dans un monde encadré, morne et dominé par les faits. Le rire accompagne aussi la danse avec le *branle, la gigue, la carole*, la chanson de corps de garde ou de marche, les rondeaux, les balades, les sotties, voire la forme de certains instruments de musique qui font l'objet d'allusions érotiques, immortalisées encore de nos jours par les Frères Jacques.

Loin d'être synonyme de superficialité ou de frivolité, la fête, y compris celle des sots qui paraît marquée par ses excès, répond à des besoins refoulés par la société ou à des intentions précises, se déroule dans des cadres préparés avec minutie, obéit à des règles tacites.

Ces plaisirs volontiers outranciers, ces spectacles hauts en bruit et en couleur, ces cavalcades avec mimiques, les simulacres, le déchaînement calculé, les violences même affirment tout au long du parcours le prestige de la joyeuse compagnie qui dépasse la mesure, rompt les barrières sociales et les tabous. Le rire carnavalesque, un exemple parmi d'autres joyeusetés, privilégie un rire aigre et grinçant, la parodie, la remise en cause des valeurs et de l'ordre existant, l'inversion. Avec les malheurs du temps de la guerre de Cent ans, avec la mort qui rôde, les ressorts du divertissement paraissent s'exaspérer, devenir ici des débauches alimentaires de gastrolâtres (adorateurs de leur estomac), là des gaspillages en ces temps de famine, les jets d'œufs remplis de farine, comme dans un rite d'abondance, là encore un étalage de libertinage sexuel à la limite de l'obscénité, pour braver la morale et inverser les valeurs.

Ces tableaux mobiles dépassent par leur profondeur, par leur virulence la comédie des mots et des travestissements que les prédicateurs assimilent à des actes démoniaques. L'invective est conçue pour mordre, choquer, blesser, rien n'est laissé au hasard y compris l'amour, la maladie, la difformité. Les occasions de rire, de se moquer ne manquent donc pas dans les villes médiévales. Il arrive que les bouffonneries dégénèrent et que les amuseurs publics soient poursuivis en justice et condamnés pour des séries de tableaux ou des propos considérés comme lubriques ou blasphématoires. A force de rire de tout, des sociétés joyeuses, des abbayes de jeunesse, des abbés de Peu de Sens sont accusés de valdéisme, de sorcellerie pour avoir osé présenter des messes parodiques ou prononcé des sermons contre la religion. Les villes du Nord ont connu plusieurs affaires de ce type.

Troisième Partie

Débordements dénonciation du rire

L'imbécilité comme la vantardise d'un finaud finissent par enivrer les auteurs de propos sulfureux, portant de préférence sur les fonctions sexuelles et défécatives. Les ragots que propage le *bruyct*, les paroles aussi rémoreuses que *orde trippière* font mal et débouchent vite sur la chamaillerie, l'invective, sur les échanges de gros mots, sur les *buffles, baffes* et *prises à col et à poil.* Les gestes orduriers, capables de déshumaniser l'adversaire, que nous considérons maintenant comme une forme de culture populaire, méritent aussi l'analyse que les historiens et les anthropologues font, dans le cadre de la connaissance des mentalités de nos ancêtres. Ils nous éclairent sur les mœurs et sur des pratiques en usage dans les rapports humains, aussi bien dans la haute société que dans les bouges fréquentés par des marginaux. L'examen du vocabulaire ordurier à caractère sexuel et scatolgique et des mauvaises manières, des comportements dignes de rustres, nous occupera d'abord. *Chapitres 7 et 8*).

Il reste aussi à découvrir les réactions des autorités civiles et religieuses, au nom de l'ordre et de la morale. Elles sont amenées, à dénoncer les abus, à rechercher et à sanctionner les pires turpitudes à cette époque : le blasphème du nom de Dieu, les débordements contre nature, les cas de « *force de filles oultre leur gré* » (*Chapitre 9*).

Chapitre 7

Pâtés de langue « *orz moz* » de gueule

Du rire gras, que stimule une humeur amoureuse, la conversation en vient parfois aux *orz moz*, à un pot-pourri de *sales mots*, aux injures, à une avalanche d'insultes, aux perfidies et aux ragots, aux gros mots inconvenants tirés d'un fond commun de grossiéretés, aux coups et blessures.

« *Rien dans le monde ou dans l'homme ne vaut la peine d'être pris au sérieux* » disait Rabelais avec la verve railleuse qu'on lui connaît.

« *Après gardes que tu ne dies*
ces orz moz ne ces ribaudies » restreint pourtant Guillaume de Lorris dans le Roman de la Rose.

« *Jurons mortels sortent du vin*
Fusent au jeu pour quelques sous », répond S. Brant (p. 279)

Différentes des usages du *fin'amor*, idéalisés dans les récits épiques de l'époque féodale, des règles de civilité et d'urbanité sensées régler les rapports entre citadins, à l'opposé des « *joyeusetés de langage* » pleines de finesse des goliards et des membres des confréries bachiques, figurent les agressions verbales. Le vocabulaire ordurier recouvre le *viltage* ou l'injure, la *discension* ou *riote*, les imprécations et les jurons qui forment la partie offensante d'un *vilain language* que la bonne société classe parmi le mauvaises manières. Ce thème de recherche du comportement n'est pas neuf en soi ; plusieurs publications de qualité ont permis de constater l'intérêt que les chercheurs portent sur les intempérances de langage et sur la grossiéreté gestuelle. Déjà Franklin se penchait à la fin du XIXe siècle sur cet aspect de l'anthropologie dans une série de publications remarquables consacrées à Paris, reprises et développées récemment en France ou en Italie. [1]

On prétend que ces *vilainies* sont dignes du diable, d'un sauvage, d'une bête, du bavardage intempestif d'un vilain ou d'un *arlot* ou *herlot* (souteneur), de certains professionnels (charretiers, cochers, poissonnières, soldats), d'un peuple tout entier quand on dit jurer comme un Vénitien, un Catalan ou un Russe. Ce qui constitue un mode de culture populaire, un trait d'union entre gens d'une même origine, d'une même nation, est accompagné, à la rigueur, d'un éclat de voix, d'un rire caustique et grinçant. Le comique s'il existe, ce qui est loin d'être toujours le cas, se définit par la *desmesure,* par des transgressions. Les injures sont l'occasion d'un déballage de ragots qui n'est pas sans déplaire à une assistance hilare. De fins connaisseurs de notre littérature d'antan ont fait remarquer que la langage qualifié de vert était sans doute moins répandu au XVe siècle qu'on ne le disait jadis et qu'aux siècles suivants. [2]

Les stéréotypes vulgaires constituent une arme irréfléchie, brutale, digne de viragos, destinée à affaiblir ou à briser une victime, un argument pittoresque dans une *jactance*, l'expression d'un individu impulsif, incapable de maîtriser sa colère ou un plaisir peu coûteux et exaltant. La calembredaine irrévérentieuse pour Dieu, l'Église et le pouvoir n'est pas à la portée du premier venu, du faible d'esprit, du pudibond, de l'individu trop *coint*, disait-on alors pour « coincé ». L'euphémisme du *baise-cul* que remplace l'actuel *lèche-cul*, du *va au diable*, de *cul de Dieu, de cul béni* suppose déjà un sens de la périphrase, une forme de culture perverse qui évite de se tromper sur la signification des mots. La saillie sans appel exige aussi du culot et une faculté d'oubli des faiblesses de son auteur. Rares sont les individus capables d'en user avec à propos et dextérité. Elle doit tenir compte aussi des inégalités sociales, bien viser « *là où nos forces nous permettent d'atteindre* », aurait dit Ciceron. [3]

1- A. Franklin, *Vie privée d'autrefois : arts et métiers, modes, mœurs, usages des Parisiens, aux XIIe au XVIIIe siècles*, Paris, Plon, 1887-1902. - D. Romagnoli, La ville et la cour. *Des bonnes et des mauvaises manières*, Paris, Fayard 1998. - P. Ariès et G. Duby, *Histoire de la vie privée, tome 2, de l'Europe féodale à la Renaissance,* Paris, Le Seuil, 1985.

2- Un numéro spécial de Senefiance n°5 s'intitule *exclus et systèmes d'exclusion dans la littérature et la civilisation médiévales*, éditions du CUER-MA, Aix-en-Provence, 1978 avec notamment un article de S. Gompertz, sur « l'injure, le code, l'exclusion » p. 385-399.

3- C. Casagrande et S. Vecchio, *Les péchés de la langue*, Paris, éd. Du Cerf 1991. - P Guiraud, *Les gros mots*, Que-sais-je ?, Paris, PUF n° 1597, 1975 - N. Elias, *La civilisation des mœurs*, Calmann-Lévy, Paris, 1973. - C. Leveleux, *La parole interdite. Le blasphème dans la France médiévale (XIIIe-XVIe siècles), du péché au crime*. Paris, De Boccard, 2001.

Ces *raides obscénités*, les allusions à des coucheries et à des mœurs dont parle Sébatien Brant dans la *Nef des Fous* sont d'un usage plus commun que les bons mots. Elles sont accompagnées, si c'est utile, de mimiques, de grimaces, de langues tirées, du rire grossier. Une nuance reste à faire entre le quolibet qui peut être encore subtil et la hâblerie de la grossiéreté des adorateurs de saint Gossien qui usent volontiers, pour l'honorer, d'une débauche d'expressions souvent scatologiques, simples ou accompagnées d'une gestuelle. N'oublions pas cependant qu'à force d'utiliser des locutions vulgaires, les amateurs de gros mots finissent par *s'entrouducuter*, vieille expression qui a disparu voici deux siècles, et qui se passe de traduction !

La littérature en langue goliardesque montre que les âmes simples aiment répéter ce genre de propos, n'hésitent pas à employer des termes injurieux que la morale dénonce. Le rire est devenu plus nerveux, excessif. Il doit être interprété comme une forme de défoulement ou de dédoublement, une façon d'exorciser ou d'évacuer les angoisses permanentes ou les rêves profonds. C'est un moyen de transgresser les interdits d'une morale imposée par l'Église ou d'une éducation rigide, de braver des tabous qui touchent à toute l'activité physiologique, de surmonter la peur lancinante de la mort, d'échapper aux carcans de la morale.

« Le ton ordurier se répand
Il règne dans tous les foyers.
La raison y est à l'étroit.
Ce qui se dit ou bien s'écrit
Provient tout droit de ce pot-là.
Quand les fêtards se réunissent
Le porc entonne les matines,
Puis la voix d'âne chante prime
À saint Gossien revient la tierce ». [4]

L'apostrophe injurieuse, le péché de langue, est de nature si complexe que le lexicologue n'est jamais certain d'en avoir réellement percé le sens et d'avoir fixé les limites du champ sémantique. La lecture de Villon est à cet égard, suffisamment édifiante.

*

4- Sébastien Brant, *La Nef des Fous* op. cit. p. 227, 228.

Les complexités de la *« lingua gallica »*

Tailler une cotte, insulter quelqu'un, l'offenser par des paroles *rémoreuses* (colèreuses) sont les expressions les plus communes de la violence verbale et gestuelle au Moyen Âge que décrivent N. Gonthier, P. Ménard, J. Scheidegger dans leurs travaux respectifs auxquels nous nous référons. L'exercice est fréquemment signalé dans les enquêtes judiciaires ou d'un usage courant dans un large éventail littéraire qui va du roman courtois aux poèmes longtemps interdits, aux farces et aux fabliaux.

L'utilisation du vocabulaire injurieux de la *langue gouliardeuse* par celui *« qui orde chose et laide nome »* est plus complexe qu'il ne paraît de prime abord et des règles tacites doivent être bien observées dans les altercations verbales si on veut l'employer à bon escient et au summum de son efficacité.

Il est préférable de « lancer » le gros mot dans un endroit propice pour que le terme ordurier ait le maximum d'intensité graveleuse et de portée. Le bon sens conseille d'éviter l'espace restreint et calfeutré d'un *courtil* ou d'une chambrette, la salle principale ou la chambre d'un milieu bourgeois confiné, bridé par les contraintes des conventions sociales, même s'il n'y a pas forcément antinomie entre la mauvaise éducation et les milieux déclarés « honnêtes ». L'injure paraît plus subtile dans la haute société, dans un cadre plus feutré que sur la place publique, dans la rue. Le bas-peuple en use volontiers ; la racaille constituée d'individus imperméables aux nuances d'un langage châtié ou expurgé est prompte à se servir d'un jargon truculent.

> La porte d'une auberge où on a beaucoup consommé, d'un lupanar ou *clap* est propice aux querelles, aux échanges de mots crus et de coups. Une bagarre de prostituées met en émoi tout le vieux Chambéry en 1418. On voit des harpies se tirer les cheveux, se frapper à coups de poing, déchirer leurs habits ou y mettre le feu ! Beaucoup d'incidents entre passants ou entre vauriens éclatent au passage étroit d'un pont, à l'entrée d'un château, sous les halles, ou dans un bâtiment administratif, à la fontaine où se tient le *« parlement de femmes »*, au lavoir, domaine de la *caqueterie* . Mieux que tout autre endroit privé, la fenêtre qui donne sur la rue ou sur la cour est le lieu où l'esprit critique se nourrit de matière, d'où on s'interpelle et où on insulte son voisin. Les femmes « au foyer », semblent davantage concernées que les hommes souvent absents.

Le moment et l'heure comptent aussi. On s'apostrophe davantage à la belle saison, sous l'effet de la chaleur de l'été et du vin absorbé que par un froid de canard ou sous un clair-obscur. L'individu est plus agressif dans la journée que tôt le matin quand il part au travail ou va aux premiers offices. Il arrive que des ordonnances interviennent pour interdire tout excès de langage bruyant et scandaleux dès la nuit tombée ou un jour de célébration de fête religieuse (Rennes).

Chacun a intérêt à mesurer sa force, celle de l'adversaire avant de distribuer des injures ou des horions, à opèrer dans sa catégorie sociale, même si des exceptions apportent un démenti. L'insulteur qui entend humilier ou défier son adversaire doit tenir compte de son rang, de ses possibilités, de son sens de la répartie à plus forte raison si l'altercation entre deux inégaux peut donner matière à la vengeance ou à la punition.

Il y a rarement de témoignages de puissants moqués par la populace en dehors de seigneurs en disgrâce ou exécutés. Nous pensons à ce comte de Flandre, Ferrand du Portugal, fait prisonnier à Bouvines en 1214, et ramené à Paris bien « ferré » sous les quolibets et les insultes de la foule. Le bon peuple se moque des sots ou *bricons,* des insensés, rit des estropiés, hurle même de joie à une exécution, va jusqu'à applaudir le travail bien fait du bourreau.

Le gros gibier de la voyoucratie a les moyens de supporter une amende ou une réprimande des gens d'Église ou du bras séculier. Il se permet de dire ses quatre vérités à son *alter ego*, à un officier en exercice ou à l'homme de loi, et ce qui est déjà plus téméraire au favori d'un prince. Il hésitera quand même à dire « *tire arriere, pauvre turlupin* » à un puissant. L'injure à caractère politique, lancée en assemblée, en pleine rue durant la guerre civile entre les Armagnacs et les Bourguignons, ne semble pas avoir laissé beaucoup de souvenir en dehors du Paris de Charles VI et de Lyon.[5] Toutefois les règlements des confréries se préoccupent, à plusieurs reprises, des querelles entre membres associés (C. Vincent).

Le vocabulaire de la poissonnière, du *père ou de la mère* un tel ou une telle, de la *femme* x ou y, du *folastre,* de *l'asotis* (sot), *de la goulue* est à l'image de l'individu, sans retenue, sans déguisement, digne d'un *Turco.* Dès leur enfance, les jeunes désalés adorent faire allusion aux « *parties basses* » de leur anatomie, aux fonctions excrémentielles, aux déjections, aux odeurs nauséabondes qui précédent les distributions de horions. Aux mots *trou, cul*, *caca foire* (diarrhée), *bran ou bren* (excrément), *flaque* (bouse de vache), *étron de chien* répondent les verbes usuels pour désiger ce qui est bas : *chier* (sans vulgarité), *conchier*, *cacarer, foirer, poirrer*, *pisser*, *ventreillier* (aller à la selle). Un prédicateur Berthold de Ratisbonne au XIIIe siècle se plaint du manque de vigilance des parents : «*quand l'enfant commence à parler et à marcher, les diables se sont empressés à lui donner des conseils et à lui apprendre de vilains mots, à jurer et à dire des grossièretés. Et ils poussent aussi le père et la mère à ne pas l'en empêcher et même à lui apprendre à dire des grossièretés et des jurons. Ils trouvent cela bien, en rient et s'en amusent* ». [6] Les parents eux-mêmes n'étaient pas des modèles de délicatesse et les histoires qu'ils racontaient étaient à l'image de leur éducation.

> Un jongleur, passant pour facétieux, provoque, dans le fabliau de « *Jouglet* », une monstrueuse diarrhée chez un nouveau marié, digne de faire mourir de rire un corps de garde ! Pisser sur des passants du haut d'un échafaudage amuse des ouvriers rennais. Rien de plus drôle pour certains auteurs que de mettre en scène des cadavres en décomposition, des croque-morts transformés en joyeux drilles, de donner la parole à un squelette !

L'acte n'est pas sans entraîner des risques qu'on ne saurait minimiser comme dans tout « sport » dont on baffoue ou outrepasse les règles élémentaires. Les *oultraiges* sémantiques que livrent la farce « *la Nourrice et la Chambrière* », les dénonciations du prédicateur poitevin Raoul Ardent dans le *Speculum universale* et dans ses nombreux sermons soulignent les limites à ne point atteindre. [7]

L'examen des affaires jugées et la répartition des amendes pour coups et blessures et injures, attestent que dans la cité des papes, Avignon, 54 % des pénalités concernent la violence physique et verbale, pourcentage élevé qu'on retrouve aussi ailleurs, à Arras, en Bretagne, à Reims. L'auteur d'injures peut tomber sur plus fort physiquement ou intellectuellement que lui. Une poissarde trouve vite *son alter ego* puis son maître en raillerie et en baragouin.

*

5- N. Gonthier, « *Sanglant Coupaul ! Orde Ribaude ! « Les injures au Moyen Âge*, P. U. Rennes 2007 p. 37-38.

6- P. Riché et de D. Alexandre-Bidon, *L'enfance au Moyen Âge*, Paris, Seuil, 1994 p. 97.

7- Raoul Ardent qui fréquenta la cour de Richard Cœur de Lion à la fin du XIIe siècle s'est beaucoup penché, dans plus de 300 sermons, sur les vies et les vertus de son temps. Son encyclopédie de la foi chrétienne, le *Speculum universale,* comporte quatorze livres.

Des bordées de gros mots et de blasphèmes

C'est à une véritable anthologie de l'obscénité pour rire et pour injurier, à une évocation de la turpitude voire, dans certains cas, à l'expression d'un délire obsidional d'individus qui se croient menacés que nous convions nos lecteurs !

Une forme particulière de culture du vulgaire

Les dérives verbales en tous genres, les *volées* de gros mots dignes d'un cabaret de Salon ou d'Arles, lors d'une empoignade, les vitupérations colorées, remplies de sous-entendus de *croquants avinés* constituent une nourriture bien partagée d'individus *aux langues mordantes comme l'aspic* qui s'affrontent sur le pavé, au lavoir ou d'une fenêtre. Les outrances de langage aux dépens d'une victime, de sa vie privée, de son physique, de son penchant pour le vin « *qui sailloit par les gencives, par tous les conduits* » (orifices), de son amour propre ou de son honnêteté, obéissent à des règles plus subtiles qu'on est en droit d'attendre en relevant, dans les textes, un florilège d'ordures, volontiers redoublées. [8]

Des auteurs aussi connus que Rutebeuf dans le *Dit des ribaud de Grèves*, ou Villon, des jongleurs, des poètes amuseurs d'un prince ou du public, la *farce nouvelle de frère Guillebert*, connue pour sa surabondance de termes grivois (une soixantaine) nous ont légué un large éventail de mots canailles. Ces termes dérapants, analysés de nos jours avec le recul du temps, sont regroupés par thèmes ou réunis dans des traités d'injurologie, des dictionnaires ou des essais explicatifs. Toute une littérature analytique et des actes de colloques se sont intéressés aux auteurs des volées d'injures, généralement des êtres irascibles, presque en état de démence au moment où ils s'expriment, aux victimes humiliées et offensées. Des recherches se sont intéressées à la sémantique d'un vocabulaire particulier où l'expérience compte autant que l'improvisation, aux effets psychologiques des gros mots et aux éventuelles réactions. C'est un pan des mentalités qui se déduit de comportements atrabilaires doublés de gestes orduriers.

8- R. Édouard, *Traité d'injuriologie*, domaine français, Paris, 10/18, 1983- S. Gompertz, L'injure, le code, l'exclusion, *Senefiance* n°5, 1978 p. 385-399- N. Huston, *Dire et interdire. Éléments de jurologie*, Paris, Payot 1980 – N. Gonthier, *"Sanglant Coupeau !* op. cit. . note n°5 - G. Rouayrenc, *Les gros mots*, Paris, Que sais-je n°16901, P. U. F. 1996 etc.

L'éventail social est plus large qu'on ne pourrait le supposer. L'insulte concerne tous les milieux, tous les *baveux,* les bavards qui parlent inconsidérément, des simplets aux plus haut placés. On imaginerait volontiers, en priorité, des individus incultes, grossiers, des rustres éructant sans cesse, comme certains le pratiquent de nos jours, des *merde*, des *putain,* des *con*, des *enculé,* des *connard*… sans en connaître forcément la signification profonde. Mais la haute société n'est pas à l'abri des excès langagiers accompagnés de vitupérations et de cris, de comportements violents. Il n'était pas rare que des gens dits cultivés ou réputés bien éduqués se soient comportés en parfaits goujats comme le feront plus tard Henri IV ou Louis XIII ! Même la littérature courtoise, pourtant si policée, si conventionnelle, introduit le lecteur dans le monde insultant des défis, des accusations de lâcheté, de débauche *putasssière.* L'idéalisation habituelle de la femme ne lui épargne guère, à certaines occasions, la flétrissure verbale de *putain*, de *ribaude*, de *vieille folle* , de *bastarde*, de *fille de moine, de sorcière* ! Les belles dames ne sont pas à l'abri de dérapages verbaux ou d'injures grossières qui mettent en cause, par exemple, une sexualité débordante ou, au contraire la virilité et les mœurs de ceux qui ont refusé de les satisfaire. Le héros Laval d'un lai de Marie de France est accusé par Guenièvre, mécontente d'être négligée, d'être un sodomite plus attiré par les valets que par les femmes ! La monstruosité physique n'épargne pas le malheureux disgrâcié, le *descreuz* (l'avorton), le *nein,* le *laid, la goytroyssa* (goîtreuse).

À côté de l'usuel, du vulgaire, d'un *trou breneux*, l'ancêtre de notre *trou-du-cul, de fils de bastard* ou *de champi* ou *de champise* (enfant trouvé dans un champ), *de culvert maudit* ou fils d'esclave affranchi, *de cagot infect* ou de pourri de descendant de lépreux il subsiste un substrat de vocabulaire varié. Il est fait d'invectives calculées et adaptées aux usagers et à la clientèle, de l'adultère au fornicateur en passant par le sodomite, le mignot ou le masturbateur. Un tronc commun est nourri d'emprunts faits à la littérature jurologique et blasphématoire commune, aux civilisations antiques, aux langages vernaculaires, patois, baragouins ou jargons, complétés par des inventions d'auteurs imaginatifs, le tout peaufiné par des générations d'utilisateurs. L'usuel, volontiers gravaleux, peut céder la place dans un échange de propos venimeux, à de l'inifiniment plus subtil qu'un homme du monde emploie sans vergogne à condition de savoir bien manier le verbe. Un *natiff de Barbarin* désigne tour à tour un étranger originaire de Barbarie, d'Afrique du Nord, un être dépourvu de culture, un païen ; c'est une injure inscrite dans la panoplie sémantique d'une ordonnance destinée à ramener la paix publique à Rennes au XVe siècle. Le chat n'est pas toujours à l'honneur dans ces temps anciens ; on le juge, à tort ou à raison, cruel, voleur, faux et surtout, s'il est noir, une rumeur prétend qu'il est une émanation du diable et un invité aux sabbats des sorcières. Traiter son voisin de *chat* tout court, de *chat larron et traitre ou cras* (sale), de *chat foz*, de *catier* n'est guère apprécié, surtout si la personne visée est un notable.

Le langage de la turpitude change au fil des générations. Des mots comme *bastard*, *chardeneuf*, *vendeur de chaire vive aux moines*, *rouffian, traystre, faulx, putassier ou putier, juif, sarrazin*... s'émoussent à forte d'être éructés ou sont oubliés, d'autres ont pris, avec le temps, une toute autre signification comme *connard*, *bougre* qui, d'hérétique cathare ou bulgare est devenu un zoophile. Ce qui a pu appartenir jadis au langage populaire familier a pu se métamorphoser en langage trivial et en insulte. Traiter une fille de *pucelle* n'avait rien de méprisant à cette époque et *merdaille* désignait volontiers les gens du peuple révoltés, le commun des faubourgs. Il est courant que le langage truculent, imputé à l'époque pré-rabelaisienne, atténue, dans la réalité, la portée de certains propos.

À relire les archives judiciaires ou les privilèges urbains au chapitre de la codification des injures, on a l'impression que nos ancêtres, appelés à « *vider leur sac* », pleins de dégoûtation, sont obsédés par trois interdits judéo-chrétiens : le foutre pour le sperme, un mot peu connu, l'excrément ou *bren* propre à la coprophilie, le sang répandu sur le pavé, sous l'étal des bouchers, à la porte des barbiers chargés de pratiquer la saignée, associé aux menstrues, à l'impureté féminine. Beaucoup d'injures destinées à blesser, à humilier se rapportent au bas ventre et sont bâties sur un répertoire graveleux qui n'est pas sans rappeler, avec l'escatologie, le retour à l'enfance. L'urine, le crachat, la morve trouvent aussi des adeptes et un usage sous forme de *pisseur*, de *morveux*, de *crachouilleur*.

« *Conchions* » pour se moquer et pour rire (du latin concarare) comme le fait dans un monologue connu le graveleux frère Guillebert, toujours le cul à l'air. C'est le principal acteur d'une farce ordurière avec une bonne soixantaine d'éléments de *malvais languaige* et *des paroles outrageuses* qu'il convenait de réfréner, plutôt que de contribuer, avec la langue, à salir et à outrager les bonnes mœurs et l'humanité comme on le faisait si souvent jadis ! L'injure est « *un substitut du coup (qui) vise à briser sa victime dans son essence, dans ses origines ou encore ses attributs ; elle le réduit à quelque propriété infamante, morale et physique, et l'exclut de la société en niant son intégrité de personne* », écrit avec justesse S. Gompertz. [9]

Les écoles du caniveau

La variété des « écoles du caniveau », faites de *laidures* et de *causes grasses*, dignes de la Basoche, construites sur les *conduis* du corps humain, sur des attitudes équivoques ou sur une morale vite *élastique*, nous interdisent toute prétention à l'exhaustivité.

Nous avons cependant fait une abondante moisson dans plusieurs dictionnaires d'éléments de jurologie (Nancy Huston, N. Gonthier, P. Perret...), dans des poèmes ou dans de « *fières chansons gaillardes* » qu'évoque Sébastien Brant (p. 228). On se limitera à un échantillonnage d'insultes usuelles, certaines anodines, d'autres élaborées au terme d'une longue pratique, devenues croustillantes dans la bouche des précurseurs de Rabelais, bien accrochées à un texte ou livrées à l'occasion d'un carnaval, d'un banquet. Des récits comme le *Roman de Renart*(d), les grands classiques de Rutebeuf, d'Adam de la Halle, de Villon contribuent, à leur manière, à dépoussiérer la langue française, en tirant parti des *obscena* et des *vilainies*

> Une des plus récentes recherches, celle de N. Gonthier, classe les insultes en cinq catégories principales : une première a trait à un conflit, aux compétences guerrières et ne nous intéresse guère ici. Une seconde remet en cause les interdits de la morale religieuse, les péchés capitaux. Une troisième vise les tares physiques, mentales, la maladie, le manque d'hygiène. Une quatrième a plutôt des tendances sexuelles manifestes. La cinquième a un caractère plus politique et met en cause des opinions différentes, des « partis », des adversaires, des peuples (les Navarrais, les Bretons), des bandes armées.

Une telle classification ne convient pas, dans sa totalité, à notre sujet plus restreint. Nous nous limiterons à quelques « écoles » ou courants bien représentées dans les échanges verbaux, causes de pugilats entre citadins ou ruraux. Force est de constater que l'injure, drôle pour les témoins, se réfugie en priorité dans le sexe qui paraît être, avec la mort, la principale préoccupation des hommes, moins des femmes . Elle se retrouve aussi parfaitement dans la scatologie, dans une forme de provocation « anale » qui finit par fatiguer. Les autres formulations restent du domaine du courant.

9- S. Gompertz « L'injure, le code, l'exclusion » op. cit. p. 388-389

L'humour salace ou injurieux condamne à la déchéance un adversaire, un rival pour des raisons qui tiennent à la *mala fama,* à la *vilenie,* à la bassesse dans laquelle est tenu l'Autre, en dehors des accusations sexuelles mises à part.

Laidures et cochoncetés à caractère sexuel

La métaphore sexuelle serait-elle un excitant, une forme de délire ou une manière de castration verbale ?

L'allusion aux parades, aux jeux érotiques, aux gémissements dans l'action est source d'hilarité chez beaucoup d'auteurs, de lecteurs et d'auditeurs avant de faire l'objet de dénonciations dans les sermons. Car pour les vertueux, pour le frère Phillebert, guérisseur dans une farce, tout le mal vient du cul et des défaillances génitales des *failliz* (des incapables ici). Mais tout se gâte quand le médecin du corps et de l'âme recommande pour une jeune fille souffrante d'un mal d'amour et après inspection inévitable des urines… l'usage d'un galant !

Des contes pour rire et des représentations scéniques utilisent des remarques narquoises ou même outrageantes, dommageables pour l'honneur d'un individu ou d'une famille, source d'invectives graves. Les pires plaisanteries sont d'ailleurs bien ciblées, réservées en priorité aux femmes et aux ecclésiastiques.

> Toutefois sans nier ce qui vient d'être dit, on commettrait une erreur de surestimer l'allusion sexuelle dans les propos et dans les images rabaissantes ; la métaphore reste, en dépit de quelques exemples connus, longtemps censurés, plutôt hors normes. On peut y voir, dans une trentaine de cas au grand maximum, une réponse verbale aux pulsions obsessionnelles des individus, des jeunes hommes, mariés sur le tard, aux contraintes morales, aux enseignements et aux lourdeurs des dénonciations, au besoin des individus de sexe masculin d'affirmer leur virilité.

Si le mot *sexe* et ses dérivés (sexuel, sexualité) n'apparaissent guère dans les récits, marqués par les injonctions théologiques, le vocabulaire réservé aux *génitoires* ou à la *nature de douce dame* est sans commune mesure avec l'emploi encore réservé fait dans l'écrit pour faire rire les lecteurs ou l'auditoire. Évoquer les organes de reproduction est une marque de mauvaise éducation, de *mediocris stylus*, que dénoncent les miroirs de dames, le *Mesnagier* de Paris : « *Bien évidemment les femmes ne doivent pas proférer de mots grossiers comme con ou cul ou toute autre mot évoquant d'autres parties intimes* ». [10]

Le rire ou l'injure est en rapport avec les organes masculins, les *joyaux* de la farce qui les présente. Ils sont présents et se servent assaisonnés dans la bouche d'un drôle de compère. Ils s'appuient sur les mots aussi usuels que *vit, queue, queue crottée, soc, verge, vescie à prestre,* un titre de Jacques de Baisieux, *baston à gros bout rouge* ou *à un bout*… Mêmes les femmes troubadours, *les trobairitz*, ont l'obscénité facile, n'hésitent pas à en faire usage comme des charretières ! Poétesses distinguées, chanteuses de *gringots*, chambrières, harengères, lavandières du genre Musarde et Babille d'une farce connue, *putassières,* toutes évoquent volontiers les organes « *hauts et gros comme une barre* » d'une virilité exacerbée par les étreintes plus vénales que légitimes et par des assauts répétés. Les qualificatifs employés sont tout aussi évocateurs pour valoriser l'instrument du désir ou du délit. Que dire en effet de la *poutre*, *du gonflant ou du gros et du roide*… doublés des indémodables *couilles, coilles ou coillon, coil, cous, coille noire* ou *couille de Bragaut,* le titre d'une farce, des mots venus du latin *coleus* ou sacs de cuir. Même le couard a cette origine identique, n'en déplaise à la signification de lâcheté prise ensuite.

« Je viens vers vous, dame, la culotte baissée
avec un vit plus gros qu'un âne en rut.
Je vous baiserai avec une telle impétuosité
Que vous laverez les draps le lendemain
Et vous direz que la lessive s'avérait nécessaire.
Ni moi ni mes grosses couilles ne partiront d'ici
Sans vous avoir si bien baisée que vous girez pâmée »

« Puisque vous m'avez tant menacée de me baiser,
j'aimerais prendre la mesure, seigneur, de vos fanfaronnades ;
J'ai courtoisement armé ma porte
Pour bien supporter les coups des grosses couilles ;
Ensuite je me mettrai à ruer de telle manière
Que vous ne pourrez vous retenir aux crins devant,
Mais il vous faudra faire le tour par-derrière ».

Voilà ce qu'écrivent en duo le poète Montan et Béatrix de Die, une femme de la haute société ! On remarque que les adeptes du Dieu Cupidon, dans leur candeur, s'intéressent davantage aux amoureux énergiques, fermes des reins et constants dans leurs assauts qu'instruits et cultivés ![11]

10- Le *mesnagier de Paris*, Lettres gothiques, 1994, p. 442-443.

11- D. Régnier-Bohlet, *Voix de femmes au Moyen Âge*, Paris, Robert, Laffont, 2006, p. 57.

Le trop intellectuel phallus, « *pivot du jeu théâtral* », revient sans cesse sous diverses appellations métaphoriques. Il devient alors le *branc* (épée) d'*achier*, le *sceptre de Venus*, ou l'*escuiruel* (l'écureuil) d'un fabliau, dont la queue longue et touffue convient à un humour dessalé, la *monture rétive* d'un Villon, l'*andouille* de l'ermite, le *baston* du fauconnier qui s'en sert sans blesser, le *goupillon* du prêtre. D'aucuns citeront, au gré de leur inspiration, d'un jeu de mot scabreux ou au détour d'une réplique : le *cod* des bas-fonds argotiques, le *baston à champion, les ballocks,* les *balloches* ou balls des Anglais en occupation dans une partie du Royaume, *les testes* qui sont les *témoins* des testicules de la langue familière, le *bout* connu du temps de Rabelais etc. Toute une panoplie d'attributs bien montés, *« droiz comme lance* », ressort du rire stylistique et de la sémiologie dont le sens est indiqué par l'acte de dénonciation ou par l'écriture.

Le demi-mot d'apparence anodine surgit au détour d'une phrase et comprenne qui pourra un florilège où il est question de Frère Rédimet en réalité Raide-y-met, du trop bon coq dans le poulailler et de *coquart*, du ramoneur de cheminée qui sait tirer un bon coup (coup désignant aussi les testicules), de la femme qui fait récurer son chaudron ou rembourrer ses bas, d'un exercice très particulier de labourage ou de couturier chargé de mesurer l'entrejambe ! Signalons qu'un *couillaud* ou un *coupaul* passait, dans ce genre de parades, pour une amant trop généreux, ne ménageant pas sa peine, *« dont toute la vertu diable était dans leur rein* ».

> Une des farces les plus grivoise a pour titre *les chambrières qui vont à la messe de cinq heures pour avoir de l'eau bénite*. Deux domestiques obsédées et une nourrice font leurs choux gras des secrets d'alcôve de leurs employeurs puis décident d'aller se *« recueillir »* dans une des trois églises réputées pour d'autre chose que la religion. L'église Saint-Séverin est choisie par des folles de la messe, comme des gourmets optent pour un restaurant, tout bonnement parce que y officient dom Johannes et une bande de religieux débridés, prêts à distribuer généreusement des coups de « goupillon » de bonne taille dans un lieu béni !

Pour les commères de petite vertu qui courent le guilledou et qui se font traiter de sale *putain, de paillarde, de ribaude*, pour de fausses candides, pour des dominatrices horripilantes et des intempérantes... les langues vernaculaires disposent d'un vocabulaire aussi riche que celui qui est réservé aux hommes, aux maris trompés ou impuissants.

Les textes comiques parlent souvent du *con*, personnifié dans *Connebert* du poète Gautier, évoqué dans les titres de plusieurs farces : *Du chevalier qui fist parler les cons,* dans le *Dit des cons, le jugement des cons,* etc.

On évoque ailleurs le *douillet*, le *gaffry* ou le *gaufrier,* la *chatte* ou le *cat ou kat* en Normandie, la *gousse,* la *coquille* qui se desserre et qu'il faut revisser, le vulgaire *cloaque*. Quelques auteurs ressortent les images de la *fente*, de la *gousse*, de la *figue*, du savant *marriz* ou *matrix* (matrice), du *bas* à plusieurs sens. D'aucuns semblent préférer la *croupe*, le *pertuys* (trou), *l'huis qui ne demande qu'à être fermé*, la cheminée qui tire mal et a besoin d'être ramonée etc. *Pucelage* et quantité d'euphémismes et d'expressions figurées ont aussi leur place de choix dans les répertoires à double sens du genre *« De la pucelle qui abevra le polain* ». Restons prudent en la matière . « *Douce conne* » appartient au répertoire des douceurs et des coquetteries qu'un amant ou qu'un mari, d'une naïveté déconcertante, glisse à l'oreille de sa tendre amie. La *catin* n'apparaît pas mais c'était à l'origine une fille de la campagne, une catherine. La *gouine* viendrait d'un ancien mot normand désignant celle qui *gougnotte* ou qui a des relations sexuelles avec une autre femme. La *lesbienne* ou plutôt *lesbiche* n'est pas encore d'atualité, malgré les voyages en Méditerranée.

L'intromission dans le patrimoine linguistique français intéresse aussi l'érection ou son absence. Les récits évoquent le *foutre qui* débouche sur le *fotre*, la *fouterie*, *se faire foutre, fotir, sucrer.*

> Des termes, comme *puante brenassière,* offrent de belles perspectives dans les recherches sématiques d'où toute pudibonderie est à exclure des récits érotiques, publiés sans restrictions, sans préjugés de la part du narrateur d'un récit. On l'observe dans « *la Pucelle qui obevra le polain*, la *Damoisele qui ne pooit oïr parler de foutre, De celle qui se fist foutre, De la damoiselle qui n'ot parler de fotre qui n'aust mal au cuer, de celle qui se fist foutre sur la fosse de son mari, do maignien qui fotit la dame ».*

D'autres titres de farces laissent entrevoir le comique de mots et de situation avec ces quelques exemples : *Jenin fils de Rien* ou *fils de prêtre*, *C'est de la dame qui aveine demandoit pour Morel sa provende avoir*, *le sentier batu* de Jean de Condé, *de la vieille qui oint la palme au chevalier*. Mais le pire n'est pas forcément ce que le titre suggère !

> Dans « *la nourrice et la chambrière »*, deux poissardes s'agonisent d'injures, s'accusent de débauches, utilisent des épithètes grossiers, avant d'en venir à des arguments frappants. Le *mince de Quaire,* un godelureau qui a donné son nom à un récit, affronte à la fontaine deux délurées, Béatrix et Fricquette qui se jettent des insanités.

On peut difficilement séparer le langage sexuel de certaines invectives que des pâtés de langue, des métaphores érotiques ou même des chansons assaisonnent à leur manière. Dès l'entrée dans le monde de la jurologie ou des vocalises, le lecteur découvre un large éventail pour tourner en ridicule les hommes et les femmes qui n'ont pas commis *l'acte* (sic), comme les puceaux et les rosières. Le contraire consiste à dénoncer ceux qui le pratiquent avec les *folles de leur corps*, *les putains ribaudes*, les mauvaises *quoquartes.* Les trop *baiseurs* en subissent les conséquences avec la petite vérole d'origine italienne puis la syphilis, venue d'Amérique. L'énumération des péchés dont on trouve une liste étonnante dans les pénitentiels irlandais ou dans celui de Burckard de Worms vers 1020, peut donner matière à des plaisanteries aux articles touchant les pratiques réputées anti-naturelles. Trop de morale ne nuit pas forcément à la diversité ! Les déviances sexuelles ont leur place en effet dans le langage ordurier des grosses plaisanteries et de l'injure. On ne parle pas encore d'homosexuels, amateurs du goût arabe ou italien, disait-on alors, mais de *sodomites*, de *fornicateurs*, de *mauvais faillis,* de *bougres et bougresses, de coure garson, de mignot* pour mignon, de *putier.* On leur enjoint généralement des épithètes triviaux. On raconte que les prostituées qui racolaient dans le quartier de l'université traitaient ainsi ceux qui refusaient de *« monter ».* La législation punissant le crime contre nature s'est singulièrement durcie à la fin du Moyen Âge et peut conduire l'individu au bûcher ! [12]

Un courant énonciatif, riche en métaphores, en simulacres, a tendance aussi à éteindre le feu, à évoquer le *signe du cul* de préférence si personne n'y répond, à décrire la faillite par épuisement, à couper, à châtrer, à stigmatiser les absences ou l'inefficacité des organes indispensables à la manifestation de la virilité, les goûts relevant de l'exception, des fantasmes. Signe du temps également, la facilité de transmission d'un héritage paillard émerge des *débauchés,* des *filz et des filles de putain ou à putain* , des *ordouses*, des *putainiers*, des *renartes*, des *filles de moine* (Forez), d'une légion d'individus si on se fie à la fréquence des expressions. L'anodin peut masquer une cruelle réalité. La pire insulte faite à une femme qui va se marier en Amiénois est de lui dire « *qu'elle n'est pas digne d'aller à l'autel en cheveux* ».

La *vergoigne*, la *pudor* ne s'en offusquent pas forcément et chacun trouve normal d'utiliser des termes crus que le commun mortel emploie et que seul un prédicateur ou une dame de la haute société ne sera assez hardi *qui nomer l'ose.* De *sottes chansons* renferment la fine fleur de l'expression ordurière, verte, phallique, à condition toutefois de savoir percer le langage codé. [13]

Les religieuses du Quesnoy-le-Comte dépendant de l'évêché de Cambrai, dirigé par un drôle de pistolet Henri de Berghes dit le « grand cornu » avaient, selon Jean Molinet, un esprit perturbé nécessitant des séances d'exorcisme. *« Réformer »* le couvent par des pères attentionnés a, dans ces conditions, une toute autre signification que celle qu'on est en droit d'attendre. On évoque à mots couverts les « *très dévotes notables filles* » qui eurent à subir les outrages du portier Broudelibus, un nom fabriqué pour la circonstance à partir de *broudier* qui désigne le derrière.

Le sexe n'est pas seulement décrit abondamment, sans doute autant que de nos jours, il est aussi quelquefois représenté dans des positions qui relèvent de la pornographie. Témoin cette scène qui représente une nonne tirant son amant par ses génitoires !

La complaisance scatologique, autre source de « laidure langagière » et de rire complaisant

C'est l'allusion au pot d'urine, à la défécation pour *« emmerder »* un adversaire, voire, à l'occasion, aux pilules laxatives dans *la farce du médecin qui guérit de toutes sortes de maladies.* Le stercoraire est une fixation qui poursuit l'individu depuis sa tendre enfance quand il rend le *drapiau merdeux* (le lange). Ce qui s'y rapporte prend aussi de l'intérêt humoristique à commencer par le clystère qualifié de *barbarin* (vigoureux) qui offre aussi l'avantage d'être un symbole phallique, de servir d'onguent à cocufier !

La salacité, utilisée dans une attaque verbale, se rattache au précédent dans une version érotico-scatologique qu'on découvre dans l'expression irrespectueuse de « *par le cul de Dieu »* pour rappeler le mécontement d'un individu. Le cul et ses émanations, *l'ord* qui a donné l'ordure, la merde surtout suscitent, pour eux-même, une curiosité socio-historique et a connu très vite un immense succès, une source de rire inépuisable et qui ne s'est jamais départi. D'aucuns se sont interrogés si tout un secteur de la population médiévale ne faisait pas une fixation anale !(J. Kaplow). L'excrément, en même temps un engrais recherché des Chinois, la *merde,* est le mot le plus employé dans le passé et de nos jours encore, avec une infinité de nuances qui vont jusqu'au porte-bonheur sous une chaussure. [14]

12- J. P. Leguay, *Vivre en ville au Moyen Âge*, Paris, éd. J. P. Gisserot, 2006 et *Pauvres et Marginaux au Moyen Âge, Paris,* éd. J. P. Gisserot, 2009- N. Gonthier, « Sanglant Coupaul » op. cit. p. 158-159.

13- E. Larguèche, *Injure et sexualité*, Paris, PUF 1997- *Actes de l'Université de Savoie de mars 2003*, sous la direction de D. Lagorgette et de P. Larrivée, Paris, Larousse, 2004.

14- H. P. Duerr, *Nudité et pudeur. Le mythe du processus de civilisation*, Paris, éditions de la Maison des sciences de l'homme, 1998. - D. Laporte, *Histoire de la merde*, Paris, éd. Christian Bourgeois, 1978. - J. P. Leguay, « Les mauvaises odeurs, fléau urbain au Moyen Âge », *Actes du colloque de Belfort* d'octobre 2006, p. 249-261.

> On raconte que les étudiants souillaient avec des excréments les malheureux passants à la mi-Carême avec un *bâton merdeux*. Donner le clystère devient même le mode opérationnel doublé d'un cri publicitaire du médecin ou du guérisseur, distributeur d'onguents particuliers de type aphrodisiaque. Le médecin Doublet d'une farce, appréciée à cette époque, en distribue volontiers à Frigalette, sa voisine, épouse de Trubert Chagrias le bien nommé ! L'épouse y prend tant plaisir qu'elle devient vite maladive pour « *être besognée* » !

L'injure débute, de nos jours, par le *caca boudin* qu'un génial auteur de Maternelle lança un jour à la cantonnée dans une cour de récréation, pour se poursuivre dans toutes les directions. Les générations n'ont jamais chômé depuis l'époque de Vespasien, de Suétone, depuis qu'on use dans les propos du mot *anus* et de *trou du cul*, de *chaude croupe,* victimes des mêmes diatribes. Même *l'annus horribilis,* extrait du propos d'une souveraine contemporaine, a donné matière à de bien vilaines interprétations !

D'autres termes que merde sont couramment employés dans les échanges de « civilités » entre rustres : étron dans la formule de Sébastien Brant « *que peut l'étron sinon puer* » (p. 217), *punaisie* couramment citée dans les comptes municipaux quand les problèmes d'hygiène sont évoqués, *crotte, fiens* ou *fiente fumier, tas de groais*... On emploie dans les échanges verbaux et à des fins humiliantes les mots outrageants de *boue*, *bren* déjà moins délicat que le *bran* britannique qui veut dire foin ou que le *bran* français qui est plutôt réservé au son, *estron, groais ou bouillon.* Des dérivés souillent tout autant avec *merdeux, merderon, vaseux, punays, long cul* d'officier ou sire *de merde, maître fi-fi* (vidangeur à Paris), *ribaut puant*, *varlet de maistre fify*, *savate,* etc.

L'urine sert d'arme quand on pisse sur les passants, devient un philtre, l'équivalent du marc de café pour y lire l'avenir ou pour connaître... le curé, père présumé d'un bâtard, d'un simplet dans *Jenin fils de rien.*

*

L'usage bien particulier des retraits

L'excrément, expédié à tout vent, autorise l'évocation des animaux sales, des bêtes viles et méchantes, des monstres associéess au péché et qui ont donné leur nom à des jurons : *bote* ou crapaud, araignée, chien, fils de chien, porc, cochon, coucou, vipère qui n'était pas encore lubrique comme dans les procès staliniens. On se traite de *chat fos* (sournois), de *chat croys* dans certaines régions comme le Forez.

Des bêtes monstrueuses, des dragons, figurent dans la panoplie des illustrations de manuscrits.

Les autres « laidures » fruits de la diffamation, de la médisance et de la moquerie

Un recueil thématique des « *marqueurs verbaux* » est nécessaire devant une telle prolifération des « *actes de langage* », face à tant de diversité sémentique, tant de fantasmes dispensés dans les écrits, dans la conversation de *baveux* et de *langardes* (bavardes) et dans les échanges orduriers.

La diffamation humilie par la force expressive du propos et discrédite à tout jamais la réputation d'un individu, d'une famille, classe l'injure parmi les formes d'agression les plus redoutables et les moins pardonnables.

Traiter quelqu'un de jaloux est grave quand on sait que l'épithète était jadis réservé aux cocus. D'autres expressions font bien pire en donnant des détails dignes d'une morale bien élastique ! *« On voit bien à la paille que la moisson est mauvaise »* lance perfidement une femme déçue à un chevalier imberbe dans la farce, le *sentier battu.* L'actuel « *nique ta mère* », sorti tout droit du vocabulaire de *clap* n'est pas pire que les propos d'antan, couramment entendus dans la rue ou dans les tavernes.

L'invective, doublée d'une pointe d'acrimonie, se fait en effet souvent trop précise, trop réelle. Elle vise à détruire une personne, un mari, une épouse, un ancêtre, des descendants, sur le plan physique et mental. On reste confondu par l'importance de tout ce qui sert à disqualifier un individu, jusqu'à la maladie, l'infirmité, la gloutonnerie, les menstrues des femmes. Un vocabulaire, inspiré par la sensualité est utilisé par un irascible « *pour rejeter l'Autre dans un monde où se reconnaître serait se renier* ». (A. Farge). Les *coqu, cornar, coquar, cous paillar, cogul, caou, bastar fruit du cocuage,* les *pute, putayn, putassière, fils ou filles de pute,* le *larron,* la *vieille ordouse ou la fame bordelière, la pailarde,* le ou la *torlhepot,* la *charongne* sont des expressions communes des archives judiciaires ou des contes pour rire. Nous pensons à certaines farces telles que le *boucher d'Abbeville, la Dame Joenne, le fèvre de Creil*... Mais le lecteur attentif rencontre des variétés plus rares ou plus comiques encore avec : *bec de niais, enflé, enraygé, glouton, vilain mesiau (lépreux) porri, noiseux, périlleuse* pour viser une « *femme conduite à la messe par un valet qui lui saute sur le dos comme il le ferait avec une jument et crie « hay ! »*... La liste est longue de ces classiques du *malvais langaige*, de la *maledictio*, de la *detractio*. Les prostituées, les paysans, les serfs, les rustres, les « *vilains de Bailluel ou de Farbu* », les *culs-verts* du Berry, les parvenus qui singent les nobles font les frais de ce vocabulaire caricatural, volontiers trivial, d'une éloquence qui s'écarte de la bienséance et qui choque l'honneur des *prudes femmes*.

Si les médisants (*male dicentes*) tournent autant en dérision, par des paroles infamantes et une exclusion verbale, les infirmes, pareils au satyre, emmené dans l'Olympe, c'est pour faire rire les dieux. On se moque d'eux pour conjurer la crainte d'être semblables. Sont mis également au ban de la société les nains, les aveugles, les sourds, des *foibles,* des individus « *atteints de frénésie qui tient en teste* », des *enfantosmés*, des estropiés, des lépreux (*mesel, méseau*), des gens souffrant du feu de Saint-Antoine etc. L'habitude n'a pas disparu puisque les binoclards et les pisseurs au lit restent les mal aimés des cours de récréation ou des dortoirs. D'autres s'en prennent aux sots et à leurs actes irréfléchis mais ignorent encore les mots *imbécile, demeuré, débile, assotis, bris.*

« L'éloquence » injurieuse vise l'honnêteté d'un adversaire quand on prétend que la fortune a été acquise « *à la grande sueur de son cul* ». La litanie de l'absurde met en doute son courage dans le *traistre*, le *faulx*, son niveau culturel et religieux dans le *barbare, le hun, le sarrasin, l'excommunié, le rebeylle.* Elle dénonce son appartenance à une contrée étrange ou à un peuple accusé de tous les vices, de tous les défauts de la terre : les Anglais, les Bretons, les Navarrais, les Savoyards, les Scythes, les Juifs, des routiers cruels et pillards, les juifs cauteleux, sournois et d'une cupidité sordide. On multiplie volontiers les synonymes acrimonieux et grossiers pour attraper le plus d'exemples. L'injure atteint aussi le représentant de l'ordre, le sergent, le meunier le mal aimé des campagnes, les fourniers, le fermier des impôts, quiconque détient une autorité contestée ou fait l'objet d'une sourde rancune.

On a affaire à une sorte de procédure accusatoire, en termes pas forcément colorés, mise à la disposition du commun et qu'appuient de vieux adages qui déclarent notamment « *il n'y a pas de fumée sans feu* » ou « *toute vérité n'est pas bonne à dire* » ou des formules générales comme « *chacun sait que…* », expression, reprise en politique, rejetant ceux qui ne savent pas dans l'état d'ignorants. Malheureusement pour les victimes, les critères de bonne ou de mauvaise réputation changent avec le temps, les lieux et les sociétés et beaucoup ont vu le jour au gré des circonstances, de l'imagination de leurs auteurs ou de promotions subites. Si *ventre saint-gris* ou l'irrespectueux *par le cul de Dieu* a perdu depuis longtemps ses délicats sponsors, si *respectueuse* n'avait rien de péjoratif au départ, à plus forte raison si elle s'ajoutait à une salutation, d'autres vocables sont passés d'un emploi convenable au vulgaire. Il est vrai qu'on ne s'offusque plus, maintenant, de côtoyer une légion de *pédés*, d'*homos, d'enculés, de tapettes* qui hantent le pavé et les cours de récréation. Par contre des invectives du passé comme *diable*, *vil truand*, *culvert*, *bigre* ou chasseur d'essaims, *bougre, un* bogomile ou cathare bulgare, synonyme de zoophile, devenu bien pauvre en signification, *griffon* ou grec voleur sont passés aux oubliettes. Le Moyen Âge a assuré la promotion de quantités de mots dont on se sert encore de nos jours pour diffamer : *desloyal, traitre, félon*, *meurdrier* convenant bien à l'époque de la guerre de Cent ans, *paillard, ribaud, voleur, truand, noiseux,* promu avec la Belle Noiseuse, le titre d'un film. Le *connard,* porteur de cornes ou le *turlupin,* employé en politique, sont plus polis que *l'enculé,* récemment servi !

*

De cette analyse, on tire plusieurs conclusions :

Le vocabulaire ordurier, destiné à dégrader, est aussi riche et varié que le sont les comportements humains. Tous les genres, tous les goûts, toutes les images sont représentés. Le rire n'y perd pas ses droits parfois comme le rappelait, voici peu le jeu de mots Homintern pour désigner des intellectuels homosexuels d'Oxford réfugiés en U. R. S. S. comme espions.

Il apparaît aussi que les frontières entre le langage des rues ou du gosier et des tripes, disent les Anglais (*language ot the gutter*), les injures tolérables et courantes, les paroles offensantes, les propos diffamatoires d'hommes qui *courent le guilledou* avec des filles de joie s'avèrent bien ténues dans la réalité quotidienne.

Ce vocabulaire se transforme au fil des générations, s'est enrichi dès l'époque de la Renaissance et dans les siècles qui ont suivi faisant apparaître des homos, des lesbiennes, des hommasses, des tantouzes . Des mots s'usent à force d'être employés (putain, pédé, merde, bougre), d'autres semblent perdre leur signification précise d'origine (garce, pucelle, pédéraste).

Le rire verbal qui concerne surtout les spectateurs se double d'un rire gestuel d'un emploi courant, d'un geste ordurier, d'une claque (baffe, buffe, collée), d'un coup de poing, « *d'une prinse au corps et au poill* », de bagarres d'une violence à peine croyable, provoquées par « l'énervement » du vin. Ces gestes outragent autant que les paroles ou mettent ceux qui s'en servent au rang des êtres rustres, dépourvus de courtoisie. [15]

Séparation d'une femme adultère

Bibl. d'Autun 80 f°227, Extrait du décret de Gratien, F. Garnier, *Le langage de l'image au Moyen Age*, Le Léopard d'Or, Paris 1982, n° 156

15- E. Larguèche, *Injure et sexualité,* Paris, P . U. F. 1997- Dan Van Raemdonck, Les mots pour l'homaudire, dans *les insultes en français*, sous la direction de D. Lagorgette, publication de l'université de Savoie, 2009, p. 31-43.

Chapitre 8

« Odeurs, oultraiges et actes irrévérencieux »

Des incongruités, des facéties digestives ont toujours prêté à rire... jusque dans les salles de spectacle, dans les music-halls du XIXe siècle ! Mais pisser dans une tasse et donner à boire le contenu à un aveugle et l'inviter à jouer *broche au cul* atteint les hauts sommets de la balourdise farcesque dans « *Thomasse et le Coguelu* ». Rappelons à ceux qui l'ignoreraient que broche au cul, un jeu délicat, oppose deux concurrents entravés, serrant avec leurs cuisses un bout de bois pointu, à charge pour chacun de piquer l'arrière-train de l'autre.

Examinons, plus précisément, les agissements de ceux qui utilisent à bon ou mauvais escient leurs issues corporelles, leurs bras, leurs doigts, leurs pieds, une langue tirée en manifestation de moquerie ou de méchanceté, de ceux qui se complaisent à raconter qu'ils vont « *ventreillier, poirre et chier* ». Les malotrus, les *infects*, les *puants* sont légion et leurs gestes restent d'actualité, seuls les noms changent comme « *faire la figue avec le doigt* », un acte particulièrement vulgaire et humiliant qu'il faut associer au sexe, de préférence féminin !

Les plus comiques sont les pétomanes ou *venteux*, les *roteurs*, les *pisseurs*, les *chieurs*, les *tousseurs*. Dans leur cas, comme pour les injures, il importe de savoir choisir son milieu, son éducation, ses lubies pour éviter les souffles qui ont, croît-on, tendance à accroître une ardeur génésique.

> Dans la farce intitulée « *le pet* », le couple Hubert et Jehannette s'accusent mutuellement d'avoir lâché une effluve bruyante et odoriférante. L'épouse dominatrice et procédurière reconnaît la faute mais prétend que le mari en est reponsable pour l'avoir pressée pendant qu'elle soulevait une charge. L'affaire, portée en justice, se termine par un match nul. Le juge, volontiers phraseur, déclare que les liens du mariage unissant deux époux font que ce qui est à l'un, le pet compris, est également à l'autre. Il n'est pas impossible que des éudiants en droit en bizutage ou des plaisantins d'un carnaval aient joué une telle scènette où le pet est l'enjeu d'un procès.

Un patchwork d'insanités olfactives et sonores

Dans le florilège des incongruités, l'acte qui amuse ou qui pétrifie celui ou celle qui l'accomplit ou qui le subit est tantôt isolé, tantôt joint à une insulte verbale dans une affaire en cours. Le champ d'action d'un réalisme résonnant fort peu rigoriste est immense, décrit anciennement dans les lois barbares (loi salique, loi burgonde, l'édit d'Euric chez les Wisigoths), dans les privilèges urbains, dans les coutumiers.

Ces sources d'information et d'autres constituent une véritable anthologie du non conformisme, à l'opposé des valeurs courtoises, mais pas forcément chastes de l'époque féodale. Plusieurs ouvrages de référence contribuent à souligner l'importance d'un sujet, si longtemps méconnu. [16]

Un florilège à peine croyable

Le banal dans le gestuel libertin et dans les propos outrageants se manifeste, de nos jours, par des échanges d'amabilités entre automobilistes accompagnés de bras d'honneur, le doigt levé, la langue tirée, le crâne frappé avec le doigt indiquant le dérangement cérébral, la présence de cornes ou des pratiques honteuses. Jadis, tout était prétexte à exhiber, pour un oui ou pour un non ses fesses ou ses *génitoires*, à expédier un linge merdeux au visage de quelqu'un, à lancer un crachat sur le pied d'autrui ou un pet vengeur, différent du bruit source d'humour ou de la satisfaction affectée et plus ou moins volontaire ! Notre actuel « coup de boule » pour surprendre l'adversaire se nomme alors la *testée* avec la *caboce* ! Mettre la main aux fesses et se prendre une bonne gifle ou un coup de poing sont si communs que les benêts s'y livrent et se font ainsi rappeler à l'ordre. Roter est un terme bas dont on évite de se servir dans le Littré mais qui peut devenir une forme de politesse dans les civilisations orientales pour indiquer qu'on a bien festoyé. Même la belle Flamenca, épouse du sire de Bourbon-l'Archambault, crachait par terre avant d'aller faire ses dévotions ! [17]

16- P. Camporesi, *Les effluves du temps jadis*, Paris, Plon, 1995- J. P. Leguay, *La pollution au Moyen Âge*, Paris, éd. Gisserot, 1999 et « La pollution de l'air et de l'eau, un fléau urbain méconnu à la fin du Moyen Âge en France », *colloque de Leiria, Natura i Desenvolupament el Medi Ambient A l'Edat Mitjana,* sous la direction de Flocel Sabaté, Pagès editors, Lleida, 2007, p. 99-128.

17- C. V. Langlois, *La vie en France au Moyen Âge*, le roman de Flamenca, Paris-Genève, éd. Statkine, 1981 p. 126-176.

On décrit volontiers les enfants « *enchifrenés de morve* », des adultes qui « *furieusement se grattent, traquant le gibier à six pattes, une croix sur la carapace ou écrasent un pou dans leur assiette* ».

Le ronflement d'un badin à l'office du dimanche trahit aussi un manque de savoir vivre qui donne volontiers matière à des jeux de mots quand le coupable, désigné par le bruit qu'il fait, se réveille en sursaut ! La vérité oblige à dire que les sermons de Pâques pouvaient être si longs et si rasoirs que l'auditoire n'avait d'autre solution que de bavarder ou s'endormir. Une vie de Jésus, en plusieurs heures de représentation, de sa naissance au tombeau avait alors des effets soporifiques qui s'achevaient par un réveil brutal au moment de la mise en croix.

De joyeux lurons, trop émancipés, s'amusent alors à arracher les *chaperons* ou les coiffes à cornes des femmes mariées, jamais nue-tête, un geste qui constitue alors une profonde atteinte à leur pudeur. Le fin du fin est de perturber les cérémonies religieuses, les processions, par des chants obscènes. Il consiste aussi à glisser à tout prix dans les textes liturgiques les mots *vit, couille, phallus*, à introduire des animaux au cours de la messe, à maculer de suie ou d'excréments les paroissiens sous prétexte de répandre de l'encens. On raconte que des plaisantins avaient l'habitude de remplacer l'habituel « *je crois en Dieu* » par « *je crois aux dés* ». Le pire est que les clergeons ou les nonnes se livrent à de telles facéties ou se dépouillent de leurs vêtements. Les religieuses de l'abbaye de Montivilliers en Normandie et les novices étaient connues pour leurs paillardises du temps de l'évêque Eudes Rigaud (t) sous saint Louis.

Mais c'est peut-être à table que se révèlent les pires malotrus, du moins si nous en croyons Sébastien Brant qui consacre tout un article de la Nef des Fous à dépeindre les manières des fous avérés :

« Car si à nos tables, ils abusent
Font insulte à la courtoisie,
S'ils sont grossiers et mal polis,
Ils ne vont pas dans leur folie
Jusqu'à y perdre leur honneur .

……….

Mais dans le boire et le manger
Ces gens grossiers n'ont point d'usages ;
J'appelle ces fous des vilains
Pour ne point se laver les mains

Avant de passer à la table.
Ou vont s'asseoir étourdiment
Avant que d'autres soient assis
Qui ont sur eux la préséance
Ecervelés, si peu courtois,
Qu'il faut leur crier » Hé donc ! toi
L'ami va te mettre plus loin !
Tel autre oublie comme un païen
De bénir le pain et le vin, avant d'entamer le repas.
Et l'autre fou en premier prend le plat :
Il est déjà à se goinfrer
Plutôt que de laisser l'honneur
Au ban, aux dames et seigneurs
De se servir les tout premiers
Et d'attendre dûment son tour
Tel souffle, avide de manger
Dans sa bouillie, sur sa purée ;
Il a les joues si bien gonflées
Qu'il a l'air d'attiser le feu .
Tel a taché nappe et pourpoint ;
Tel remet dans le plat sans gêne
Ce qui lui a glissé des doigts
Indisposant tous ses voisins,
Et tel autre est trop paresseux
Pour refermer son groin béant
Que sa cuiller vient de remplir ;
Quand il se penche sur les plats
Sort et lui tombe de la bouche
Ce qui retourne dans le plat,
Et certains comme ce béjaune
Reniflent d'abord tous les plats ;
L'appétit est coupé aux gens
Qui n'osent plus toucher à rien.
Tel qui mâche un morceau ingrat
Il le recrache sans égard
En plat, sur la nappe ou à terre,
sa vue vous donne la nausée.
Tel rejette sa mâchée,

Et l'étale au bord de l'assiette
L'autre s'allonge sur la table
Vers la viande et le bon poisson
Qu'il voit là-bas près d'un convive ;
S'empare du plat, le garde bien.
Le laisse à portée de sa main
Accaparant le plat commun
Celui-là je l'appelle un goinfre
Il est le seul convive à table
Il n'a qu'un souci, un seul soin :
Se gaver seul des aliments
Et repaître de tout sa panse
Plaignant à l'autre son plaisir
Je l'appelle un ôte-toi-de-là,
Ou vide-auge, gros-lard, emboqué
C'est un convive redoutable
Un glouton qui ruine les tables
Avec ses ruguesses manières.
Claquer la langue, son bu
Offense l'ouïe des commensaux
Aspirer le vin entre les dents
Produit un bruit fort malsonnant.
Et ceux qui meuglent en buvant
Comme la vache à l'abreuvoir ! ».

L'absence de «récréation d'air »

L'excrément n'est pas seulement employé dans l'injure d'un ménage chamboulé, dans le comique du bas-ventre, par les interlocuteurs et par les plaisantins ; il se matérialise dans le quotidien sous des formes olfactives, visuelles et tactiles. C'est le cas dans des farces comme « *Tarabin-Tarabas* », « *l'Aveugle et le boîteux* », ou dans le religieux avec la relique d'un Saint Innocent recouverte de bran pestilentiel dans la farce, « *un pardonneur, un triacleur et une tavernière* ». [18]

18- B. Faivre, *Répertoire des farces françaises*, Paris, Imprimerie Nationale, 1993. -A. Franklin, *La vie privée d'autrefois. Modes, mœurs, usages parisiens*, Paris, tome III, 1890. J. P. Leguay, *La pollution au Moyen Âge*, Paris, éd. J. P. Gisserot, 1999.

Chacun a la mauvaise habitude de cracher par terre, d'uriner ou de « *lascher* » ou de « *becter ses eaux* » n'importe où, d'envoyer des déchets, des résidus de cuisine dans une sorte de tout-à-la rue ou de rigole qui répand le parfum excrémentiel. Jeter des détritus, des ossements, des tripailles, des cendres, des eaux sales « *en droit soi* » sur la chaussée, sur les places publiques en plein centre urbain, ou, pire, sous le porche du voisin est une forme d'insouciance et d'inertie si communes dans les cités médiévales que les édits royaux, ducaux, seigneuriaux ou les ordonnances municipales finissent par se lasser de les fustiger (Dijon, Douai, Senlis) ! La rumeur rapporte que la rue des Grands-Champs de Dijon « *estoit toute pleine de fumier, de terre et autres buterais que, à grant peine, y pourvoient passer les arnois* » (les véhicules). Vider des *pots à pisser* par les fenêtres, uriner sur les passants qui tiennent par prudence le *haut du pavé* sont des habitudes bien ancrées ou même un jeu auquel se livrent les ouvriers d'un chantier rennais depuis les fenêtres d'une maison en construction. Joinville raconte que Saint Louis qui se rendait un petit matin à l'église des Cordeliers reçut le contenu d'un vase de nuit, expédié par un étudiant du haut de sa fenêtre ! Une affaire survenue à Périgueux en 1342 remet en mémoire une ordonnance, mal appliquée, « *pour le bon ordre de la ville, il a toujours été observé qu'on ne jetait pas par les fenêtres des eaux fétides et putréfiées pour cause d'empoisonnement de l'air et des gens du voisinage* ». Chacun étale son petit linge *gras* et sale, *chie et pisse* en public dans des impasses ou dans des ruelles obscures, depuis le parapet d'un pont, dans une tour d'enceinte.

La colère, mauvaise conseillère, pousse le vitupérateur, l'ivrogne, à *conchier* pour mieux salir, infecter et ridiculiser un adversaire, à user d'un jet d'urine ou à l'asperger d'excréments. Le jet se pratiquait couramment, dit-on, à l'occasion d'un siège ou d'un carnaval ! Mettre un étron dans la bouche d'un adversaire ne choque guère plus qu'autre chose !

Le rire pousse à user des armes du *trou breneux* et odoriférant de Tabarin et de son épouse Triboulle Ménage ! Une farce, « *Poncette et l'amoureux transi* », a pour thème les odeurs stercorales qui empestent une église un jour de mariage ! Les récits, complaisants en matière de libération des effluves excrémenteuses, vont jusqu'à représenter un individu en train de pisser, de pousser un malheureux à libérer ses entrailles sous l'effet d'une nourriture trop grasse et à base de choux, sous le coup de la terreur (*Frère Gullebert*), sous l'effet de la douleur (*Le Gogelu*).

On a prescrit, durant les siècles du passé, des médicaments à base de merde d'humain ou d'animaux (« *Les coquins* », « *le médecin qui guérit* »), et faire absorber à un patient des matières fécales, de l'urine, est apparu comme la suprême source d'hilarité, de préférence s'il s'agit d'un aveugle ou d'un sot. Il va sans dire qu'abandonner lâchement par terre ou sur une table ses guenilles sales, un lange ou *drapeau* d'enfant sur le sol, un sous-vêtement encrassé est considéré comme un manque de savoir vivre.

Le respect du défunt n'existe même pas puisqu'on va jusqu'à prétendre qu'un individu a exhalé son dernier soupir par le cul.

*

La circulation des « *souffles* »

L'émission de *farts* ou la bordée de pets fut de tout temps un sujet facile et incongru de facéties au niveau du bas-ventre, de querelles entre mari et femme pour responsabiliser l'auteur du dégoût ou d'un sujet d'hilarité sans fioritures dont a parlé récemment H. P. Duerr. [19]

La nourriture, mal conservée, mal ingérée, constituée pour une grande part, de potée faite de plantes susceptibles de donner des flatulences (choux, pois, raves) et de graisse, l'usage de l'ail, de l'oignon, des épices ne contribuent pas à diminuer les émanations que la peau secrète, que l'haleine et les intestins dispensent à tout venant.

La légion des « venteux » ou des « souflaculs »

La « pétomanie » digne d'un dénommé Pitance ou d'une Poncette qui pète au lit ou de Proserpine, la femme du savetier à la digestion difficile que son mari oblige à péter cinq fois, fut un ressort du rire dans le passé, sans remonter à plusieurs générations ! « *Le pet tel qu'il vous semblera un air de cor* » fait la joie du poète occitan Montan au XIIIe siècle !

Dans une société encore proche de la nature, jugée *gaupe (très sale),* il y a toujours un drôle, un fou ou un *esventé*, voire une famille entière se vautrant dans la flatulence et *vesnant* du verbe *vesner* ou *vesser* qui signifier péter sans bruit. Ces individus venteux et sournois sont tout le contraire de ces *péteux* de notre vocabulaire contemporain qui affichent leur suffisance précieuse ; ils se distinguent du reste des mortels par leur agitation, une propension à amuser la galerie, un manque total de savoir-

19- H. P. Duerr, *Nudité et pudeur. Le mythe du processus de civilisation*, Paris, éd de la Maison des sciences de l'homme, Paris, 1998-L. Roubin, *Le monde des odeurs*, Paris, Méridiens-Klincksieck, 1989.

vivre et de pudeur. Le pet ou le vent plus poli, accompagné d'une formule telle que *« prou vous fasse* » ou « *à vos souhaits* », est un moyen de défoulement et une source de grotesque populaire. Il a ses gloires, ses artistes : le Péteur ou le roi des péteurs du carnaval ou les surnoms de Torchecul, de Soufflacul. Il a sa place aussi bien dans l'iconographie comique, dans la sculpture et dans la peinture destinées à distraire, que dans les petites histoires scabreuses ou dans les dictons bien tournés, du genre : « *Les enfants sont comme les pets. On ne supporte que les siens* ».

La littérature grivoise médiévale fait du pet un de ses ingrédients favoris de plaisanterie et d'hilarité avec le *bran* ou l'*étron*.

Rabelais a eu des précurseurs avec Rutebeuf auteur bien connu du « *Pet au Vilain* », Villon et les poètes érotiques du Midi. On s'en gausse dans des cansons ou des sotties dont la verdeur est célèbre dans toute l'Europe, à l'exemple d'*Audigier*, une parodie des chansons de geste du XIIe siècle où les préoccupations scatologiques et sexuelles viennent bouleverser les valeurs établies au point de choquer certains lecteurs de ce conte excrémentiel et nauséabond où « *li moutret son cul au vent »* !

« Tant est main à cul, pet est hors » ou

« Mais de péter garde qu'il ne t'échappe
Retiens ce vent et en dedans l'attrape,
Ferme le trou, joins les fesses ensemble
Et serre fort encore qu'il te semble », écrit P. Broë au milieu du XVIe siècle.

L'écrivain anglais Chaucer raconte un moment dans un conte de Canterbury l'aventure d'un meunier qui a fait honneur à *l'ale* britannique : il « *a lampé la bière à si longs traits qu'il ronfle comme un cheval et pète tant qu'il peut* ».

Un gag d'une farce sur un « *meunier de qui le Diable emporte l'âme en enfer* », fait exhaler le dernier soupir de son héros dans un énorme pet que le petit Diable Berith, caché sous le lit, recueille précieusement par pure méchanceté et ramène dans la Gueule d'Enfer. Quand il ouvre le sac, au grand dam de ses complices, la puanteur qui en sort est telle qu'elle empoisonne l'atmosphère satanesque, offusque Lucifer qui ordonne qu'on ôte de sa présence l'âme du meunier.

Bref, dans ce monde rempli de contradictions, l'un se gausse, l'autre s'offusque !

Pour une majorité de gens, le vent encanaillé en pet, l'excellent *crepitus ventris* d'antan, est avec le rot, un moyen aussi de ridiculiser plus encore un mourant grotesque, un sot qui, comme le cochon, paraît être gouverné par son ventre, ses souffles et sa vessie. Le personnage, au cul dressé sur une miniature, entrain de déféquer et qui montre son derrière est un des plus fréquemment représentés sur les piliers corniers des maisons.

Une justification naturelle

Les rejets de gaz intestinal répondent à un besoin naturel, normal à une époque où la nourriture, est volontiers grasse comme le peuvent être des tripes au bouillon, calorique et roborative.

Les convives des banquets sont à ce point mangeurs et gourmands, on dit *glots* et gloutons, qu'ils redoutent se faire éclater le ventre aux « *gras-temps* » et n'ont d'autres solutions que de prier saint Blaise seul capable de guérir la « *douleur d'estranglexion* » (étranglement).

« *Sire saint Blaise glorieux*
Évesque de Jésus précieux
Et depuis ta mort jusque cy
De la doleur d'estranglexion
Ait donnez vraie garison ». [20]

Le bruit du *bas matériel et corporel*, ainsi défini par le Russe M. Bakhtine, cette exhalaison sensitive est la manifestation d'une nécessité, le trait d'un humour de ruisseau ou de banquet, l'occasion de rire d'un *estre malostrus*, *d'un enflé*, d'un *boivin*, d'un *merdeux ou merdoux*. C'est une source d'hilarité dans un contexte égrillard de fête ou de taverne, d'indigestion à « *s'en faire péter la sous-ventrière* ».

Se retenir est une contrainte contre-nature à tout moment de l'existence car « *meurent les hommes en pétant* », voire la manifestation d'un manque d'éducation ! Un proverbe répandu à cette époque dit que « *trop comprimer fait chier* ». Encore au XVIe siècle, on raconte que Luther s'étonnant de la discrétion de ses hôtes après un copieux repas aurait dit ou aurait pu dire, faute de certitude d'un solide témoignage : « *Pourquoi ne rotez-vous pas et ne pétez-vous pas ? Les mets ne vous ont-ils pas plu* ? ». Pour un Arabe, roter à la table sert à exprimer sa satisfaction. Pour un médecin du passé, retenir un vent est même considéré comme malsain et la meilleure solution n'est-elle pas de faire semblant de tousser, ce que préconisera d'ailleurs Érasme ! [21]

20- C. Gaignebet et J. D. Lajoux, *art profane et religion populaire au Moyen Âge*, Paris P. U. F. 1985, p. 159.

21- J. C. Bologne, *Histoire de la pudeur*, Paris, Olivier Orban, 1986, p. 156.

Le monde médiéval est aussi vulnérable avec ses ballonnements que le peuple des étables qui souffre d'emphysème, de météorisation ou d'enflure, un gonflement par accumulation de méthane et de gaz carbonique dans la panse. Les paysans normands disent d'ailleurs que leur animal familier, la vache, riche d'un estomac en quatre parties, gonfle « *au vent* » jusqu'à « *en crever* ». On croyait jadis dans les campagnes que le ruminant, véritable « usine à gaz », avalait de l'air en même temps que le foin et souffrait d'une forme d'aérophagie alors que la véritable raison, inconnue alors, était l'ingestion de plantes indigestes, de bouchons mâchouillés et la fermentation stomacale qui en découlait, accompagnées d'éructions et de vomissements. Certains guérisseurs recommandaient alors d'éviter de donner de l'herbe fraîche les jours en r (mardi, mercredi,) ou le vendredi. Un dicton avait cours en Normandie : « *quand les vaches pètent, le monde prend chaud* ». Les produits météorifuges primitifs étaient à l'image du reste : des lavements, l'appel aux saints guérisseurs et aux *mires* pour solipèdes, à l'occasion aux rebouteux pour les humains.

Péter pour la santé, c'est donc contribuer à « *péter la santé* » comme le suggère le valet Robin dans la « *farce de l'esquiriel* » (l'Écureuil) dans laquelle une mère éduque sa fille sur le sexe masculin. [22]

La retenue des gens de bien

Mais déjà pour d'autres, davantage policés, des pète-sec, des *péteux* ou *pétaux* en quelque sorte, le vent intestinal, déjà par nature futile et volage, est à mettre au nombre au minimum des bouffonneries, davantage des actes antithétiques honteux et humiliants, voire déshonorants quand on résonne en public. Ce qui est toléré d'un enfant provoque la confusion chez un adulte. Car le pet, le crachat, l'urine et les excréments font partie de « *la vile ignominie de l'existence humaine* », disait le pape Innocent III. C'est aussi l'expression corporelle de gens orduriers, des *jouglets*, de goliards facétieux et débauchés, des farceurs de tout crin, de ces jeunes connards, utilisateurs du pétard les jours de carnaval !

« *Car pour un pet puant et infâme*
Fait à la table, il n'est homme ni femme
Qui ne te dise que tu es à outrance
L'un des plus grands archivilains de France » poursuit Pierre Broë.

Cette fine allusion à une telle provocation a sa place, dans la panoplie des délits, des offenses à Dieu au même titre que le geste obscène ou que le blasphème quand il est utilisé volontairement pour se moquer d'autrui et rabaisser son prochain ! Et pourtant ne dit-on pas couramment dans le langage populaire que de tels amusements ne valent pas un pet, ou se réduisent à un pet de lapin ou, à un pet d'âne mort et que chez tout humain il y a une « *ouverture qui dégage de mauvais vents* ».

« Pet parfumant le con d'une lingère
Pet bondissant haut et clair sans discord »

Le comble de l'abomination est quand le bruit est émis à la table d'un prince ou d'un duc… et par sa propre fille ! Un banquet est organisé en l'honneur d'un faux maître charpentier dans « *Trubert* » l'hôte le fait asseoir à côté de lui. « *Qui aurait vu les écuyers arriver, apporter des mets et des entremets, l'un après l'autre, sans arrêt, aurait bien pu dire en vérité* ». Il y a ici de quoi manger en abondance ! « *Et pour mieux égayer Trubert, ils le font manger avec Aude, la suivante de la duchesse. Jusqu'à Pontoise, il n'y a ni dame ni demoiselle qui l'égale. Trubert mange et elle découpe, en se donnant beaucoup de peine pour le servir. Quand ils eurent mangé tout à loisir et qu'il fallut enlever les tables, Trubert laissa aller un grand pet, tel que tous et toutes l'entendirent. Les chevaliers se scandalisent beaucoup, mais ne savent qui a fait cela. Il n'y a personne qui n'en ait pas honte, même le duc en est fâché* ». [23]

Blagues de « coprophiles »

Les jeux langagiers qui accompagnent une succession de blagues d'un goût parfois douteux, les amusements des amateurs de cul, d'étron, de *menus drapelés sales* (petites culottes) ont eux aussi traversé les siècles et les imaginations ! « *baise ton cul* », « *viens soufflez à mon derrière* », « *montre son cul au vent* », user de *pilules de merde,* font partie des injonctions ou des plaisanteries courantes d'une époque qui en a vu bien d'autres. Chacun connaît, dans ces temps là, le baiser satanique des sorcières sur les fesses, un jour de sabbat, le charivari à travers « *Fauvel* » de Gervais du Bus puis, plus tard, Rabelais, la légende de la « *maisnie* Hellequin », le surnom et les traditions des *souflaculs*, les maquerelles et les sorcières accusées de baiser le cul de Lucifer, les sculptures de façades de maisons.

Tout ce qui touche aux parties basses, aux trous ou aux *pertuys*, au vit « *bien d'une aulne et dymye* », au *bas con*, constitue un jeu de mot facile au même titre que le bacon ou les excréments. Le côté répétitif et drolatique du bagou fait rire aux larmes. Les incongruités semblent inspirer beaucoup d'auteurs du passé et faire mourir de rire leurs lecteurs.

22- M. Cailly, J. L. Marteil et Alan Roch, *Histoires salées du Moyen Âge*, Paris, éd. De La Louve, 2008, p. 214.

23- Douin de Lavesne *Trubert*, dans fabliaux érotiques, publication de L. Rossi, Lettres gothiques, Paris 1992, p. 381.

La farce intitulée « un *pardonneur, un triacleur et une tavernière* » raconte les méfaits de deux charlatans, forts en gueule, qui rivalisent de boniments avant d'aller étancher leur soif professionnelle dans une taverne où ils proposent de payer l'aubergiste avec un don fabuleux, une boîte contenant « le béguin d'un des saints Innocents ». Quand la femme ouvre le cadeau, elle découvre …. une culotte merdeuse ! Ici la vulgarité est sauvée par la qualité du style, par les noms des reliques proposées de saint Couillebault et de sainte Velue et par quelques savoureuses propositions des individus de fournir : une aile de séraphin, la tête de Cerbère, un morceau de l'arche de Noé, les ossements d'Hannibal, un petit caillou des murs du Paradis et un morceau du groin du porc de saint Antoine.

« Toujours joyeux, chantant jusqu'à la mort » écrit un scatomane patenté, un laudateur de l'étron comme le fut après lui Rabelais, un dénommé Eustorg de Beaulieu, plus célèbre au Moyen Âge que de nos jours. Il ajoutait, soi-disant avec esprit :

« *Du velours vaut mieux que satin*
Pour torcher son cul au matin ».

Cet amuseur public agace les dames, effarouche les bachelettes ; il est prêt à prendre la fuite, « *à filer comme un pet* » quand il risque par sa conduite scandaleuse « *à avoir du pétard* » si un témoin « *porte le pet en justice* » ! Eschyle, Villon, Geoffrey Chaucer ont utilisé, bien avant Rabelais, cette veine comique ordurière, issue des entrailles.

Uriner intervient aussi toujours à propos, y compris quand un individu fait pisser « *par joyeuseté* » les filles qui dansent. Dans l'un des contes de Cantorbéry, Chaucer pousse la grivoiserie plus loin encore : « *Nicolas s'était levé pour pisser…*

Nicolas lâcha tout de suite un pet
Aussi bruyant qu'un coup de tonnerre ;
Absalon fut presque aveuglé du coup
Et il était prêt, avec son fer chaud,
Et il frappa Nicolas au milieu du cul »
(*Le conte du Meunier*). [24]

Des statuts corporatifs ou municipaux, des manuels d'éducation se montrent volontiers dégoûtés par ces rejets corporels, punissent d'amende ou réprimandent les convives indélicats, considèrent l'acte aussi honteux que l'organe émetteur, une incivilité monstrueuse. Les prêtres, les prédicateurs y voient même, dans leurs sermons, une offense à Dieu si le bruit intempestif de quelque joyeux drille perturbe le bon déroulement d'un office.

Les écrivains de jadis, hommes et femmes confondus, ont légué parfois à la postérité des chefs-d'œuvre de littérature érotique où le vent léger, futile, sournois, celui de la mauvaise éducation fait rire aux larmes les lecteurs. Témoin cette strophe d'une *cobra* anonyme du sire Montan, où un vilain jeu de mots cache, sous la traduction de foutre, une toute autre signification. La belle déclare tout de go :

« *Je viens à vous, seigneur, la jupe levée,*
car j'ai ouï dire que vous avez pour nom sire Montan,
jamais de foutre ne fus rassasiée
Et j'y ai occupé pendant deux ans un chapelain
Ses clercs et sa suite (sa masnada).
J'ai le cul large, épais et frétillant,
Et le plus grand con qu'eût jamais femme au monde »,
.... .

L'interpellé de répondre :

« *Sachez, ma dame que ce programme m'agrée,*
pourvu que nous soyons ensemble jusqu'au lendemain ;
mon vit frappera sur votre porte armée,
Alors vous saurez si je suis un charlatan.
Car, je vous ferai lancer par-derrière
Une telle pétarade qu'il vous semblera un air de cor
Et sur cet air vous danserez la ballade qui convient ». [25]

Si d'aucuns ne se contentent pas de constater que le vent personnel est une nécessité physiologique, d'autres vont jusqu'à lui vouer une véritable adoration. Un poète anonyme célèbre la *Reine des Petz* dans une *cobra*, une chanson de nature scatologique :

« *Dieu vous protège, Souveraine de haut mérite.*
Qu'il vous donne la joie et accorde la santé.
Et qu'il me permette à moi d'agir si bien selon votre plaisir
Que vous m'aimiez à la mesure de mon désir.
Ainsi pourrez-vous me rendre parfaite récompense
Et si jamais je vous fis tort, me le faire payer cher.

24- Chaucer, *Les contes de Cantorbéry*, collection 10/18, éd. De J. Dor, Paris, éd. Christian Bourgeois, 1991.

25- *Tenson obscène avec une dame* du troubadour Montan (vers 1270) publiée par P. Bec, *Burlesque et obscénités chez les troubadours*, Paris, Stock, 1984 p. 163. On ne sait rien de cet écrivain dont l'œuvre passe pour être la plus licencieuse de toutes !

Dieu vous protège, souveraine des pets.
Qu'il vous accorde d'en faire deux pendant la semaine,
Tels que puissent les entendre tous ceux qui viendront vous voir.
Et lorsque arrivera le lendemain soir,
Puisse-t-il vous en descendre un tel au bas du corps
Qu'il vous fasse serrer et déchirer le cul ! » [26]

Rutebeuf a écrit un apologue scatologique où l'humour laisse percer un profond mépris de l'inférieur. Le « *pet du vilain* », qui soulage le malade comme le familier des banquets, que commet l'habitué du péché de la *gula*, reste pourtant un témoignage immortel de la verve gauloise d'un auteur prolixe du XIIIe siècle :

« Un vilain, jadis, était malade…
Un Diable est venu
Pour réserver les droits de l'enfer.
À peine arrivé chez le vilain,
Il lui suspend un sac de cuir,
Car le diable est persuadé
Que l'âme va s'en aller par le cul.
Mais le vilain, pour se soigner,
Avait ce soir pris une potion.
Il avait tant mangé de bon bœuf à l'ail
Et de bouillon gras bien chaud
Que sa panse n'était pas molle,
Mais tendue comme une corde de guitare.
Il ne craint plus désormais d'être perdu ;
S'il peut péter, il sera guéri ».

Après bien des efforts :
« …un pet jaillit et sort du rang,
Il emplit le sac, le diable l'attache
Car, pour sa pénitence,
Il lui avait piétiné la panse,
Et le proverbe dit bien
Que trop comprimer fait chier». [27]

Villon qui règle souvent des comptes avec ses semblables n'est-il pas, de son côté, l'auteur de ce passage de son testament :

« Sinon aux traistres chiens matins
Qui m'ont fait chier dures crostes
Maschiez mains soirs et mains matins,
Qu'ores je ne crains pas trois crotes,
je feisse pour eulx petz et rotes...».

Une autre ballade troubadouresque de la même veine, une *sotte chanse,* se veut être la plus grossière qui soit.

« Puis on fait la paix et elle fait un gros pet
Plus enflé qu'un bousier immonde.
En riant, èlle me donne un coup de poing sur la tête,
Me dit « Go ! go ! » et me frappe la cuisse
Tous deux ivres, nous dormons comme un sabot » trouve-t-on dans sa confession de souteneur de la grosse Margot. [28]

L'exposition du corps « *à la bise et au vent* » est le propre des dames de petite vertu qui semblables aux « *trois dames de Paris »* d'une farce connue ont mangé et bu à satiété et se livrent à de l'exhibitionnisme : « *chacune enleva son corset et son chaperon et se retrouvèrent les seins à l'air* ».

Le maître en bons mots de nature scatologique reste à coup sûr Rabelais qui fait de la satisfaction des besoins naturels un principe de la vie matérielle et en même temps une source permanente d'hilarité d'un réalisme grotesque. Il n'est pas le seul à s'être laissé aller à « *conchier* » pour la grande joie de ses semblables, à leur offrir un « *estron de chien* ». Zola, Apollinaire ou Céline l'ont fait à leur manière.

*

Le « *maulvès her* »

Comment peut-on distinguer un homme d'une femme ? Rabelais prétendait que les hommes mouraient *en pendent* (en pétant), les femmes *en vesnent* ou en émettant des pets sournois ! En dehors du plein vent, examiné précédemment, on expédie volontiers de gluants et puants

26- P. Bec, *Burlesque et obscénités* op. cit. p. 166.
27- Rutebeuf, « le pet du vilain »dans *Œuvres complètes*, Livre de poche, Paris, 1990, p. 67- A. Serper, *Rutebeuf, poète satirique*, Paris, Klincksiek 1969. Moralisateur mais généreux dans le prologue, Rutebeuf se transforme peu à peu en dénonciateur cruel et injuste de la paysannerie au point de la tourner en ridicule.
28- F. Villon, poésies complètes, éd. P. Michel, Livre de Poche, 1972 p. 215.

crachats, on *testonne* aussi au Moyen Âge, une habitude de peloter, une mauvaise manière de rustre qui ne s'est pas totalement perdue et qui va du geste familier entre connaissances à un désir de lutiner. Généralement cette habitude plaît à une victime, déplaît profondément à l'autre qui fait sentir sa réprobation par une moue ou un coup d'œil en coin. [29]

Les pollueurs d'antan

Partout règne une odeur d'urine, de pet et de vomi suggère encore un amateur de cobra.

« Quant le pet du cul vente
D'où ma Dame chie et vesse,
Il semble que je sente
Une puanteur de pisse
D'une horrible vieille couverte de merde
Qui toujours de moi se raille
Qui est plus riche en pets
Que de marabodis
Quand elle est couchée sur sa pisse
Elle pue plus que toute autre serpente ».

Le *maulvais her* cause « très *grand déplaisir à toutes personnes de bien et d'onneur* » disait-on couramment à cette époque.[30] Ce moyen d'identification de l'autre est déjà en soi source de répugnance, même si l'habitude tempère les réactions. Évitons toutefois de juger la propreté corporelle avec nos critères aseptisés et nos obsessions hygiéniques de netteté qui changent d'un pays à un autre, de l'Espagne ou des États-Unis à la France. Contrairement à ce qu'on pourrait penser, le Moyen Âge n'est pas une période plus sale qu'une autre ; elle le serait même moins que le XVIe siècle du temps d'Henri IV. Les recherches urbaines montrent que même des maisons de bourgeois aisés renferment des sortes de lavabos, des chaises percées munies de vases en verre ou en terre cuite, de vrais cabinets. On sait que des familles bourgeoises prenaient des bains dans des cuves entr'aperçues sur des miniatures et que des étuves ont perpétué les thermes antiques avec une chaleur distribuée par hypocauste (Provins). Le parfum ne sert-il pas à couvrir les mauvaises odeurs ?

Cette restriction faite, il est certain qu'un individu contribue à polluer la couche d'air qui l'entoure. La majorité des citadins n'a ni la possibilité ni le temps de se laver ; les ouvriers, les *gens mecanicques*, les manœuvres des chantiers ou les étudiants confinés dans des chambres sans confort, tous les marginaux qui hantent les rues et couchent sous les avancées de maisons n'ont pas les moyens d'user de savon, d'huiles et d'onguents. Le petit enfant ne porte pas forcément de langes, se déplace le derrière nu pour mieux faire ses besoins, régurgite souvent un lait qui ne lui convient guère, salit son environnement. Les maisons basses, les taudis qui servent de logis à beaucoup sont dépourvus de commodités, obligent les occupants à utiliser des pots à pipi ou à faire leurs *aisances* depuis la fenêtre, à se chauffer avec des braseros. Les vêtements, les haillons de la majorité des gens sont usagés et mal lavés à une époque où les grands nettoyages ne se font qu'une ou deux fois par an. [31]

La littérature a tiré de la saleté personnelle un sujet de plaisanteries inépuisables. Il est de bon ton de se moquer, dans les romans courtois et dans les farces, du paysan, le *rusticus*, ivrogne, inculte, sale au point de devenir un véritable repoussoir, au corps couvert d'ulcères. Ses guenilles de crasseux et de dépenaillé, couvertes de graisse et de taches, la couleur et la laideur de sa peau, de sa *hure* (visage) noire, l'odeur bestiale achèvent de différencier cet être vil des honnêtes gens.

Le fétide généralisé, source de plaisanteries

La population souffre, dès sa jeunesse, d'un manque de prévention puis de l'insuffisance des soins, de la présence de parasites, de mouches, de puces, de punaises, de moustiques, de teigne, de poux, de *nécessités* (sic), sources de moqueries et de rire. Une des facéties durant le carnaval est d'offrir aux spectateurs une pâte à dents à base d'excréments !

La plupart des gens se plaignent de la mauvaise haleine de leurs interlocuteurs, aggravée par de précoces caries dentaires, que ne supprime pas l'usage de confiseries et d'épices. Les chicots qui ornent les bouches des humains et les postillons projetés suscitent la crainte des auditeurs ou des plaisanteries chez Archimède, le grand savant de l'Antiquité, redoutable en son genre :

29- J. P. Leguay, « La pollution de l'air et de l'eau un fléau urbain méconnu à la fin du Moyen Age en France », p. 99-138 dans *Natura i Desenvolupament. El Medi Ambient a l'Edat Mitjana,* Lleida, Pagès editors, 2007.

30- A. Le Guérer, *Les pouvoirs des odeurs*, Paris, Odile Jacob, 1998-J. P. Leguay, "Les mauvaises odeurs et les mesures pour combattre la pestilence dans les villes françaises aux XIVe et XVe siècles", *Colloque du 7ème centenaire de la charte de franchises de Belfort 19-21* octobre 2006, Belfort 2007, p. 249-261.

31- J. P. Leguay, *L'eau dans la ville au Moyen Âge*, P. U. Rennes 2002-G. Vigarello, *Le sain et le malsain, santé et mieux-être depuis le Moyen Âge,* Paris, Le Seuil, 1993.

« Il n'osait ouvrir la bouche
De crainte que son haleine
N'effaçât tout de ses dessins.
Plutôt que de dire un seul mot
Il préféra être assommé ». [32]

Beaucoup de gens ont des maladies cutanées et rénales résultat d'un coefficient urotoxique élevé. Ils ont de la morve au nez essuyée avec les doigts, des plaies mal guéries, des altérations des chairs, au pire des abcès, des apostumes, de la gale, de la gangrène. L'habitude de se gratter partout sur le corps, en tout lieu et devant tout le monde est générale. C'est une nécessité qu'imposent moins le manque d'hygiène que l'usage de vêtements usagés, la présence de parasites et les démangeaisons sur une peau couverte de boutons et de callosités. Une parodie anonyme du XIIIe siècle fait participer de sympathiques bestioles à l'humour scatologique.

« De la tête je lui tirerai les lentes
si cela lui agrée, et des seins les poux,
à la condition qu'elle ne se déchire pas le cul,
qui est blanc et lisse.
Et je lui apporterai du foin,
Quand elle ira faire sa besogne,
Afin que sa chemise ne se fige point ».

Un geste délicat, par excellence, sensuel, consiste à gratter le dos d'un mari ou d'un hôte avant le coucher.

Tousser sans se protéger la bouche n'est pas sans danger et c'est une des raisons parmi d'autres, avec la peur provoquée par la vision ou le danger de contamination, pour que les lépreux aient le visage caché, que les fous portent le coqueluchon.

La saleté, les rejets sauvages et l'odeur ne sont pas seulement une source de plaisanteries ; elles ont été même un sujet de discrimination sociale, raciale et sexuelle. Le rappel des victimes de la déraison collective ne surprendra pas quiconque a de la mémoire. Le juif à chaque vague d'antisémitisme, le travailleur manuel sale et ivrogne, le pauvre couvert de haillons, le vieillard, l'individu de couleur, la prostituée (putain venant de *putida*), le déviant, le soldat, voire la femme adultère pour ajouter une once de morale dans ce réservoir nauséabond, ont été accusés de sentir mauvais. Il suffit d'un rien pour que ces formes de stigmatisation perverse ne réapparaissent dans les écrits et dans les paroles ! Chaque fois que des modes de vie et des habitudes alimentaires surprennent, les mêmes accusations reviennent. À des moments perturbés, avant et après la peste noire, on a accusé les lépreux, les malades de la peau, les fistuleux, les juifs, les sorciers d'empoisonner les sources et les puits, en jetant dedans des matières fétides.

La grivoiserie s'accompagne de l'évocation d'animaux familiers, de l'éternel cochon, bête à tout faire, du bouc, auxiliaire du diable, que chevauchent les sorcières et dont les cornes et les attributs bien visibles poussent au rire et à la plaisanterie lourde. Des gestes sont considérés comme inconvenants comme « toucher en cet endroit » que la morale réprouve. Le couturier d'un farce a la réputation de prendre mal les mesures mais de trop palper les rondeurs et l'entrejambe des clientes qui minaudent « *trop me faites de déplaisir* ». [33]

Il n'est pas étonnant que la matière si féconde de la littérature des maldisants ait été explorée, depuis quelques années, tant l'effet comique prend comme un malin plaisir à peupler l'imaginaire, à se dérober à l'analyse sémantique.

Le comique soulève tant de nuances entre ces extrêmes, que sont le hurlement démoniaque du *folastre*, le jeu de mot subtil, la contrepèterie ou le comique de dérision ou de situation, qu'aucun chercheur ne peut prétendre à l'exhaustivité. A toutes les époques, l'homme a usé du langage, de la moquerie et du rire pour brocarder ses semblables, parodier ou mettre mal à l'aise la victime d'un lazzi ou d'une invective, dont la seule solution est d'oublier le contenu à l'instant où il est lancé, comme un joueur de rugby le fait pour un placage trop rude.

L'invective, rarement seule, n'est pas forcément employée à n'importe quel moment, mais crescendo, du début de la discussion, des premiers échanges vervaux à la bagarre finale. Elle s'adapte au sujet, qu'il s'agisse du *cocuage*, de la perte d'honneur, de l'outrage public, d'une virilité remise en question, de la descendance d'une maquerelle. Elle doit, pour être

32- Sébastien Brant-*La Nef des Fous* op. cit. p. 210- Voir *la farce nouvelle des coquins* qui décrit des êtres d'une saleté repoussante teigneux et morveux.

33- B. Faivre, *Répertoire des farces françaises* op. cit. La farce : *Le coustutier et son varlet et deux jeunes filles et une vieille.*

efficace, s'accommoder en chapelet ou en bordée plutôt qu'isolée et tout juste sussurée. Des nécessités pratiques impliquent, chez l'utilisateur, de l'imagination, du reflexe, de la « culture ordurière », un timbre de voix sonore adapté aux circonstances et chez la victime une patience à toute épreuve. La haine est un bon stimulant au délire verbal et l'excès de langage devient vite source de médisance, de désordre, d'exclusion.

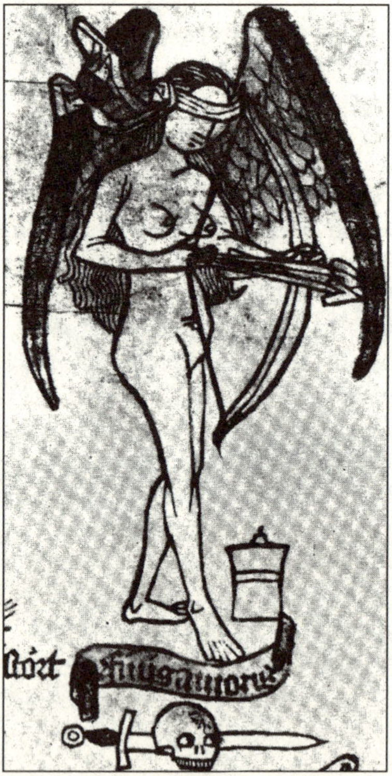

Le flèche d'amour

Gravure sur bois de 1475, extrait d'E. Panofsky, *Essais d'iconologie*, Paris, nrf, Gallimard, 1967, p.185 n°84

Chapitre 9

Le manque d'humour

Autant dire que les propos diffamatoires, les injures trop crues, la médisance, le blasphème du nom de Dieu ont choqué les « gens de bien », les honnêtes bourgeois. Les distractions provocatrices, les parodies du sacré, toutes ces exubérances qui prennent possession des villes et sont sources de rire dévergondé, n'ont pas plu à tout le monde ! D'aucuns y ont vu au minimum l'expression de la futilité et du ridicule, au pire des propos subversifs, accompagnés d'actes pervers, des mascarades inspirées par *tous les dyables de l'air*. Un prédicateur, Olivier Maillard, montre, à propos du Carême de Nantes, dans un recueil de sermons : « *ces misérables chrétiens, hébétés d'esprit et de corps, qui pendant trois jours se gorgent de nourriture, se vautrent dans la débauche, l'ivresse et autres bestialités, ne croiraient pas faire régulièrement le jeûne du carême s'ils ne s'étaient empiffrés jusqu'à minuit du mardi gras* ». Les comptes de la ville de Lille refusent, certaines années, de subventionner la fête des fous sous prétexte que les compagnies joyeuses, dirigées par un jeune *prélat,* se conduisent de façon burlesque et inconvenante.

Des gens manquent d'humour, n'apprécient pas le rire désordonné, *rient jaune* devant une moquerie, se refusent à croire à son rôle libérateur ou régulateur, pensent que c'est un comportement malséant, pernicieux, un manque de respect pour Dieu qui ne rit pas, pour le Christ qui s'est contenté de sourire. Cette carence ou ce refus s'explique soit par un manque d'esprit ou d'imagination, soit par un caractère chagrin, soit par une réflexion plus profonde sur les bonnes manières, les limites de la civilité, sur la profondeur de la foi et sur la morale, sur le péril diabolique qu'occasionnent la galanterie et les jeux d'amour. Quelques uns se sont montrés plus radicaux encore et ont fait montre, dans leurs propos ou dans leurs œuvres, d'une réelle hostilité à l'égard du *cachinnatio,* du fou rire, de l'éclat de rire, des interventions de buveurs, d'amateurs de filles et de banquets, grossiers, sans retenue. Ils partent du principe que « *li homs qui rit trop souvent est tenu pour fol et pour sot* » et que la frivolité finit par déplaire à Dieu. Seul paraît toléré le *ris a petite bouche*, discret et agréable à regarder.

À l'inverse de cette position tranchée, le Moyen Âge a connu des personnalités, favorables au rire lumineux, mesuré. Ce sont des écrivains, des auteurs de sermons, amateurs d'anecdotes comiques, édifiantes, véridiques ou supposées l'être pour apporter davantage de vraisemblance et de conviction à leurs propos et faciliter la mémorisation de la leçon salutaire par l'auditoire. Les *sermones feriales* de Jacques de Vitry se rattachent à ce second courant. Même l'austère Bernard de Cîteaux sait faire la distinction entre le bon grain et l'ivraie dans ses *Sermons sur le Cantique des cantiques.*

La condamnation en chaire s'accompagne de dénonciations peu flatteuses . Mais elle peut se doubler de sanctions pour de gros mots. Il n'est pas rare que des blasphémateurs soient incarcérés dans des cachots aux murs épais et qu'ils subissent des marques au fer rouge et des amputations. Le pire est la mort par le feu pour communion avec Satan.

*

Les adversaires du rire

Interrogeons-nous sur les bien-pensants et les bien-parlants, sur ces gens pétris de certitudes ou perchés sur leurs hauteurs épiscopales et abbatiales que les humoristes des Temps Modernes nomment des *pets coincés* et qui refusent de rire comme « *demoniacle* » parce qu'il « *dépite* » Dieu.

Quels sont leurs aguments ? Existe-t-il au Moyen Âge une « bonne éducation » qui interdit ou limite les écarts de langage, repousse les expressions bouffonnes et dépourvues d'intérêt au nom des principes moraux, de l'esthétique ?

Les contraintes morales et éducatives d'une élite

Des prêtres, des prédicateurs, réputés être des puits de science, interviennent au nom d'une morale, confortée par ces vignettes de martyrologues que forment les *exempla*, et n'admettent pas les propos de ceux qu'ils nomment des *bouffones.* Pour les classes dirigeantes, les princes et leur entourage, la haute noblesse, des manuels d'éducation, des biographies édifiantes, des traités moraux dénoncent, au nom d'un idéal digne de la courtoisie, la *vilenie*, contraire aux vertus chevaleresques. De tels manuels auraient pu inciter le beau monde à bannir le gros rire, les propos disgracieux, les injures si on était certain que les principes aient été respectés. On pense à Saint Louis, jugé par Joinville et représenté comme étant un modèle de prud'homie. Son biographe raconte qu'il supportait mal les « *dures paroles* » de ses convives, des allusions insultantes, les propos venimeux. « *Que nul n'ait l'audace de dire devant toi une parole qui incite et provoque au péché, ou de médire d'autrui par derrière en le calomniant ; ne permets pas qu'aucune vilenie soit dite devant toi sur Dieu et sur ses saints* ». [34]

Si le comportement émotif, impulsif, « *chaud et soudain* » de Jean II le Bon a choqué ses contemporains, Charles V passe pour être un roi *sage* , *sapiens* en tout, dévot et cultivé, respectueux des impératifs de la sagesse qu'on nomme la patience, le goût pour la temporisation, la bonne tenue, le langage châtié. Christine de Pizan loue en lui *« la belle manière de vivre mesurément en toutes choses* », évoque sa conversation enjouée, son savoir, autant de qualités incompatibles avec les écarts d'un langage cru. Son fils, Charles VI, n'a pas la même intelligence, ni les mêmes atouts. Ses biographes racontent qu'il laisse volontiers ses familiers jurer « *sans frein et sans vergogne* ». Sa maladie et ses accès de violence s'accompagnent d'une « *démesure verbale* ».

Les nobles, les chevaliers bannerets, les simples écuyers, témoignent d'une attitude contradictoire entre l'ordonnance et le sans-gêne. Certains parents respectent les règles de bienséance, confient à des précepteurs le soin d'éduquer leurs enfants et savent réfréner leurs passions. D'autres, surtout connus pour leurs exploits de spadassins ou pour leur vulgarité naturelle, se laissent aller à imiter le langage de leurs serviteurs, ont le rire gras et injurient copieusement leurs adversaires dans la vie courante et au spectacle, dans les tournois ou au jeu de paume.

Des bourgeois se complaisent volontiers dans une trivialité, une grossièreté, d'habitude réservées aux classes populaires, aux vilains, aux boutiquiers, aux artisans. Les membres de certaines professions prêtent le flanc à la critique et à la dénonciation. Les poissonnières, les tripières, les

---

34- Joinville, *Vie de saint Louis*, éd. De J. Monfrin, Paris, éd. Livre de Poche, Lettres Gothiques, § 746 p 592.

volaillères, les *fèvres,* les femmes de mauvaise vie, les quémandeurs, les voyous ont le vocabulaire qui correspond à leur mode d'existence et à leurs conditions de vie dans les bas quartiers des agglomérations.

L'accusation de luxure, d'hérésie ou de satanisme vise, pour des esprits conservateurs, la danse, le théâtre, les amusements des jongleurs et des goliards, les moindres errances de langage. Même Sébastien Brant qui n'était pourtant pas un auteur chagrinant dénonce la danse comme un outrage à Dieu :

« *La danse engendre d'autres maux,*
Ainsi, l'immodestie, l'excès,
Prélude à des jeux déshonnêtes,
Où l'on tient Vénus par la main,
C'est là que finit la chasteté…
Tous dansent là, moines et clercs
Le frocs s'alignent au dernier rang :
On fait sauter, tourner sa dame,
On voit jambes nues sous les jupes
Pour taire d'autres choses honteuses. » [35]

Des *histrions ribauds*, des membres de sociétés carnavalesques et joyeuses de *turlupins*, de *cornards*, *d'enfants sans soucy* de Rouen ont supporté, à plusieurs reprises, des accusations exagérées, qui ont conduit quelques *abbé*s devant les tribunaux. On les accusait de faire partie de sectes souterraines, de vouloir parodier la hiérarchie et le dogme chrétiens et de ressusciter le paganisme, de pratiquer des orgies au cours de sabbats noctunes, de communier dans le sang. Les thèmes bachiques et érotiques de certaines œuvres goliardesques paraissent donner raison aux dénonciateurs. En tout cas, le poète artésien Jean Frenoye, *abbé de Peu de sens*, est emprisonné comme vaudois en 1439 et exécuté pour ce motif.

La montée d'un diabolisme angoissant qui marque la société de l'époque de la Guerre de Cent ans s'accompagne d'un changement de mentalité. Des comportements nourrissent volontiers un mécanisme de culpabilisation individuelle ou collective, menacent les pécheurs réels ou supposés d'un arsenal de supplices dignes de ceux que l'imagination débordante d'un Jérôme Bosch situe en enfer. La société recherche, dénonce, punit, livre aux tourments les adorateurs du Malin, de la Bête.

35- Sébastien Brant, *La Nef des fous* op. cit. p. 193.

Hommes et femmes révulsés par la grossièreté

Si quelques confesseurs et prédicateurs paraissent étonnamment indulgents à l'égard *d'un petit défaut* de la *villenaille*, d'autres n'apprécient guère la dimension du rire énorme, sans retenue , les gestes obscènes comme *« chatouiller les parties hontuses »* et autres diableries d'une culture populaire et le disent en chaire ou sur la place publique. Les missionnaires irlandais comme saint Colomban, le dominicain espagnol saint Vincent Ferrier, le prédicateur Olivier Maillard ne sont pas des gens à gesticuler, à « *se goberger ou à pleurer de rire* », à « *pouffer et se tordre »*, « *à être secoués* », au point que les *« yeux en débordent* », « *à s'éclater* » dit-on maintenant. Les buveurs de type rabelaisien, les soldats d'une guerre picrocholine, les connards et autres *tappecouilles et chicanous* n'ont pas place dans leur mesnie. Autant dire aussi que beaucoup de fêtes familiales, qualifiées de dissipées, de mardi-gras et autres jeux « *dissoluz* » où le ridicule se mêle à l'impudeur sont menacés, par l'intermédiaire de ces meilleurs parangons de la vertu, de ces dévots annonciateurs de la vindicte de Dieu.

Leurs arguments se nomment retenue, pudeur, tact, contrôle de soi, respect des autres, des qualités qu'ils ne rencontrent guère dans une société réputée trop rieuse. Ils reposent sur l'examen des textes de l'Antiquité (Aristote, Cicéron, Sénèque …), bibliques, sur le modèle divin, sur les *exempla* de saints, sur de bons enfants qui se distinguaient des autres en ne riant pas ! *A contrario*, ils dénoncent au nom de l'ignorance, de la laideur de l'esprit, de la grossièreté, de l'amoralité, de la perniciosité le rire lourd des sots, les mauvais jeux de mots des bouffons effrontés, les moqueries cruelles.

La défense de la morale se double d'une dénonciation de l'impiété de certains goliards de ces époques. Des chansons du répertoire des *Carmina Burana* ne se bornent pas à fustiger les vices, l'incontinence, la cupidité des hommes d'Église. Certaines strophes sont franchement blasphématoires ou révèlent des auteurs agnostiques, « *bien loing de la foy des Crétiens* » déclare en chaire un prédicateur champenois. Ce n'est pas sans raison si le mot *goliardises* désigne, dans des procès des officialités, les arguments d'hérétiques ou de sceptiques qui renient Dieu et tournent en dérision les fondements de la foi, la confession, les sacrements.

Des ruraux font preuve aussi d'une grande désinvolture, doutent de la création du monde, estiment Dieu trop vieux et fatigué, bon pour la retraite, pensent que les sermons ne sont que de la *truffe*, que le Christ a été conçu « *dans le foutre et dans la merde* ». E. Le Roy Ladurie, G. Minois,

H. Martin livrent d'autres exemples tout aussi surprenants sur des formes de scepticisme populaire qu'on ne soupçonne pas à cette époque.

De leur côté, les prédicateurs les plus virulents n'hésitent pas à utiliser un langage imagé pour faire passer leur message réprobateur. Ils fustigent les mécréants qui se tordent les boyaux en les renvoyant aux « *loges des nécessités* », ceux qui pissent ou crachent n'importe où. Ils ressortent volontiers des exemples tirés de la taxinomie animale et dénoncent le *rire de chien*, une sorte de rictus qui découvre la dentition, des imitations de jappements, des sifflements d'oie, des cris de coq. Le discours fait quelquefois allusion au *rire grec* trop agité au gré des moralistes, au *rire italien* qui secoue l'individu de la tête aux pieds. La répugnance s'étend aux surnoms, à quelque *gratte-couilles*, à un *caresme-prenant*, à tous ces vocables qu'il est de mode de collectionner au risque de « *dépiter* » Dieu par tant d'inconvenances. [36]

Les confrères des associations pieuses et charitables dénoncent les querelles qui entretiennent la *riote*, menacent de sanctions les auteurs d'injures. Les statuts prévoient d'ailleurs des arbitrages, des amendes et même des expulsions : *« et se aucuns d'iceulx* (confrères) *est rebelle et qui ne veuille traittier a l'aultre, il ne doit point demourer en laditte confrérie* » déclare un statut de Saint-Jean l'Évangéliste de Beauvais en 1355.

La défense de la fama ou de la réputation

Le notable bourgeois est pour l'ordre, la discipline, la vertu ; la raillerie, la gauloiserie sont pour lui aussi intolérables que le péché. Mais il peut succomber à des passions : à l'envie, à la jalousie de la jeunesse, à la maladie s'il souffre de la rate, des humeurs peccantes qui poussent à la mélancolie et rendent les individus lunatiques et colériques. Le rire (ou son absence), le mot qui blesse font même perdre la raison. Un individu en tue un autre en Bretagne en 1405 parce qu'il *« luy avoit dit injurieusement qu'il congnoissoit mieulx sa femme que luy* » !

Victime privilégiée « *des pasquils, ces effroyables contes, ces honteuses veritez, trop véritables hontes* » (Bertrand d'Aubigné), le bourgeois ou le laboureur aisé connaît la souffrance qui naît du *cocuage, de* la médisance et de la rumeur. Le simple paysan souffre également mais l'écrit ne permet pas de

36- R. Édouard, *Dictionaire des injures*, collection 10/18, Paris, Sand et Tchou rééd, 1983.

le mesurer, à sa juste valeur. On imagine aussi la vergogne de la femme baffouée qui essuie les quolibets de ses compagnes à la fontaine ou au lavoir. Les mégères s'accusent mutuellement de prostituer leurs filles. On dit à la mère d'une adolescente à marier « *qu'elle est indigne de se présenter à l'église en cheveux* », la honte suprême ! La pire des perfidies consiste à faire allusion en public, devant un mari ou devant un enfant, à l'inconduite de sa femme ou de sa mère, de la traiter de *cogule* (cocue), de *meretrix* (putain), de *fille de moine* , de *vieille ordouse.*

Un homme devenu imperméable à la blague osée, demande raison aux tribunaux contre les brocardeurs et les auteurs de facéties.

*

De l'exclusion, de l'enfer de la prison à l'exécution

Il y a des limites au rire, à la dérision, aux agissements d'esprits malins, aux exubérances, aux tabous pour reprendre un mot actuel, qu'on ne saurait transgresser sans risques, sans poursuites judiciaires. Une fête qui met en scène une bande d'adolescents déguisés en sauvages amuse le bon peuple tant que les protagonistes n'abusent pas de la situation, ne dissimulent pas leurs grimaces et leurs attitudes irrévérentieuses sous des masques, ne mêlent pas les saints aux êtres démoniaques, respectent la pudeur et l'honneur des honnêtes femmes.

S'ils outragent les usages fixés, croit-on, de toute éternité, ils risquent de lourdes sanctions. L'enfer désigne souvent un étage de la prison (au Châtelet, au château de Miolans en Savoie).

Une rumeur pernicieuse : l'accusation d'inconduite

La moquerie à l'égard des femmes, l'injure dégradante, l'assimilation à la fille publique sont monnaie courante même chez ceux qui auraient tout intérêt à se taire. Elle compromet *« la bonne vie et renommée »* et met une personne *« paisible et d'honnête conversation »* au rang des filles publiques de *« mauvais gouvernement ».*

Les *goliards* qui dénoncent à qui mieux mieux les bourgeoises débauchées et leurs époux connards, ne sont pas pour autant tolérants avec les prostituées dont ils fustigent la présentation et les manières.

« *La pute ressemble à la lionne en ceci*
Quelle est, d'abord, farouche et orgueilleuse,
Puis quand elle a assouvi ses désirs jusqu'à avoir
Mille amants, elle ne s'estime pas plus qu'un gant ».

On a trop longtemps sous-estimé les méfaits aggravants de la rumeur qui détruit des réputations et pousse à la répression. Du rire au *bruyct*, il y a un fossé vite grandi. L'imagerie populaire tolère, brocarde la vieille originale avant de faire allusion à ses mœurs douteuses ou à des activités de sorcière ou de *faiseuse d'anges*. Intervient ensuite le moment de la dénonciation qui permet à l'Église puis au bras séculier d'arrêter les individus coupables avant d'être jugés et de punir leurs *infectes superstitions*. Le simple badinage a cessé de faire rire et l'obsession satanique croissante, caractéristique de la fin du Moyen Âge semble démentir l'idée défendue jadis par Tertullien, dans son « *Contre les Valentiniens »*, une secte d'hérétiques, « *il y a beaucoup de choses qui méritent d'être moquées et jouées de la sorte, de peur de leur donner du poids en les combattant sérieusement* ». [37]

Rennes n'a rien d'un pôle de la débauche comme Avignon, Paris ou Venise. Les seules péripatéticiennes que les textes font revivre sont, de toute apparence, des marginales, dénoncées par leurs voisins, par les prédicateurs, et mises au ban de la société, sous prétexte qu'elles offrent un mauvais exemple aux épouses vertueuses et aux adolescents, qu'elles font de l'exhibitionnisme ou étalent, sans vergogne, leur réussite matérielle.

> C'est le cas de cette Jehanne Jumel, une « *putacière* » notoire du début XVIe siècle dont la langue était redoutée, puisqu'elle divulguait les noms de ses clients, « [...] *de cieulx qui avoint eu compaignie charnelle delle et lesqueux la chevauchoint myeulx et estoint meilleurs euvriers »*. On imagine la réaction des braves bourgeois *«auqueulx elle disoit avoir apprins le moictier et eu leur pucelage » ! Avec son «maquereau d'époux* », elle menait joyeuse vie, sans se priver le moins du monde : « [...] *et à présent est notoyre, déclare un témoin choqué ou envieux, que ilz sont riches et ont beaucoup de biens et en plus grande habundance qu'ilz avoint de coustume »*. L'opinion publique rennaise s'en prend aussi à ces filles racolant dans la chapelle Saint-James : *« des chambrières et femmes de meschant gouvernement ayant parolles et faisant marchez impudiques pour plus et facilement accomplir leurs impudicitez et villaynies et se retirent en ladite chapelle, ce qui est faire grant opprobe et scandale à l'église et terrain saints et imunitez* ». [38]

Les maris bafoués se vengent parfois. Un Orléanais, Guillaume Entrant, bachelier en lois, a séduit en 1387 la femme du tanneur Jehan Riou chez qui il logeait. Le mari réunit une bande de copains et tout ce bon monde rosse copieusement le jeune étudiant, victime de son succès auprès des dames. Le dénommé Entrant est finalement arrêté et sévèrement condamné, ni plus ni moins, par le Parlement de Paris. La sanction ne suffit pas à éteindre les passions sur les bords de Loire et une émeute du commun se déchaîne contre les *scolares* qui ont trop abusé de la situation.

L'obsession démoniaque

L'émergence d'une culture diabolique dans tous les milieux sociaux au printemps de la modernité provoqua une véritable obsession dans un monde où s'affrontent le bien et le mal. [39]

L'image terrorisante du démon, de Satan, de Lucifer, d'une kyrielle de petits diablotins apparaît partout sous forme humaine ou animale associée à un dieu païen, à un animal comme le lion, le chien, le serpent, le loup, le renard. Le prince des ténèbres d'une conception populaire, est, dans l'art et dans l'imagination, un être petit, bossu, ricanant, noirâtre, cornu, griffu, aux oreilles d'âne, doté d'un énorme phallus, difforme, contrefait, à la barbe flamboyante, méchant, agressif, le crâne en pointe.[40]

Des témoignages mettent en scène des personnages dotés de pouvoirs magiques devenus suspects d'être des émanations du diable, et qui font étalage de *superstitions sataniques*. Les descriptions, matière à des pièces comiques, s'accompagnent généralement de propos incohérents ou absurdes, de *fatrasies,* qui soulèvent le rire nerveux ou grinçant des auditeurs, au pire une peur et une haine irraisonnées. Il arrive que les victimes tombent les premières dans le traquenard tendu par un accusateur du tribunal de l'inquisition. Une fille traitée de *démoniacle* par son auditoire clame à la cantonnée :

« *Le diable m'a pissé si roide*
Contre le visage à ceste heure
Qu'il m'a faict plus noir que meure ». [41]

37- Tertullien, *Contre les Valentiniens*, VI, Patrologie Latine, II, p. 550- Texte cité par D. Ménager, *La Renaissance et le rire*, Paris, PUF, 1995, p. 183.

38- Archives Mun. Rennes liasse 1084 - J. P. Leguay, *Pauvres et marginaux au Moyen Âge*, Paris, éd. J. P. Gisserot, 2009.

39- R. Muchembled, *Une histoire du Diable*, XIIe-XXe siècles. Paris, Le Seuil, 2000.

40- G. Minois, *Histoire des enfers*, Paris, Fayard, 1991.

41- Jelle Koopmans, *Le théâtre des exclus* op. cit. p. 55.

C'et la rumeur qui fait souvent découvrir la plupart des affaires de possession diabolique et qui contribue à enclancher un processus d'exclusion au prix d'une mise en scène spéciale. Dans le meilleur des cas, un exorciseur, un simple clerc, un prêtre du diocèse est invité à exercer un pouvoir magique reconnu contre un individu estimé « *desmoniacle faisant diableries* » et accomplissant des actes contre nature et contre la religion. Le guérisseur de l'âme prononce des paroles mystérieuses, accompagnées de signes de croix, présente du pain béni ou un objet ayant appartenu à un saint. Certains s'en amusent et abusent de la situation ; présenter sainte Lucie sous les traits d'une chèvre, en évoquant la présence de loups-garous à l'occasion de la nuit de Noël est d'un goût douteux.

Mais l'acte déclaré satanique peut être plus durement réprimé, à plus forte raison s'il est assimilé à de l'hérésie vaudoise ou hussite dans le Nord, en Belgique, dans les Alpes, si les autorités religieuses craignent une propagation d'un véritable culte de démon, de la démonologie dans toutes les classes de la société. La dénonciation porte sur plusieurs points : le rassemblement d'individus dans des lieux secrets, de préférence la nuit, la présence de participants nus, des scènes hystériques, déclarées, par dérision, sabbatiques avec des danses effrénées, des abus sexuels et des manifestations orgiaques. La rumeur a beaucoup exagéré le phénomène satanique, parlé de « marée », lancé des accusations incontrôlées de meurtres de nouveaux-nés, de fornication obligatoire, d'accouplements collectifs. La rumeur sur des pratiques « *maldictes et damnables* » est à l'origine aussi de récits grotesques, de ces images couramment représentées à l'époque moderne de femmes chevauchant un manche de balai, de stéréotypes avec l'apparition de chats noirs crachant de méchanceté, avec des centaines de vierges déflorées puis égorgées sur un autel en pierre. La cristallisation sur un ennemi réel ou supposé s'est accompagnée souvent d'un regain d'antisémitisme ; la synagogue est considérée comme le lieu de dépravation par excellence.

Des filles « violentées outre leur gré »

Le cas des « *forceurs ou efforceurs de femes* » met en scène de malheureuses, jadis *honnestes*, devenues *honnies* (salies, déshonorées). Ce type d'affaires vite connu « *en ladite rue* » amuse sans doute le *vulgum pecus* qui se délecte des « *pâtés de langue* », mais suscite bientôt la réprobation, après intervention de témoins de moralité.

De lamentables faits divers qui alimentent, au début du moins, des flots de ragots, des rumeurs de bas niveau, aboutissent parfois aux tribunaux du roi, du prince, des seigneuries ecclésiastiques et laïques. Les affaires de mœurs sont relativement rares dans les archives bretonnes. Dinan frémit en 1459 quand Thomine Lambert et sa fille bourgeoises connues, sont agressées à leur domicile de Sainte-Croix par un forcené, Jehan de Boigerili, fils d'un notable, messire Symon de Boigerili, qui « *mist mains malicieusement en la personne de ladite Thomine, la battit, ferit et mutila très énormément de gros bastons, la gita contre terre, la trayea par les cheveulx et s'efforcza la tuer et occire d'une coignée* »... puis s'en prit à la fille et « *la violenta et oultre le gré d'elle la força et eut sa compaignie charnelle et uncores apres ce parce que ladite Thomine se doloit de la force de sa fille et des exceiz qu'il lui avoit fait, la férit et batit et mutila* ». [42]

L'affaire Simmonet à Rennes

L'aventure survenue à Margot Simmonet, a sans doute fait rire les habitués des tavernes dignes de la future rue de la Soif de Rennes, mais mit très vite en émoi l'opinion publique en 1466.

Nous sommes, sous le règne du duc François II (1458-1488), le père de la duchesse Anne, dans « *un pais de Bretaigne (qui) florissoit lors par la paix, mère de richesse* ». Les bourgeois poursuivent une ascension amorcée parfois depuis plusieurs générations. Des familles notables, membres de la confrérie des merciers, des marchands en gros et au détail de laine, de métaux, de colorants monopolisent les postes de responsabilité.

> C'est le cas des Le Vallays, un lignage représenté par six noms au XVe siècle, de leurs alliés les Moriou. C'est chez eux qu'est descendu le jeune Espagnol Jehannico Darbieto (alias Delbieste), directement impliqué dans l'affaire et qualifié de « *vendour de balles* (de ballots) de laine. Les deux familles, Le Vallays et Moriou, sont aisées et possèdent déjà des terres et des seigneuries à la campagne. Certains détails ne trompent pas sur le rang social et le niveau de vie des fils de bonne famille mêlés à une triste affaire : la qualité de leurs habits, des « *robes vertes et noires* », le port de l'épée et les magnifiques coursiers qui les mènent à Chavaigne (Chavagne), à 3 ou 4 lieues de l'agglomération.

Les faits accablants sont racontés, dans le moindre détail, par les protagonistes, le jeune Espagnol, inculpé et détenu dans les prisons de Rennes, Marguerite ou Margot, la « *forcée* », Guillaume Moriou,

---

42- J. P. Leguay, « La criminalité en Bretagne au XVe siècle. Délits et répression », *actes du 107e Congrès National des Sociétés Savantes,* 1982, B. P. H. I, p. 53-79.

compagnon et peut-être complice de Jehannico, et divers témoins du drame qui vont se succéder à la barre.

C'est une histoire de *« force »* comme il y en avait fréquemment à cette époque. Deux compères, Guillaume Moriou, dix-neuf ans, monté sur un cheval noir, l'Espagnol Jehannico Darbieto du même âge, monté sur un cheval blanc, reviennent du village où ils sont allés porter une lettre du père de Guillaume, Laurens Moriou, à une de ses connaissances. Il semble que la missive ait eu pour but d'annoncer un projet de mariage entre l'Espagnol et la fille Moriou. Ce fut pour eux une excellente occasion « *d'aller à l'esbat es champs* », de passer une bonne journée, de rire à satiété. Ils ont festoyé chez Pierre Le Prestre, bu copieusement et sont repartis éméchés. En cours de route, ils ont récupéré un compagnon, le fils Le Vallays, monté sur un cheval *rouge* ; on le connaît moins et il ne semble pas avoir la même part de responsabilité. Nos trois lascars débordent d'enthousiasme et d'optimisme, se font entendre de loin et, bien sûr, sont prêts à conter fleurette si l'occasion se présente. Ils viennent de quitter tout juste Chavagne quand ils découvrent Margot Simmonet, au lieu-dit la « Planche Raynel ».

La compromise est la fille de Jehan Simmonet, un peintre en bâtiment, natif de Chavagne, un rural émigré comme tant d'autres Rennais à cette époque, domicilié dans la paroisse populeuse de Toussaints au sud de la Vilaine. La famille est laborieuse, honnête, appréciée de ses voisins et des villageois, qui témoigneront en sa faveur : « *des gens de bien et de bonne renommée*, *une prude femme* », dit-on de la mère, un bon travailleur du père, élevant correctement leurs deux filles. Margot, la seconde, n'est qu'une pucelle de douze ou treize ans ! Elle est simplement habillée de *bureau* (de bure) comme le veut sa condition et porte un *chaperon* noir (un chapeau) qui lui dissimule les yeux. Interrogée sur les raisons de sa présence au milieu de landes, elle explique que son père l'a envoyée, ce matin même, après un solide déjeuner de… « *eux* (œufs), *rostiffs et de choux et de lart et d'autres viandes* », porter un pain blanc *d'yroudouer* (une localité voisine) à sa sœur Guillemette et inviter cette dernière à venir les voir. La jeune fille a d'abord cheminé, pendant une lieue, seule, puis a rencontré un dominicain d'une vingtaine d'années, le frère Alain Gaisné que le prieur ou gardien, le frère Guillaume Pignel, a envoyé à Chavagne négocier l'acquisition de bois de charpente pour la réfection du clocher du couvent. Ils devisent sagement, et l'un et l'autre se souviennent d'une partie de la conversation. Ils se sont demandé réciproquement leur nom, ont parlé d'une connaissance commune, de la dame de la Robinaye, marraine de Margot, une dame de la noblesse, alors souffrante. Le frère s'est plaint de son mauvais état de santé, de ses douloureux *flux de ventre* qui l'obligent à s'arrêter souvent. Au moment où les cavaliers, les *chevaucheurs*, surgissent, la fille est à nouveau seule ; elle devance de quelques pas le dominicain et un couple, les Maigoays. Margot et les trois jeunes gens se rejoignent au passage de la *planche Raynel*. Avant de croiser Margot sur l'étroite passerelle, les cavaliers font halte, bloquent l'issue, lancent quelques lazzis grivois. Moriou s'approche d'elle, la prend par la main puis *au chaperon* et exige un baiser pour prix de son passage «*Besez moy, vous n'aurez autre chouse* », entend distinctement la femme Maigoays qui n'est pas encore trop éloignée. Moriou ne nie pas les faits, mais ajoute pour sa défense : « *De quoi elle fut contante et le besa* ». Un second cavalier, l'Espagnol, a la même exigence et obtient pareille satisfaction « *sans ce que à cause desdiz besers y eut aucune contraint*e », du moins le dira-t-il, lors de son interrogatoire.

Margot met sur le compte de la peur son apparente soumission mais supplie qu'on la laisse tranquille. L'arrivée du dominicain détourne un instant l'attention. Les cavaliers vont au-devant de lui. Moriou le connaît et dit : « *C'est ung de nos frères de Saint-Dominique* ». Il s'adresse à lui familièrement, le questionne sur les raisons de son déplacement et va même jusqu'à le plaisanter, sans égard pour son costume. A la question *« moyne où menez-vous cette belle garce ? »*, le frère bredouille une vague dénégation, semble déjà « *constitué en grand paour* » et ne demande pas son reste. Peut-être a-t-il des raisons d'être inquiet, l'Espagnol a dégainé son épée et fait semblant de le charger, sans doute pour écarter un gêneur. Cette attitude menaçante a une lourde signification puisqu'elle suggère la préméditation. En tout cas, le frère hâte le pas et se réfugie dans un champ de genêts. Satisfaits de leur plaisanterie, les cavaliers éperonnent leurs montures et se lancent en direction de Rennes ; ils s'arrêtent au bout de quelques mètres pour vérifier si le dominicain a rejoint la fille. C'est alors que l'Espagnol fait demi-tour et retourne auprès de Margot. Il se fait alors plus pressant, ironise sur sa peur et, voyant son giron élargi par la présence du pain qu'elle transporte sous son vêtement, il lui demande s'il s'agit des livres du dominicain. Sautant à bas de sa monture qu'il prend soin d'attacher à un buisson d'épines, il propose encore à la jeune fille de la *hocher* contre de l'or et de l'argent puis il l'entraîne dans un champ à l'abri d'une haie. Margot prend peur, cherche à se dégager, pousse même un cri qu'entend un des témoins, la femme Maigoays.

Le reste, nous le savons de la victime elle-même, « *viollée et desflorée oultre son gré et volanté*». Les autres n'ont rien vu, rien entendu. Frère Alain Gaisné se tait, son prieur lui ordonnant le silence. Quant à Moriou et Le VaIlays, ils ont poursuivi leur chemin, pris le temps de descendre de cheval pour faire leurs « *aysements* », et ce n'est qu'au bout d'un moment qu'ils se sont inquiétés de l'absence de leur compagnon et ont fait demi-tour. C'est du moins la version qu'ils donnent de la suite des événements. Mais le témoignage de Moriou sonne faux et nous aurons l'occasion de le montrer. Aucun détail n'est passé sous silence. Relisons la déposition de Margot : « *Et la tenoit o* [avec] *l'autre main, destacha ses aiguillettes* (agrafes] *de ses chausses o une main et à l'orée d'un foussé audit chemin luy dit que elle se lessast cheoir à terre, reloursa [releva] sa robe et dit que à leure [à ce moment] II luy tenoir les mains delle sur la poytrine o une sienne main et dit que o la chemise et o le pourpoint dudit vaitu de vert il touchoit au ventre de ceste parlante et la besa par une foiz et luy dist que si elle bousgeoit que* (il] *luy couperoit une oraille. Item dit quil mist son membre, c'est à dire son vit o une main dedans son con et dit qu'il entre environ la longueur d'un doy comme luy semble et luy fist grand mal et dit que ledit membre estoit bien chault et dit à présent que iceluy homme culleta point quelle ait souvenance et dit que para vant et comme il mist sondit membre au con d'elle, elle le boutoit* [repoussait] *o la main cuidant [voulant] résister contre luy et le boutoit contre sa poyt rifle et dit que ne le povoir remuer pour ce questoit trop pesant. Item dit que après avoir esté ledit membre un peu en son con, elle sentit descendre dudit membre une chose chaude et après remolit ledit membre. Item dit que a toute sa puissance elle résista contre Iuy pour cuider I'empescher de son entreprise. »* Dans le cadre étroit d'une ville provinciale, où tout se sait, où la moindre rumeur prend des proportions considérables, l'affaire a surpris, et a soulevé une tempête. Elle éclabousse la puissante confrérie des merciers, une association connue dans le duché et à l'étranger. Darbieto, Moriou et Le Vallays avaient poursuivi leur route en direction de Rennes pendant quelques instants, le *«quinzième d'une heure »* précise même Moriou qui se décide néanmoins à faire demi-tour *«pour ce qu'il doubta que ledit Jehannico bateist ledit Jacopin* (un jeune dominicain témoin du drame) *et avisa de aller veoir* [ce] *qu'il faisoit ».* Margot porte alors une seconde et terrible accusation, cette fois contre Moriou. Ce dernier, conscient de la gravité de la faute commise par son ami espagnol et paniqué parce que la victime *« cryoit bien hault »*, aurait proposé de la tuer et d'éliminer, du même coup, un témoin gênant : *« Dist que failloit donner un coup deppée »* ! Seule la venue d'un couple, les Maigoays, attiré par les cris et les pleurs, aurait empêché le forfait d'être commis. Cette version des faits est corroborée par une certaine Jehanne Bedel qui accueillit Margot immédiatement après le viol et cite de mémoire les propos de l'adolescente qui entendit ces mots « *Tapez luy la dague en demy le corps* ». Moriou aurait même esquissé une tentative de viol « *Et la print par la main en disant qu'il feroit comme l'autre* ». Mais est-ce la vérité ou le résultat du traumatisme subi ? L'accusé donne une tout autre version ; il a découvert son compagnon et Margot près du pont ; la fille est en larmes. Il s'est approché d'elle, l'a interrogée : « *Qu'as-tu à plourer ? Te a-t-il hochée* [secouée] ?», « *Nenny vroyement* » a-t-elle répondu dans ses sanglots. Sur ces paroles, les cavaliers ont tourné bride et repris la route de Rennes.

Détail choquant dès le départ de l'action en justice, seul l'Espagnol est incarcéré et l'enquête débute immédiatement. Cette précipitation souligne la gravité du cas, son côté exceptionnel. Dès le lendemain de l'agression, un notaire de la cour de Rennes et son adjoint vont à Champcorps et à Chavagne et commencent à interroger les témoins. Les dépositions qui forment le petit cahier inscrit aux Archives départementales de la Loire-Atlantique peuvent se répartir en plusieurs catégories : le récit de Margot, celui des témoins, le procès-verbal de deux matrones chargées, de « visiter » la victime, de procéder à ce que nous appelons maintenant une expertise médicale. Laissons la première parler « *[...] levèrent ses draps [ses jupes] avecques sa chemise par derryère et aussi par devant. [...] Et dit ce tesmoign que au derryère dicelle chemise y avoit deux taches de sparme que ce tesmoign appelle nature et estoint en lendroit et au dessoubz de son cul et estoint uncores fraîches et mouetes et estoint longues en descendant aval la chemise comme d'environ la lese [largeur] et longueur d'un doy et estoint icelles taches formant toutes rouges et estoit celle jeune fille enflée et murtrie entre les baulèvres et sur le con.* » Elle ajoute un peu plus loin qu'il « *y avoit corrupcion à l'entrée du con* ». Guillemette Marchant tient de pareils propos : « *et apperssoit en sa chemisse au derrière dicelle en l'endroit des fesses deux taches blanches de la nature de homme que nestoint pas grandes et y en avoit une autre de couleur viollée comme de sang murtry.* [...] *et dit que les bors du con de ladite Margarite apparessoint enflez, noirs et tieniz et dit que lesdites tasches estantes en ladite chemisse apparessoint mouettes et n'estoint point encore séchées* ».

En principe ces enquêtes auraient dû aboutir à un rapide procès et à une sévère condamnation de Darbieto « *chargé et couppable de ladicte force et violence* ». C'était oublier l'influence de la puissante association des marchands ibériques, bien représentés à Nantes, à Vannes et à Rennes, connus à la cour, liés étroitement aux milieux marchands armoricains. Le 31 décembre 1466, Jehan Simmonet, le père de Margot, âgé de 40 ans, est interrogé sur ce qu'il appelle lui-même un *excès*. Très vite il se montre compréhensif quand il apprend la venue d'une délégation de marchands espagnols qui était aussitôt venue réclamer le prisonnier en vertu d'un mandement ducal, sans doute une charte de privilèges. Le père de la victime fait l'objet de pressions « *et sur ce, Pierre Le Prestre, seigneur de Menart parla à ce desposant de fere aucun appointement [de s'entendre] avecques lesdits Espaigneulx, en luy remontrant que jamais n'aurait bon restour [réparation] dudit cas et aussi que lesdits Espaigneuix le pourroit fere tuer s'il en faisoit poursuyte* ». Il finit par faire bon marché de l'honneur de sa fille et de sa réputation : « *Et pourtant ce tesmoin se condescendit (sic) à accord et appointement lequel fut parlé entre ledit maistre Pierre Le Prestre au nom de ce tesmoin et Laurens Moriou pour et au nom desdits Espaigneuix par lequel est dit que les Espaigneuix pour acheson règlement dudit cas et pour quicter led. Espaigneul malfaicteur poyeroient à ce desposant la somme de XXX escus, dont ce tesmoin receut 20 escus et le parsur dist ledit Le Prestre l'avoit baillé et employé à ceix qui avoient vacqué auxdites informacions* ». Voici un viol qui coûta 30 écus d'or bretons (à 22 sous 6 deniers l'écu en 1466), soit 33 livres 15 sous, l'équivalent de trois pipes ou barriques de vin d'Anjou ou un an de salaire d'un ouvrier non spécialisé ».[43]

Nous ignorons ce qu'est devenu le jeune Espagnol. Les Le Vallays et les Moriou continuèrent d'occuper le haut du pavé, de figurer en bonne place au conseil de la ville, de fournir des administrateurs urbains. Cette affaire n'a été finalement pour eux qu'un malheureux incident. Quant à Margot dont la réputation, le plus précieux des biens, est compromise malgré les preuves accablantes pour ses agresseurs, elle se perd à tout jamais dans l'anonymat populaire.

*

43- A. D. L. A. B 4 n° 495, E198/1 à 8 - J. P. Leguay, « un cas de force au Moyen Âge. Le viol de Margot Simmonet de Rennes » dans *Violences sexuelles*, études sous la direction d'A. Corbin, Paris, Imago, 1989 p. 13-33.

La répression : l'envers du rire

On ne badine pas toujours avec l'honneur et le délit. La justice est invitée à se prononcer contre les *mal disants*, les individus indécents, les humoristes de bas niveau, les paillards. Pourtant les sanctions ne sont pas toujours proportionnées aux faits reprochés et nous l'avons bien vu avec Margot Simmonet à Rennes en 1466.

La répression peut être rude et atteindre l'extrême : *« le sens lui vient dans le brasier »* dit un instant Sébastien Brant la Nef des Fous ! [44]

La législation répressive

Elle se manifeste au pire, au nom du crime de lèse-majesté ou de la religion en péril avec le blasphème du nom de Dieu, la désinvolture dans l'attitude chrétienne ou l'atteinte à la foi. La répression judiciaire intervient quelquefois pour préserver la paix, l'honneur des notables et des officiers, l'éducation, les bonnes mœurs. La moquerie, la raillerie sont à l'origine de bien des maux, de meurtres. Il n'est pas rare que les écarts volontaires de langage, « *des despiteuses inhonestes et matérieles paroles, blasfême, villaines maudissons* » aient des conséquences dramatiques en des temps où la violence est à fleur de peau et soient, comme les banderilles dans les courses de taureaux, le premier acte d'une tragédie qui s'achève par une blessure ou un assassinat.

L'injure a fait l'objet de dénonciations, de poursuites judiciaires dans le passé et continue d'être sanctionnée. Les tribunaux condamnent volontiers des invidus pour outrage aux bonnes mœurs, pour diffamation, sexisme, injures aux serviteurs de Dieu, au souverain, aux officiers de la couronne. Des mesures sont prises à l'échelon national ou municipal. Plus que le rire « énorme », les injures, les blasph èmes du nom de dieu sont poursuivis avec rigueur. Un acte de Charles VI, pris à Tournai le 26 mai 1397, dénonce les blasphémateurs du Christ et de sa mère : « *ceux et celles qui despitent, regnient et maugréent nostre sauveur Jhesu Crist, sa douche mère et leurs sains, et font grans et abominables sermens, en grant irrévérence*

44- Sébastien Brant, *La Nef des Fous* op. cit. p. 112. Voir les actes du colloque de Dijon de 1993 : *ordre moral et délinquance de l'Antiquité au XXe siècle*, Dijon, 1994

de Dieu et de sa douche mère, de ses sains et de ses saintes et de la damnation des ames et ceux et celles ». [45]

La Pragmatique Sanction veut interdire comme spectacles indignes, mêlant le sacré et le profane, les fêtes de fous et des innocents.

Dès 1444, l'université de Paris réclame la suppression de la fête des fous soupçonnée de cacher des relents de paganisme et d'être pernicieuse en méprisant Dieu, le dogme, les offices divins.

La répression

Des tribunaux jugent les incartades, les auteurs satiriques, les responsables de débordements. D'honnêtes Champenois, des femmes en majorité, approuvent le curé de leur paroisse qui refuse en 1488 la communion à leurs rustres de maris entrant dans l'église, sales et hirsutes. Au même moment, des Lorrains ne sont pas mécontents, au nom du respect de l'ordre et de la foi, de voir sanctionnés des vicaires du Christ souscrivant à la mode des cheveux longs et se conduisant mal aux offices. Les mêmes paroissiens et plus encore les paroissiennes prêtes à soutenir les réformes en cours, pressés par une volonté de conformité, désignent à la malédiction publique des zigotos dont les plaisanteries de mauvais goût cessent de faire rire. Il faut préciser que des blasphémateurs, des maris ivrognes, entonnaient des chansons désisoires à l'occasion de processions, racontaient des histoires sur la folie ou le sénilité de Dieu. Ils inventaient les premières histoires de curés, affolaient les imaginations des gens avec des allusions aux incubes et aux succubes, des êtres beaux et séduisants au service du diable, ou mêlaient les récits les plus invraisemblables à l'histoire sainte. Un livre, le *Malleus maleficarum* ou Maillet des sorcières, composé par un inquisiteur allemand Jacques Sprenger, à la demande du pape Innocent VIII, renferme les aberrations les plus invraisemblables en matière de sorcellerie et de religiosité superficielle qui avaient cours à cette époque.

Le blasphème est passible des pires châtiments. Ce mot, d'origine grecque mais adopté par les Romains, n'a cessé de connaître un enrichissement sémantique. Désignant une expression mal sonnante à l'origine, puis le parjure ou la malédiction à l'époque féodale, il devient un outrage à Dieu, à la Sainte Famille, aux saints, aux martyrs, un sacrilège verbal, un signe du péché et une marque d'hérésie. Il finit aussi par prendre une connotation politique en mettant au ban de la société ceux qui parlent mal du souverain et de ses ministres. Sébastien Brant dénonce avec véhémence ceux qui jurent par Dieu :

« Combien ils ont haine de Dieu
Et vivent dans Son reniement.
Tel fait insulte à Sa puissance,
Tel fait juron de Son martyre,
Sa rate, cervelle, tripes, rognons.
Qui connaît plus hardis jurons
Que répriment bon droit et loi .
Il passe pour un fief luron ». (p. 278)

Effectivement, des paroissiens, osent jurer sur les différentes parties du corps de Dieu et usent, dans les querelles, de formules aussi outrageantes que que « *par le cul de Dieu* » « *je renie Dieu et la foi* », « *ventre de Dieu* », « *vertudieu », « tudieu* », « *mordieu* », « *sang-Dieu* », « *par Dieu* », « *putain de Dieu* », « *par la Pâque-Dieu* » (de Louis XI), « *cul de sainte- Marie* », « *vieil puta, merdosa mayre de Dieu* ».

On dit que des esprits contestataires, mal intentionnés et à « *la langue souillée* » se moquent ostensiblement de leurs curés ignares « *qui ne comprennent guère mieux le latin que l'arabe* » (Nicolas de Clamanges). Ils se gaussent d'une absence de réflexion commune dans la pratique, des refus de croire à la fin du monde ou à la résurrection.

D'aucuns n'hésitent pas à dénoncer les *truffes* (contre-vérités) propagées par des curés, véritables *asnes defferrez*. Des plaisanteries amusent tout un chacun. Il arrive même que « *Dieu soit blasphémé, le démon vénéré, que les âmes se perdent, que la foi catholique soit foulée aux pieds* » comme le déclare un évêque d'Angers au XIVe siècle.

Le délit de blasphème considéré comme une faute d'une gravité exceptionnelle, comme un péché de la langue, doit être durement sanctionné.

« Est fou qui n'a respect de Dieu,
l'outrage du matin au soir
Croyant qu'il est pareil aux hommes
Et qu'on peut le flouer sans crainte. [46]

45- M. Braekman, *La dansomanie de 1374* : « *hérésie ou maladie* », *Revue du Nord-* avril-juin 1981, n°249, vol. LXCIII, p. 354 note 74.

46- Sébastien Brandt, *La Nef des Fous* op. cit. p. 275, 278 - C. Leveleux, *La parole interdite, le blasphème dans la France médiévale (XIIIe-XVIe siècle) : du péché au crime*, Paris, De Boccard, 2001.

La peur d'une vague démoniaque, capable de corrompre l'humanité dans la synagogue surnommée « la vieille pute » avec l'appui des ennemis de Dieu a provoqué, au minimum, l'apparition de condamnations officielles des conciles ou des papes ou de pamphlets dénonciateurs comme ce poème appelé « *le champion des femmes* » du Savoyard Martin Le Franc, secrétaire du duc Amédée VIII devenu l'antipape Félix V. Mais la haine et l'intolérance conduisent, à partir de la seconde moitié du XVe siècle, beaucoup d'innoncents au bûcher.

Des sanctions

Le curé était tenu, par les prescriptions synodales, de signaler à l'évêque les blasphémateurs notoires, coupables de péché mortel, puis de contrôler l'exécution des sanctions qui leur étaient infligées par le tribunal de l'officialité.

La pire, du moins jadis dans l'optique du croyant, l'excommmunication est devenue, si courante qu'elle a fini par perdre son effet dissuasif, à fortiori si, dans certains cas, la moitié des paroissiens ne peuvent entrer dans une église, participer aux offices, recevoir les sacrements et être inhumés en terre consacrée. Beaucoup de condamnés se moquent ouvertement de la censure qui les frappe, redoublent d'injures. En principe, le coupable ne se réconcilie avec l'église que contre amende honorable, un dimanche, en chemise blanche et un cierge à la main, parfois un châtiment corporel, et surtout la remise d'une somme d'argent.

Les amendes en monnaies usuelles pour blasphème ou pour un flot d'injures avec tarifs dégressifs, font davantage d'effet surtout si le délit est particulièrement salace, humiliant et répétitif. La récidive est une circontance aggravante rappelée dans les actes. Les taux sont variables et sont soigneusement indiqués dans les chartes de franchises urbaines, dans les coutumiers des seigneuries, dans les bans municipaux, dans les statuts des confréries et des métiers. La tarification des individus, hommes et femmes, dépend du niveau de la notabilité, du statut de clerc, des dommages subis, de la diffamation. On devine bien que traiter une honnête femme de sale maquerelle ou de putain, un chanoine de débauché ou d'ivrogne, un officier de traître ou de truant se pardonne moins facilement que d'user du mot cocu pour flétrir un simple voisin !

La marque au fer rouge sur le front ou sur l'épaule, l'ablation des lèvres, l'incision de la langue, la main tranchée figurent aussi dans la panoplie des peines qui punissent et *flétrissent* ceux qui osent dire du mal du prince, faire de fausses déclarations devant un tribunal et diffamer l'Église. Le spectacle est cruel et les témoins retiennent l'intensité de la souffrance du supplicé. L'immersion dans l'eau, plus spectaculaire que dangereuse, n'est pas sans évoquer une purification baptismale.

Des propos venimeux, des dénonciations, une plaisanterie prise au sérieux par un officier de justice peuvent avoir les pires conséquences pour un individu accusé par la rumeur de sorcellerie. La mort par la corde ou par le feu peut être l'ultime épreuve après « *géhenne* » ou torture pour crime de lèse-majesté par la parole et les actes, pour sanctionner la débauche contre nature, le satanisme, l'infanticide, l'incendie volontaire. Les dernières années du XVe siècle ont vu les bûchers se multiplier au même rythme que les dénonciations officielles des papes (d'Innocent VIII en 1484), des prélats et des tribunaux de l'Inquisition. Ce n'est pas par hasard si deux dominicains, Institoris et Sprenger publient, à ce moment, le célèbre traité de chasse aux sorcières, le *Malleus Maleficarum,* déjà cité. [47]

*

Paradoxalement, on retrouve le rire au moment du dénouement ! Les spectateurs se moquent volontiers des suppliciés, pendus et grillés, quand ils se tortillent dans les flammes ou se livrent, avec l'étranglement, à une ultime érection. On revient à notre sujet initial en rappelant qu'on a vu des condamnés à mort soulever l'hilarité en déversant un flot de gros mots sur le public ou, à l'inverse faire les pitres avant leur exécution raconter des blagues, demander à la foule de faire moins de bruit !

47- R. Muchembled, *Une histoire du Diable,* op. cit. p. 64.

Table des matières

Chapitre 5

Chapitre 6

Troisième Partie
Débordements dénonciation du rire

Chapitre 7

Chapitre 8

Chapitre 9

Du même auteur aux éditions Gisserot :

Pauvres et marginaux au moyen âge (256p) 7,90 €

Vivre en ville au moyen âge (280p) 9,00 €

Les catastrophes au moyen âge (224p) 8,00 €

La pollution au moyen âge (128p) 5,00 €